教师心语
向学生传递生命之道

杨守菊 ◎著

吉林文史出版社

图书在版编目（CIP）数据

教师心语：向学生传递生命之道 / 杨守菊著. --
长春：吉林文史出版社，2021.6
ISBN 978-7-5472-7819-2

Ⅰ. ①教… Ⅱ. ①杨… Ⅲ. ①生物课－教学研究－中
学 Ⅳ. ①G633.912

中国版本图书馆 CIP 数据核字(2021)第 125879 号

JIAOSHI XINYU: XIANG XUESHENG CHUANDI SHENGMING ZHIDAO

书　　名	教师心语：向学生传递生命之道
作　　者	杨守菊
责任编辑	王丽媛
封面设计	徐芳芳
出版发行	吉林文史出版社有限责任公司
地　　址	长春市福祉大路 5788 号
网　　址	www.jlws.com.cn
印　　刷	北京四海锦诚印刷技术有限公司
开　　本	185mm×260mm 16
印　　张	12
字　　数	274 千
版　　次	2023 年 6 月第 1 版　2023 年 6 月第 1 次印刷
定　　价	48.00 元
书　　号	ISBN 978-7-5472-7819-2

序

和杨守菊老师相识已有近 20 年，算是名副其实的老朋友了。见面虽然不多，但总是能从各种渠道听到杨老师的消息，了解到她不懈进取，不断取得骄人成绩。如今她已是声名远播的生物教育教学名家，拥有许多荣誉和兼职——正高级教师、特级教师、齐鲁名师、省先进工作者、省三八红旗手、教育部"国培计划"专家、曲阜师范大学兼职教授、山东师范大学教育硕士导师……而她依然初心不改，执着于甚至痴迷于生物教育，仍旧是一位能静下心来潜心研究、勤于实践的生物学教育研究者和实践者。

通过杨老师的论著可以看出，杨老师对生物教育教学的热爱已成为一种精神信仰。正因如此，她写的文字才会如活水一般汩汩而出，毫不费力和造作。打开《教师心语：向学生传递生命之道》这本书，一幕幕真实情境的创设，从释疑解惑到激疑生惑，承载着师生的共同发展历程；一个个鲜活生动的案例，充满着实践育人的张力，向学生传递着生命之道；一篇篇蕴含生物素养的文章，记录着心灵的对话，迸溅出师生思维碰撞的火花。

在本书《让学习发生在学生身上》一章中，她态度鲜明地指出，面对学生，我们需要努力创造生动和谐的育人氛围，让课堂充满思维的张力，在知识似"盐"、情境如"汤"中引领学生沐浴科学的光辉。从目前的生物学教学实际情况来看，有的老师教学多年，积累了丰富的教学经验，但却囿于经验，因循传统的模式，疏于改变，进而滋生职业倦怠。有的老师注重研究学科内容而忽视研究学生的状况，但是恰恰只有研究透学生，把握住学生的成长状态，才能使教学真正促进学生的发展。我们心里要总是装着学生，乐着他们的乐，苦着他们的苦，在课堂中、在作业批改中、在日常生活中，观察和研究学生现有的问题和可能达到的高度，想方设法针对学生的兴趣、认知基础和疑难困惑来设计教学，激活课堂。这厢刚刚探究生男生女的奥秘，那边又在寻找叶片正面和背面颜色不同的原因……这样富于思考和创造的工作，需要的是热情，滋养的是激情，有的是重构的空间、创造的舞台，哪里会有倦怠！在这样的课堂上，学生更为之兴奋不已。这样的教学才真是生命的互动，师生的共同成长。

杨老师总是追求让生物教学闪耀独特的魅力。在《"生"物而非"死"物》一章中，杨老师说："生活的舞台有多大，生物学就有多大。"杨老师从生活中采撷教学资源，在教学中又回归生活，着眼未来。学生知道了细胞吸水和失水的原理，还能探究如何改进东营地区农作物种植方法。更难得的是杨老师把生物教学融入"生活味"，同时增添了"艺术味"。拳头加上手臂演示"肾单位"，"循环列车"游戏学习血液循环途径，情景剧中体验免疫功能。课堂上，教师的责任是组织教学，是引导，是鼓舞，是激励。好的教学提升的不仅是课堂生活的质量，同时也是师生个体生命的质量。

　　杨老师作为一名教研员，听评课可谓家常便饭。在看到我的《基于核心素养的听评课》一文后，她跟我说，她在听评课时，从不做一个旁观者，总是把自己也当作一名学生，与学生一起游弋课堂，动手操作，思考问题，发现课堂教学的结点所在，情急之时，她甚至会和学生一起去抢答问题。听完课后，她会利用自己各方面的资源，将相关的资料汇总，同上课老师切磋技艺，反复研讨，不遗余力地出谋划策。

　　凡有所成者，一是志趣，二是坚持。据我了解，杨老师不仅日常工作中勤学深研，在外出开会、学习、做报告时，仍不辍阅读和写作。遇事遇人，不忘从教育视角去观察，记下自己的思考。积跬步至千里，经过长期不断的学习、实践、反思，才有了今天我们看到的精彩深刻的文字，才有了来自实践的"有魂、有神、有本、有根"的"四有课堂"。"四有课堂"不仅关注生物学核心素养，更关注学生发展核心素养，它突出了生物课最基本的一个字——活。正如我在《基于核心素养的听评课》一文中所说，生物课的活表现在：知识要学活；思维要活跃和灵活；要有有效的学生活动；要联系现实生活；要能启迪人生，引导学生创造未来生活。

　　读杨老师的书，和杨老师交流，每每都要感叹，作为一名奋战在一线的教师和教研员，她身上有一股难得的劲头。难得的是她不仅写出那么多论著，上出那么多好课，更是那一份淡泊情怀，那一种不懈努力、思考前行的力量。

　　对一个爱思考的教育者来说，世界每天都是新的。作为读者，让我们借着杨老师的思考，用新的角度去打量世界，思考生物学教学，让我们一起追随生命的跃动，一起品味生物教育的芬芳。

目　录

第一章 "生"物而非"死"物

教育家夸美纽斯说："凡是想在晚上把东西指给别人看的人就必须准备好光亮。如果这个东西本身没有光亮，你应该把它擦亮。同样，假如一个教师想用知识去照耀一个求知的学生，他就必须准备好光亮，教学艺术的光亮。"那么如何让生物教学闪现它独特的教育魅力呢？

生物教育教学来源于现实，它的载体就是鲜活的生命，它有着丰富多彩、实实在在的生活背景，是"生"物而非"死"物，因此我们应把学生的生物学习置于生活的"大课堂"，融入一点儿"生活味"。成功的教学，本身就是一种艺术的创造，如果掌握了这种艺术，就可以使生物课堂满堂生辉，这需要生物教学增添一点儿艺术味。课堂教学是一个个鲜活生命在特定情境中的交流和对话，应以变化的、动态的、生成的观点，着力建构开放和谐、动态生成的生物课堂，让课堂因生成而精彩。基于这些原因，在生物学教学中，教师应注重对教材进行"二次开发"，以此来建构既满足学生发展需要，又彰显个人教学特色的"自己的课程"。

第一节 融入一点儿生活味

我国著名的教育家陶行知曾提到，"生活即教育""社会即学校""没有生活做中心的教育是死教育"。的确如此，实际生活是教育的中心，教育要通过生活才能产生力量。生物课程标准也明确要求生物教学要联系生活，联系社会实际。因此，构建生活化的生物学课堂，是顺应新课改，调动和发挥学生主体性，让生物课堂回归生活的必然要求。为此，生物教学要做到 从生活中来，到生活中去，"让课堂焕发出生命的活力"。

一、教学资源"采撷于生活"

新课标指出要"更加关注学生已有的生活经验"，将学生从身边的"生活世界"带入生物科学的"科学世界"，然后再回归到学生的生活世界中来。一旦我们教师能将生活中的教学资源与书本知识相结合，学生就会感受到学习知识的乐趣和重要价值，就会激发学生的学习兴趣，生物课堂才能焕发出生机和活力。

（一）"生物"材料让生物课堂彰显"生命力"

1.将鲜活的生物带进课堂

平时在上课时，我们往往会忽略学生的感官感受，而用语言来调动学生已有的知识经验，"还记得……""知道……吗？"是常用语式，殊不知把实物和自制教具带入课堂的效果往往比用众多语言描述要生动深刻得多。

例如在学习《植物体的结构层次》时，我准备了大量的实物材料，比如菠菜叶、黄豆、芸豆、橘子、油菜苗（全株）等。学生不仅兴趣高昂地研究这些我们生活中常见的生物材料属于哪一种器官，还亲自剥开橘子认识其中的各种组织，甚至有学生亲自品尝橘子。在热烈的课堂气氛中，学生对于植物体的结构层次已经是了然于心。又如，在进行"节肢动物——蝗虫"的教学时，我选用了蝗虫的实物，组织学生观察它们的状态特征、虫体的结构特征及其跳跃和飞行时的姿态，这些都清晰直接地显现在学生眼前并牢牢地印在脑海中，最后节肢动物的特征就会自然而然、水到渠成地概括出来。再如在学习《鸟类》一节时，我以活体家鸽为例，引导学生进行了一系列活动，观察家鸽的体形是怎样的；家鸽的翼羽和尾羽的排列各有何特点；家鸽的骨骼、肌肉有什么特点；等等，最终学生在探究中一步步认识到鸟类的飞行生活与其形态、结构、生理特点是密不可分的，树立了生物的形态结构与功能相适应的生物学观点。

是呀，亲身体验怎能不带给学生更深入更持久的学习兴趣呢？生物实物是自然真实的东西，它们能使学生直接感受自然界事物的本来面貌，能反映生物的形态、习性、运动情况、活动过程、生活状态和一些可见功能，帮助学生据此逐步形成概念和观念。将活的实物带进课堂可以真正把生物课变成"生物"的科学殿堂。

2.将常见的生活物品带进课堂

在课堂教学中，除了实物教具的应用，还可以自己动手制作经济适用的教具。自制教具通常具有设计巧妙、取材方便、构造简单、容易制作、方便教学的特点，而且，很多时候生活中的废弃物都是我们制作教具的原材料，对它们稍加雕琢，就可"变废为宝"。例如，我们用废弃的饮料瓶代表胸廓、用两个气球代表肺、用气球膜代表膈，再找来 Y 形管、橡皮塞，经过细致认真的拼接组装，一个模拟膈的运动与吸气、呼气关系的模型就制作完成了。又如我们还可利用条形气球、透明胶带、Y 形三通管、乳胶管等来制作"叶片气孔开闭模型"，形象地感知气孔开闭的现象、理解气孔开闭的原理。再如因为洗衣机排水管的伸缩状态与小肠皱襞很相似，在讲述小肠结构时，可以用洗衣机排水管替代小肠进行讲解，从而帮助学生更好地理解小肠皱襞怎样大大地增加内表面积这一抽象知识点。

（二）生活经验让课堂散发出浓郁的生活气息

新课标指出要"更加关注学生已有的生活经验"，这就给了我们一种可能性：即充分利用我们所熟知的生活元素，适当地引入我们的课堂，使生物课堂充满生活气息。

例如《尿的形成》一节，为了使学生对"尿液的形成"有一个完整深刻的理解，我设计了"筛粮食"的模拟活动，首先是选用了花生、大豆、绿豆、黑米、沙粒、石子和过滤的筛子等学生所熟知的物品，并将花生、大豆、绿豆、黑米、沙粒、石子等混合在一起；然后，再将有杂质的粮食经过筛子的过滤而使粮食和沙粒、石子分开；之后，由于筛出的沙粒、石子中仍有少量小粒的粮食，于是教师和学生一同将粮食又重新捡拾回来；最终，粮食和沙粒、石子彻底分离。这一活动中，教师就很好地借助了学生用筛子"筛粮食"这一生活经验，在巧妙的类比中突破了本节的难点——肾小球的滤过作用和肾小管的重吸收作用。又如，在学习《鸟的生殖和发育》一节时，除了让学生在课上观察鸡卵的结构外，我们还可以利用学生吃煮鸡蛋的生活经验来进一步认识鸟卵的结构并理解其各自功能。比如，剥熟鸡蛋剥掉了哪些结构？吃掉了哪些结构？鸡蛋的营养物质储存在哪里？学生边剥、边学，重新从科学的高度分析生活中经常遇到的场景。再如，我们经常会利用凉拌西红柿来讲解细胞吸水和失水的道理，利用学生家中储存食物的方法来讲解细菌等微生物的生存条件……

同时，我们也充分利用不同生活背景下学生特有的经验。我校有一些来自农村家庭的孩子，授课时，我们充分利用好学生特有的农村生活经验的优势，丰富课堂教学。如在学习"植物的营养"繁殖时，引导学生进一步向家长了解马铃薯、红薯、大蒜的繁殖并带实物在课堂上展示。在学习"种子萌发"时，提前让学生去观察了解蚕豆、菜豆、小麦等农作物的播种，鼓励他们亲身实践，了解播种的方法、种子萌发的条件，找出它们间的异同加以分析，并把所获得的知识在课堂上和同学们一起分享。

课堂教学的根本是生活，生活是课堂的延伸，我们需要从生活中汲取养分来丰富我们的课堂。我们的生活中耳濡目染的事物往往蕴含着丰富的科学知识，如果把知识从生活中割裂出来，它们都将变成冷冰冰的符号，巧妙、恰当地把知识与生活融合起来，生物课堂也就彰显了生命力。

二、教学内容"回归于生活"

教师在教学过程中，最好以学生的现实生活为基础展开，引导学生走进生活，让学生在生活中体验、实践、探索、感悟，从而培养良好的生活习惯、树立辩证的科学态度、关注人与自然的和谐共存。

（一）回归现实的生活世界

我们通常所说的回归生活世界是指回归纷繁复杂的现实生活世界，现实生活世界可以提供课程资源、课堂知识的应用对象、实践活动的场景、体验与反思的材料等。只有那些来自生活的教学内容和形式才富有吸引力，才能激发学生的学习热情，才能让学生积极主动地去学习，唯有回归生活，才能焕发学生的"生命活力"。"生活的舞台有多大，生物学就有多大。"

如在学习"植物的扦插"时，虽然教师也为大家演示了扦插的做法，但看起来笨手笨脚，观摩的学生看了半天也无从下手。这时，有一组的表现让老师惊讶，学生看起来已经胸有成竹，动手做起来也非常娴熟，原来，在这组里，有个"小专家"！他可不简单，家里有上百亩果园，小小年纪随着父母做果树嫁接竟然已经有三五年的经验。于是，我请这位"小专家"走上讲台，亲自示范。"小专家"说起来头头是道，做起来有条不紊，时不时在教室里巡查指导。那节课，学生的操作非常成功。那位"小专家"也因此找到了自信。在后期，他经常为大家讲解园林果木知识，并且常常将瓜果带来和大家一起分享。更可喜的是，他将自家的果园开放为我们班的生物实践基地。学生们在这片基地中，看到了百花盛开、蜂蝶飞舞、瓜果飘香的果林盛景，领略到城市课堂中没有的风景。在以后的生物课堂中，再涉及开花、传粉、结果等过程，看到孩子们兴奋地抢先发言，我们深切地感受到，没有比大自然更生动的课堂，没有比实践更有感染力的老师。

（二）关注发展的生活世界

科技在不断进步，生物学在不断发展，然而很多时候人们仍然喜欢用自己头脑中的思维定式去看待和评判事物，而对于其中真伪却从不多加考虑。作为生物学教师，有必要将教学中的一些误区抽取出来，让思维碰撞出火花，让学生感到科学的价值、知识的力量，激发出探索生命奥秘的热情。

如在学习"基因"这一内容时，抛出目前盛行的"核酸等基因食品对人体健康有无帮助"这一社会热点话题，引导学生就"吃基因，补基因"这一问题查阅资料、进行讨论。学生的观点分三种：第一种观点认为吃基因补基因，因为早有人云吃什么补什么；第二种观点认为吃基因不能补基因，因为它在人体内会进行新陈代谢，不会以基因形式进入细胞；第三种观点认为对这一问题需要辩证分析，虽然吃基因不能补基因，但它被消化后的小分子物质却是合成基因的原料，这样看来，又成了吃基因补基因了。此时，教师进行点拨：由于组成基因的化学物质是核酸，于是人们很自然地就会联想到，如果我们体内没有足够的核酸用来组成基因，是不是会影响到身体健康？我们是不是应该注意在吃饭时多吃点核酸呢？　"基因保健品"把核酸说成是包治百病、永葆青春的灵丹妙药，但世界卫生组织认为人类所需的全部营养包括蛋白质、脂肪、碳水化合物、维生素、矿物质等，并没有核酸。最终师生达成了这样的共识：基因、核酸存在于每个细胞中，我们吃的食物都来自于生物，因此基因、核酸存在于几乎所有的食物之中。假如它们真是灵丹妙药、长生不老药的话，那么我们每顿饭都已经吃进大量的"灵丹妙药"了，根本不必特地吃什么"核酸营养品"。这些营养品只是迎合了人们急于补充营养的心理，其实最重要的是膳食平衡。

在对日常观念的思辨中，学生积极联想、思考，学习效果倍增。生活始终是一个动态更新的世界，教学如果能够跟上生活世界的更新，就可以帮助学生在动态的变化中更深刻地自我更新，适应生活。

（三）着眼未来的生活世界

教学要面向的生活世界是一个不断发展变化的世界，为此要克服对生活的狭隘、现实和功利的看法，保持生活的开放性、前瞻性和理想性；既要针对现实的生活，又要关怀未来可能的生活，而且后者更为重要。因此，教学回归生活不仅要着眼现实的生活，让学生了解和适应现实的生活，还要为学生的未来生活做准备。生活知识只有面对学生的未来才有意义，那些与学生的未来生活无法对接、不能建立相关联系的生活知识，只能是存留于学生头脑中的抽象符号。

如在《物质运输的器官 —— 血管》一节中，我们设计了"模拟急救"活动，教师创设不同血管出血情境，请学生判断出血血管类型，并说出急救的止血部位和方法，在模拟练习止血急救中，提高其生存技能。针对日常生活中"输液疗效好，输液好得快"的错误观念安排了"视野拓展，关注健康"环节，通过课件展示了"世界卫生组织用药原则""53种常见病禁止输液""截至目前，安徽、浙江、江苏、江西已明确出台对门诊输液的限制性措施，直至全面取消，全面停止门诊静脉输液在全国蔓延"等资料，并发出"为了我们的健康，请谨慎输液"的倡议，从而将所学知识与学生的生活实际相贯通，让生物学知识为将来的健康生活构筑基石。

教学面向未来的生活世界，就是要通过教学使现实生活中的困惑和问题暴露出来并得到剖析，使学生头脑中的前概念不断遭遇冲击，由此使学生学会批判和反思，主动谋求新的答案，主动建构新的生活图景。在这个意义上，生活世界不仅提供了帮助学生理解、巩固学习内容的材料，提供了实践所学内容的场所，而且成为学生迈向未知生活的吸引者和召唤者。

三、"融入生活味"课堂教学举例

（一）生活事例巧激趣

生物学科与我们的日常生活有着紧密联系。如何降低学生课堂学习的难度和产生的畏难情绪？这就给了我们一种可能性：即充分利用我们所熟知的生活实例，适当地引入我们的课堂，使生物课堂充满生活气息。

如在学习"植物细胞吸水和失水的原理"时，联系日常生活请同学们思考，盐拌黄瓜、糖腌西红柿，盘子里会出现很多水，这些水从哪儿来？如果青菜有点蔫了，该怎么办？有的学生还补充说市场上卖菜的商贩不时给菜洒点清水，就是为了保持青菜的水分。这两个例子说明植物细胞既能吸水，也能失水。接着请同学们设计一个对照实验加以证明。讨论中，有一组创意非常好：从中间将萝卜横切为二，各掏一个大小相近的洞，放等量清水和盐水。并预测：放清水的萝卜液面会下降；放盐水的液面会上升。当学生通过体验同样的水中加入不同量的食盐其咸淡程度不同，理解了浓度的概念后，教师再给出细胞液浓度和外界溶液浓度概念，学生很快推断出细胞吸水和失水的原理在于细胞液浓度和外界溶液浓度的大小。接着，我们以生活中的拔河为例形象地加以说明，力量大的一方将对方拉过来，也就是水也总往浓度大的一方去。在生活的"引领"下，学生感受到了成功的喜悦，并体验到了学习生物学知识的乐趣。最后，联系当地实际，请学生解释我们东营地区庄稼生长得不好的原因，并提出改进措施。

生活是最直接的学习素材和信息的来源，教师只要引导得当就能使其成为学生探索问题的动机和起点，激活学生已有的知识经验，调动学生的积极性与思维，激发他们的探究欲望，从而达到新课程改革所提倡的探究性教学的目的。

（二）实践经验化疑难

苏联教育家苏霍姆林斯基说过："优秀的教师总是力求让学生看出抽象跟现实存在的具体事物和现象之间的联系。"他还说："如果概括性的结论不是从生活实践中抽取出来的，不是建立在分析事实的基础上的，那么死记和背诵他们的结果，就是学生并不能运用他们花了很多劳动得来的知识。" 生物教学中应重视知识内容与实践经验的联系，激发学生求知欲，驱动知识的建构，才能使课堂生动鲜活，为新知识的学习奠定良好的基础。

如为了突破"植物的光合作用和呼吸作用的关系"这一重难点，课前我布置家里种蔬菜大棚的同学向父母询问有关大棚的知识，特别留意使蔬菜高产的措施，并体验种植，拍上照片，获取第一手资料。课堂上大家一起分享了成果，并各有收获：有的说要注意给大棚保温，晚上盖上草苫；有的说要选用蓝色或无色薄膜；还有的说在天气好的时候要打开大棚的门透透气，注意通风，或是施气肥——二氧化碳。最终分析出大棚增产的三要素：光照（充足）、温度（昼夜温差大）和二氧化碳（气肥）。此时，当问及"新疆的瓜果为什么特别甜？北方小麦为什么品质高？"等问题时，一切都迎刃而解了。

联系生活、贴近生活缩短了学生与学习内容之间的距离，使之产生亲近感，可以激发学生的兴趣，使其热爱学习、主动学习。因此，我们要善于以学生的现实生活为依托，充分调动学生的探究欲望，使教学过程成为课程内容持续生成与转化、课程意义不断构建与提升的过程。

（三）健康习惯促养成

在青少年时期，养成一些健康的生活习惯对人的一生都会产生深远的影响。虽然一个人的生活习惯要受到家庭、社会、学校等多方面的制约，但由于生物知识与生活关系密切，就决定了生物教学对生活习惯的形成有重大作用。因此要把帮助学生养成良好的生活习惯作为生物教学的一项重要任务，同时，这也是全面落实生物课程标准的必然要求。

例如，在学习合理膳食时，我针对大多数学生存在挑食、偏食、迷恋洋快餐等不良饮食习惯，出示有关营养配餐的资料，让学生写出自己近日的一日三餐，对照各项指标来评价自己的营养状况。通过评价、讨论，认识到一日三餐应谷、肉、蛋、奶、菜、果无所不备。当我抛出"你能否用15块钱为全家准备一顿营养搭配合理、经济实惠，又能体现家庭特色的饭菜"时，学生的思维异常活跃，你一言，我一语，很快一个个特色菜谱出台了……在不知不觉中，合理膳食的观念潜入学生脑海。这样，由于紧密结合了所学知识，学生更容易信服和接受，更能自觉地按科学要求去做，从而逐渐养成健康的生活习惯。

又如在《尿的形成》一节教学中，学完了肾脏对人体的重要性以及尿毒症的补救措施如肾移植和"人工肾"之后，教师说道无论是肾移植还是人工肾，都是亡羊补牢之举。关注健康，保护肾脏才是根本所在。国际上，将每年3月的第二个星期四定为世界肾脏日。

紧接着，大屏幕上呈现出充满关爱的图片和温暖人心的话语：

保护肾脏，大家需要养成良好的饮食和生活习惯。以下几点你做到了吗？

①坚持低盐、清淡饮食；②不暴饮暴食增加肾脏负担；③适当多饮水，不憋尿；④坚持体育锻炼，控制体重；⑤戒烟，避免酗酒；⑥避免滥用药物；⑦冬天做好保暖；⑧反复发作的扁桃腺炎要小心。

（四）日常概念辨真伪

在日常生活中，人们常会对相关生物学知识形成错误的认识和理解，因此在教学实践中要及时地更正经验性错误，让学生感到科学的价值、知识的力量，激起探索生命奥秘的热情。

例如，人们习惯地认为"歪瓜裂枣"（即形状不周正）更好吃。在完成"果实和种子的形成"的教学后，请学生探究"歪瓜裂枣"的原因。原来，果实发育所需要的生长素来自于发育着的种子。在发育较差的一半果实中有种子发育不好，为果实发育提供的生长素较少，导致果实发育畸形，所以"歪瓜裂枣"属于果实发育不良，与口味不存在必然的联系。并补充相关内容：生活中我们不免会碰到一些形状奇怪、颜色特别的瓜果，例如连体西红柿、特大号草莓、特别红润的油桃、歪裂的甜瓜等。这些畸形瓜果虽然有些口感不错，但大多是长时间滥用肥料、催熟剂或膨大剂等造成的，长期食用这种瓜果容易引发多种疾病。因此，为了我们的健康，最好不吃那些奇形怪状的"歪瓜裂枣"。

在教学中指出实践生活中常见的科学性错误，对日常概念进行思辨，既巩固了所学知识，又能在一定程度上提高生活品质。

第二节　增添一点儿艺术味

捷克教育学家夸美纽斯说过："教学是一种使人感到愉快的艺术。"什么是教学艺术？不同的人有着不同的理解和认识。大多数人认为，教学艺术就是教师在课堂上遵照教学法则和美学尺度的要求，灵活运用语言、表情、动作、心理活动、图像组织、调控等手段，充分发挥教学情感的功能，为取得最佳教学效果而施行的一套独具风格的创造性教学活动。如果一名教师真正做到了"传道有术、授业有方、解惑有法"，那么学生就会在轻松、愉快的氛围中掌握知识，其课堂教学就会产生事半功倍的效果。

一、创生生物课堂教学的艺术化

课堂教学艺术化，指的是在教学过程中，使教学方法、技能、技巧得到艺术化的运用。通过这种艺术的影响，激发学生乐于学习、积极探索、思索未知的感情，产生教有所受、点有所通、启有所发、导有所悟的最佳教学效果。在生物学教学中，我们主要从以下几方面去构建课堂教学的艺术化。

（一）让语言富有魅力

夸美纽斯说："教师的嘴就是一个源泉，从那里可以发出知识的溪流。"还有人说："教学语言妙不可言，它如一股涓涓细流，悄悄地流淌过学生的心田。倾听它的声音，如天籁之音，拨动着每一个倾听者的心弦。"可见，教师的教学语言是课堂中一道亮丽的风景线。

首先，生物学教学语言应该科学规范。科学规范的教学语言要求教师力求做到思想无谬误，知识没差错。对知识的描述和界定要肯定、准确、科学，切勿含糊其词，避免使用"大概""或许""可能"之类的言辞，更不能用想象和猜测替代严密的推理和科学的论证。我们应该严格按教材内容"咬文嚼字"，通过"抠字眼"来阐述生物学的概念、规律、实验过程及结论，并注意使用恰当的学科专业术语。例如，"细胞是一切生物体的结构和功能的基本单位"，乍一听似乎正确，细一想，不对了，难道类病毒、病毒不具有细胞结构，就不属于生物了吗？由于措辞不准确而产生的科学性的错误，对教师而言，是不允许的。又如，如果说哺乳动物都是胎生哺乳的，显然把话说绝了，不够科学；如果说"哺乳动物在一般情况下都是用肺呼吸的"，该肯定的却又把话说得太留有余地，也是不够科学的。当然，科学规范的教学语言还表现在教师要用生物学的名词术语进行教学，不要滥用习惯用语、口头禅来替代生物科学的名词概念、原理，如，我们平时习惯于把皮肤浅层的静脉叫"青筋"，把鸟类的"喙"说成是"嘴"等。这些概念都是不科学的，因为，生物学教学语言要有一定的依据，它的依据就是科学的真实性、准确性。

其次，生物学教学语言应该幽默诙谐。教学语言的幽默诙谐，是指在保证课堂庄重严肃、科学规范的前提下，适时插入一些颇具情趣的短小故事、幽默逗人的比喻、发人深省的典故等，使课堂富有趣味性，收到寓教于乐的效果。例如，在学习《关注心血管健康》一节时，我了解到有少数男生常怀着好奇心偷偷地去学抽烟。怎么去教育学生呢？我尝试把严肃的思想情感教育通过幽默诙谐的形式表现出来。上课时，我一本正经地对同学们说："抽烟有两大好处：一是烟草的营养丰富，燃烧的烟草中含有 4 000 余种物质，其中有一氧化碳、砒霜、焦油和尼古丁等。二是抽烟可成为医学专家，实践出真知嘛！抽烟可亲身体会气管炎和肺气肿，还可以与癌症交朋友，因为烟草所含物质中，至少已有 43 种被确认为致癌物了！"学生笑了，这样，在轻松之中，急切之意被化为蕴藉之语，可谓"言有尽而意无穷"。又如，教学中，我们可以采用贴切的比喻、有声有色的比拟等让教学语言生动、形象，富有幽默性，如保护色 —— 我不在这里；警戒色 —— 我在这里，但不要碰我；拟态 —— 我不在这里，我是某某某；等等。

（二）让体态展现风采

体态语言是用人身体的某一些部位或动作把知识展现在学生面前的教学方法和手段。教学中，有时教师在表达生物形态、结构时，往往感觉词不达意，或欠准确，或过于烦琐，若巧妙地运用体态语言，不仅能使教师的授课绘声绘色，生动形象，而且学生"边看、边做、边学"，在脑海中留下的印象会更深刻、更清晰、更长久。

例如，用手势模拟根尖的结构，握起的拳头比作根冠，手腕比作分生区，把前臂比作伸长区，上臂比作成熟区，另一只手展开手指放到该上臂处则代表了突出的根毛，学生各自比画着直观硕大的"上肢根尖"，既兴奋又欣喜，枯燥易混的根尖四部分在体态演绎中变得形象明晰。又如，在学习蒸腾作用的意义时，可将盐溶解在水中，然后用干燥的纸卷成圆筒，让一端接触水和盐的溶液。紧接着我一边解说"无机盐搭水的'便车'进入植物体内"，一边伸出长长的舌头去舔那浸湿的纸筒，口里喃喃说："咸的！咸的！"学生看到老师那滑稽的样子不禁哄堂大笑，但同时在笑声中也明白了"蒸腾作用能促进水分和无机盐从根部输送到茎、叶等器官"的道理。这样就使抽象的语言符号转化为具体、直观、形象的体态语言，不仅加深了对所学知识的理解，而且增添了学习的乐趣。

（三）让板书设计精当

课堂教学的艺术离不开具体生动、富有表达力的语言，也离不开直观、形象的优秀板书。李如密教授在《教学艺术论》中说："教学板书具有很强的示范性特点，好的板书对学生是一种艺术熏陶，起到潜移默化的作用……"不仅如此，精心设计的板书能使学生赏心悦目、兴趣盎然、活化知识，有利于理解知识、加深记忆，是提高学生非智力因素的重要手段。

如关系式板书，它是对教学内容经过分析和综合，按顺序归纳出几个要点，提纲挈领地反映知识之间关系的一种板书形式。其特点是条理清楚、层次分明，给人以清晰完整的印象，在讲解血液循环、新陈代谢过程等知识时，它形象地反映了教材思路，有利于帮助学生加深对教材内容和知识体系的理解。

又如图解式板书，它可以反映教师的思路，力求帮助学生理解文本含义，抓住学习的关键。在学习血液循环的路线、肾单位形成尿的过程、近视眼的形成等知识时，该生物学图解板书就是教师对课本内容浓缩、整合而成的"集成块"，不仅是表达生物学内容的重要手段，也是集中学生注意力、启发学生思维的有效措施，对学生的学习起到指点引路的作用。

再如对比式板书，它是根据教学内容和学生已有的相关知识，运用对比方法显示出知识的异同的板书。这种板书对比强烈，有利于指导学生分清知识的共性与个性，有利于学生求异思维能力训练。在学习光合作用与呼吸作用的关系时，将光合作用与呼吸作用的原料、产物、条件、场所等一一展示出来，从中自然而然就能看到这两大作用之间的区别与联系。

板书是课堂教学的重要组成部分，是完成课堂教学的有效手段，是教师语言艺术的书写形式。好的板书能提炼出一堂课的精华，可以配合教学突出重点，加深印象，增强效果。一幅独具匠心的板书，就是教师在教学活动中的一件精美的艺术品，更是学生认知的"脚手架"、学习的"导游图"。

（四）让流程调控到位

"教无定法，贵在得法"，因而教师在教学中，应从客观实际出发，依据生物教学的内容，结合中学生好动、好奇、兴趣广泛、善于思考等身心特点，巧妙调控流程，在灵活多样、丰富多彩的课堂教学中增添一点儿艺术味。

1. 巧设引人入胜的开头

常言道：响鼓还需重槌敲。如果说一节课是响鼓，那么导语则是重槌的第一槌，一定要浑厚激越，准确击中学生的心扉。"良好的开端是成功的一半"，讲课伊始教师巧设一个引人入胜的艺术开头，吸引学生认知的兴趣和情感，启发引导学生的思维，让学生在最短的时间内进入课堂学习的最佳状态，这是实现教学整体艺术效应关键的一步。

如可以利用故事事件，设计恰当的疑问和悬念，激发学生的求知欲，让学生在急切的"愿知其详"的心情下进入新课的学习。如学习"光合作用"时，呈现"柳树之谜"的故事：1942年，比利时科学家范·海尔蒙特将一株2.3kg重的小柳树种在重90.8kg的干土中，用雨水浇灌5年，小柳树长成重76.7kg的植株，而土壤重量只比实验开始时减少57g。在学生疑惑的神情中，教师抛出有关问题：（1）实验中柳树增加的重量主要来自什么物质？（2）除了水，影响柳树生活的外界因素还有哪些？（3）怎样设计实验证明这些因素的作用？（4）光合作用的过程究竟是怎样的？在问题的引领下，学生带着疑惑与思考走进课堂。

又如教师可以巧妙地设计实验，呈现一目了然的现象，在学生观察、分析中进入新知识的学习。在讲解气体的"扩散现象"之前，准备两杯水，向其中一杯水中滴墨水，让学生自己观察实验现象，总结特点，在亲身体验中借势引入人体内气体扩散的学习内容，片刻之间化抽象为形象。

再如教师根据教学内容适当地利用谜语、谚语、古诗词、历史典故等来导入新课，可避免平铺直叙之弊，收到寓教于趣之效。如在讲到食物链的时候，可以这样导入："大家都听过这样的话，'螳螂捕蝉，黄雀在后'，那么它反映了什么样的生物学现象呢？这就是我们今天要讨论的问题。"它极大地吸引了学生的注意力，调动了学生的积极性。

魏书生说："好的导语像磁铁，一下子把学生的注意力聚拢起来，好的导语又是思想的电光石火，能给学生以启迪，催人奋进。"确实，好的导语是优秀的演奏家拨出的第一个音符，散发出神秘的魅力，引导着听众渐入佳境；好的导语是教师精心打造的一把金钥匙，放射出独特的光芒，带领着学生登堂入室。

2. 创设耐人寻味的结尾

明代文学家谢榛在《四溟诗话》中曾说："起句当如爆竹，骤响易彻；结句当如撞钟，清音有余。"一堂好课，亦应如此，既要有一个扣人心弦、引人入胜的开头，也应该有一个完美、精彩的结尾，使整个教学过程趋于优化和完整，犹如"画龙点睛"，给学生以启迪和无穷的回味，激起对下一次教学的强烈渴望。

在课堂结尾处，教师可使用富有感染力的语言，营造一种激越的氛围，激发他们的丰富联想，鼓励学生带着课堂知识到自然界中，到社会中。例如在讲到"光合作用"时，有的学生提出要是人类不用吃饭，能有一套像植物那样进行光合作用的衣服就好了；学习《克隆技术》一节知识后，学生议论要是能克隆人的器官该有多好，就能治疗被各种疾病破坏的器官了。教师就可以借势引导学生努力学习，勤于思考，未来的某一天，也许能化为现实。这种指向思维远方的结尾往往能引发学生大胆质疑，迸发出创造的热情和火花。

课堂的结束，有时候也意味着更深入思考的起点，"授之以鱼，不如授之以渔"，教给学生学习的方法要比直接给予学生现成的、特定的知识更有效、更实用。例如，讲完"人体与外界的气体交换"后，可以让学生当一回法官：有位孕妇生产后，家人发现婴儿已经死亡，就认定是产后医疗事故，而接生的大夫却说婴儿是产前死在孕妇腹中的，于是发生了纠纷。若你是法庭法官，该如何判断婴儿是产前死亡还是产后死亡？再如学习"人体内废物的排出"后，可提出问题："检验一个病人的尿液，发现其尿中含有葡萄糖，另一个病人的尿中含有蛋白质和血细胞，请你分析病因，并提出治疗措施。" 这样很自然将所学知识与实例结合在一起，能提高学生的综合分析和运用知识的能力。

教师在课的结尾处把所学零散知识经过整理总结，以生物诗歌、口诀等形式呈现出来，不仅使学生读来朗朗上口，便于记忆，而且能激发学生的学习兴趣。如学习《鱼类》一节，编写了这样的《精灵之歌》生物诗：畅游水中小精灵，被覆鳞片呈梭形。感知障碍用侧线，胸腹背鳍助平衡。气体交换鳃与水，尾鳍能把方向控。精灵安危靠大家，保护环境我先行。

常言道："善始善终"才算一堂优质课。良好的开头是成功的一半，完善精要的结尾，会使课堂教学再起波澜，从而使教学活动画上一个完美的句号。

3. 融汇生成的教学机智

课堂是生成的、动态的，有些课堂的突发事件、生成问题根本是教师在教案预设时所无法预见到的，这就要求教师高度重视，融入智慧，妥善解决。其实有些突发事件并非学生故意影响课堂，其中也有一些可贵的积极因素。教师在课堂教学中能关注学生在课堂活动中的状态，随时捕捉利用意外生成的教学资源，点燃思维的火花，拓展思维的空间，活跃学生的情趣，深化探究的兴趣，使课堂教学更加生动、鲜活、精彩。

例如，人体的"血液循环途径"是生物教学的重点，也是难点。如何让学生深刻理解并有效记忆一直是令师生困惑的难题。以往我们通常采用的方法是识图作答或者画图强化，但是面对呆板冷漠的图形文字，学生难免厌倦。在一次生物课上，学生记忆了血液循环途径一段时间后，个别好动的男孩子开始坐不住了，有个同学居然下位走动借东西。学生的"走动"开阔了我的思路，何不借助游戏活动呢？于是，我让这个同学扮演红细胞，其他同学扮演血液循环途径中的各个器官。该同学在班级中走动，随意指定在座的同学说出血液循环流动的途径。同学们情绪高昂地投入到游戏中。但是，由于一个同学说的内容太多了，其他同学又闲下来了，于是，我们又把游戏改成了"循环列车"，也就是全班同学每人代表一个器官，随即指定一个顺序，每个同学按照血液流动途径依次快速答出，从而真正地"循环"起来。

"学习如游戏，情趣在其中。"游戏的趣味性诱发了学生浓厚的学习兴趣，调动了学生参与活动的积极性，缓解了纯知识学习带来的紧张焦虑，使学生体验到了学习的轻松愉快。那个好动男孩的下位行动引发了我的教学机智，促成我的生物课变成了游戏活动课，改变了课堂的机械沉闷，增添了课堂的无限生机，焕发了课堂的生命活力。

二、生物学课堂教学中增加一点儿艺术味举例

世界著名物理学家、诺贝尔奖获得者李政道博士曾说过："科学与艺术是不可分割的，就像一枚硬币的两面，它们共同的基础是人类的创造力，它们追求的目标都是真理的普遍性。"在此，套用一下李博士的话：艺术与生物教育也是一枚硬币的两面，它们也是分割不开的。艺术是心灵的跳跃，艺术所特有的感染力会使生物教学具有神奇的魅力。

（一）诗词谚语文学化

中国五千年的灿烂文化源远流长、博大精深，许多生物学知识或现象与诗词相得益彰，相映成趣，让人深爱不已，如能恰到好处地结合使用，会使人耳目一新，甚至使一堂课光彩照人。

如"人间四月芳菲尽，山寺桃花始盛开""春色满园关不住，一枝红杏出墙来"分别说明了温度和光照对生物的影响；"离离原上草，一岁一枯荣。野火烧不尽，春风吹又生""有心栽花花不开，无心插柳柳成荫"展示了无性生殖的魅力；"红豆生南国，春来发几枝"让人感受到生长的活力；"稻花香里说丰年，听取蛙声一片"描绘了生物之间的自然和谐；"落红不是无情物，化作春泥更护花"演绎着细菌、真菌在生物圈中的作用；在分析"春蚕到死丝方尽，蜡炬成灰泪始干"时，学生对其进行了科学而又艺术的修改 —— 春蚕化

蛹丝方尽。有学生还幽默地称："看来李商隐很偏科呀，重文轻理，我们可要文理兼备，尤其要学好生物学知识……"更值一提的是，语文诗词与生物教学的结合形式，成为学生们津津乐道、久久不忘之事。

又如，谚语"人是铁，饭是钢，一顿不吃饿得慌"告诉我们能量来自食物，进而可推知绿色植物是能量的转化器；"螳螂捕蝉，黄雀在后"是讲解生物间捕食关系的好资料；"一母生九子，连母十个样"形象地说明了遗传和变异；"有收无收在于水，收多收少在于肥""种地不上粪，等于瞎胡混"展示了水和无机盐在植物生活中的重要性；"土蓄水，水养林，林保土，土肥农。鱼塘打鱼留鱼种，留得小鱼长大鱼"让学生强烈感受到生态环境保护和可持续发展之间的关系……

凝练隽永、形象生动的诗词谚语，在生物学教学中适时引用，不仅让学生感受自然美、语言美，而且深刻理解了其中蕴含的生物学道理，促使生物知识正向迁移，学生既获得了一份生物知识之外的意外收获，又增强了学习生物知识的极大兴趣。

（二）体态语言形象化

体态语因其能辅助和补充有声语言，吸引学生的注意力，激发学习兴趣，往往能在教学中收到"此时无声胜有声"的表达效果。

法国艺术大师罗丹说"手有时比嘴会说话"。如在讲解"尿的形成"时，肾单位的结构是重点和难点，尿液就是在这里经过两个复杂的生理过程形成的，掌握肾单位的结构是理解尿液形成的基础和关键。我们可将右手的拇指和小指伸开，食指、中指和无名指握起，其中，拇指代表较粗的入球小动脉，小指代表较细的出球小动脉，弯曲的其余三个手指就代表入球小动脉反复分支而成的数十条毛细血管盘曲构成的肾小球。将左手的食指、中指、无名指和小指并拢，与拇指相对半握，围成凹陷的半球，用来代表内壁凹陷形成的肾小囊，左臂则代表与肾小囊腔相连通的肾小管。然后，将右手代表的肾小球放到左手凹陷的肾小囊内，就构成了肾小体；再加上左臂的肾小管，就成为肾单位。模拟了肾单位的整体结构后，再进行各个结构的分解和突破。教师指导学生一起动手做，哪是入球小动脉，学生们就高高地伸出大拇指；出球小动脉呢，学生伸出小拇指；什么是肾小球，学生就不停地弯曲食指、中指和无名指；肾小囊呢，学生晃晃另一只手；肾小管，抬抬这只胳膊。最后，将两只手叠放在一起，完成了肾单位。模拟练习也可以在学生之间相互进行。在轻松的动手活动中，在欢乐的笑声中，肾单位的结构深深地印入了学生的脑海中。

总之，灵活运用体态语不仅能帮助学生理解，提高教学效率，而且容易激发出他们的兴趣，贯穿课堂教学，促进师生交流，获得事半功倍的效果。

（三）角色扮演情趣化

初中生大都喜好模仿，乐于表现，角色扮演正是适应了学生的这种年龄特点，从而调动了学生学习的主动性和积极性，从中获得成就感和满足感。在角色扮演中，参与的学生身兼资料收集员、编剧、导演、演员多职；没有参与的同学会饶有兴趣地观看演出，听得会比以往更为认真。在这一过程中，学生搜集和处理信息、获取新知识、分析和解决问题以及交流与合作的能力都得到了培养，而教师对学生认知的广度和深度以及学生个性特长的把握也会更为准确，从而达到教学相长、共同提高的目的。

如《生物对环境的适应与影响》一节中，针对"山羊绒又细又软，织成的产品十分昂贵。山羊比绵羊好养，它连草根都啃食，于是一些牧区大量饲养山羊，这对环境会有什么影响"这一题目，有老师设计了"牧民大会"的活动场景，"羊绒衫厂代表"展示近年来羊绒衫产量的资料，"牧民 A"出示因为养山羊后家庭生活改善的资料，"牧民 B"拿出连续几年来草产变化的资料，"生态学家"则用通俗易懂的语言讲述着这其中的利弊……课堂上学生用心体验自己所扮演的角色，将各自的观点展示给全班同学，表演者的激烈争论引发了学生的深入思考。学生表演完毕后，教师再通过现实中的事例，将某地区由于过度放牧导致草场大面积沙漠化的严峻后果展示给学生，让学生在热闹的表演之后，静下心来冷静思考，深切感受，得出结论。这种方式不仅让学生对教材中的内容有更深刻的理解，更重要的是可以学以致用，让学生知道在现实生活中，往往存在利益冲突，在这种冲突面前应该如何做出选择是非常重要的。这样的教学教给学生的，正是通过具体问题而体现出来的"可持续发展"的观念。

（四）游戏教学趣味化

游戏是我们童年的乐趣之源，是青少年学习生活中不可缺少的。在当前学生的学习压力过大、课堂气氛沉闷的情形下，把游戏恰当地运用到我们的课堂中，会产生意想不到的效果。

如"探究生男生女的概率"的游戏：取 2 个大小一致的空烧杯，依次编号为 1、2。1号杯里装入 50 粒黑豆，2 号杯里装入黑豆和白豆各 25 粒混匀。然后闭上眼睛，双手分别伸入 1、2 号杯中各拿出 1 粒豆，再睁开眼睛。若取出的是 2 粒黑豆则在表格中记录为"女"；若取出的是一黑一白，则在表格中记录为"男"；每次取出统计完后，均放回原来的烧杯。最后统计生男生女的次数，两者的比例是多少？在这个实验中，不同种类的豆代表什么？烧杯代表什么？为什么取豆时要闭上眼睛？在什么情况下该实验与实际情况不符？游戏式实验构思巧妙，设计独特，寓知识于游戏之中，使学生在课堂上边游戏边学习，在游戏中了解科学研究方法，在游戏中启发自身的思维，提高自身的理解力。

美国心理学家布鲁纳说："最好的学习动力莫过于学生对所学知识有内在兴趣，而最能激发学生这种内在兴趣的莫过于游戏。"游戏教学以其内在的趣味性激发学生的学习兴趣，诱发学生的学习动力，调动学生参与的积极性，能够缓解机械记忆所带来的焦虑和枯燥，使学生感受学习的轻松与愉悦。

（五）静态文字剧情化

生物课堂教学中，创造一种适合于学生的新的学习情境，能把知识传授和学生的天性统一起来，使得学生"乐"而忘返，常常能取得良好的效果。

例如，《免疫》一节的教学，将三道防线及计划免疫改编为情景剧，通过主人公皮特先生所处情境的不断变化，按照剧情的发展而层层展开。首先是医院体检一切正常；斗牛活动中皮肤被划破受伤了；当地流行麻疹，很多人感染了，在不同的场景中与医生有不同的对话，如"我有三道防线，我怕什么！我的第一道防线牢固着呢！""这点伤算什么！病原体也过不了我的第二道防线！""他们都患了麻疹，我真幸运！""难道我们只有在生病以后才能获得抗体吗？"等，配合病原体攻击人体三道防线被打退的情景动画，通过剧情场景的切换，为学生创设具体生动可供联想的学习情景，使学生无拘无束地畅游在课堂之中。又如拿着武器的小兵肩负监视和防御任务，好像身体的"御林军"，无声地解释"免疫监视""防御感染"和"自身稳定"等功能的含义，完全避免了干瘪空洞的说教。在这样的情境中，学生常常恍然大悟，激发了灵感，思维发生了质的飞跃，并有新的发现。

新课程为生物学教师的自身成长和专业发展提供了开拓创新的空间。只要我们不断提升自己的课程理念，提高自己的教学意识，在生物课堂教学中不断探索，就一定会有所发现。我国古代教育家孔子说："知之者不如好之者，好之者不如乐之者。"如何上好生物课，方法多样，各有千秋。生活中尚且有酸甜苦辣咸等各种滋味，教学也是如此，倘若能在教学中添点油加点醋，让其有滋有味，就会使教学独具魅力。

第三节 课堂因生成而精彩

教学的最高宗旨和核心理念是"一切为了每一个学生的发展",而"发展"是一个生成性的动态过程,发展就其机制而言,有预设性发展和生成性发展两种。前者是指预知的发展,即从已知推出未知,从已有的经验推出未来的发展,表现为目标达成;而后者是指不可预知的发展,即这种发展不是靠逻辑可以推演出来的,在教学中,它往往表现为心灵的共鸣和思维的共振。

一起来看一则寓言:

有个渔夫,每次出海打鱼之前,他都要到市场上去看看,什么鱼的价格高,就决定去捕什么鱼。有一年春天,墨鱼的价格最高,他便去捕墨鱼,结果打上来的全是螃蟹,他非常懊恼地空手而归。等他上岸后,才得知市场里螃蟹的价格涨到了最高,于是他决定下次去捕螃蟹。然而第二次出海,他打上来的全是墨鱼,他再次一无所获。回到岸上,他后悔不已,原来墨鱼的价格又高了。于是他发誓下次不论是墨鱼或是螃蟹他都要带回来。可是第三次出海他什么也没有捕到,那个春天他一无所获。

这只是一则寓言,在我们的传统教学中,虽没有这样愚蠢的"渔夫",却有这样的机械行为:上课就是执行教案的过程。教师的教和学生的学在课堂上最理想的进程就是完成预定的教案,而不是"节外生枝"。教师期望的是学生按教案设想做出回答,否则就努力引导学生直至达到预定答案为止。"死"的教案成了"看不见的手",支配、牵动着活的教师与学生,让他们围着它团团转,课堂成了"教案剧"出演的"舞台",教师是主角,好学生是配角中的"主角",大多数学生只是不起眼的"群众演员",很多情况下只是"观众"与"听众"。然而,事实上我们身边的教育情境就像流淌不息的小河,总是处于不断的发展变化中,学生"节外生枝",提出"另类"问题,冲击教师的预设,教师或视而不见、置之不理,或搪塞了事,任凭那智慧的火花自生自灭。预设与生成本是辩证的对立统一体,课堂教学既需要预设,也需要生成,预设与生成是课堂教学的两翼,缺一不可。预设体现对文本的尊重,生成体现对学生的尊重。课堂教学不是简单的知识学习过程,它是师生共同成长的生命历程。

一、精彩的课堂生成需要"三观"

如果说传统课堂把"生成"看成一种意外,那么新课程则把"生成"当作一种追求;

如果说传统课堂把处理突然"生成"的情况看成"教育机智"，新课程则把"生成"当成彰显课堂生命活力的基本要求。在新课程的教学中，"动态生成"的课堂教学已成为我们教师孜孜不倦的追求目标。我们要高举课程改革的大旗，主动构建生成性课堂教学，让生成成为一种习惯，把自己的心灵与学生的心灵相融，敞开教师包容的心胸，展示教师足够的智慧，充分尊重学生独特的感受、体验、理解，多一点儿欣赏、多一点儿等待，理智对待每一个动态的生成。那么，精彩的课堂生成从哪里来呢？

（一）精彩的课堂生成源于动态开放的课堂观

传统的课堂教学理念强调课堂上各个环节的井然有序、结构严谨以及时间安排合理精确，教师的主要精力放在课前备课时的教学设计上，力求将教案编写得详尽而周全，在课堂教学的组织实施过程中，教师只要循"案"演出，努力将学生往预设的固定轨道上"启发"，按部就班地完成教案这个唯一脚本即可万事大吉了。实际上，课堂教学不应被僵化地限定于课前预设，不应被呆板地拘束于教案文本，预设的教案需要为具体的课堂教学留下师生互动交流的弹性空间和依据学情发展进行适时调整的余地。教师应该见机行事，化意外为精彩，水到渠成地引领学生合作交流，使得课堂认知目标的达成对于学生来说不仅是"知其然"这一结果的单调呈现，更是学生通过自主学习和自我发现达到"知其所以然"的深刻体验和生成过程，体现了在动态、开放课堂观念下教师既关注教案预设，更关注学生的发展与学习需求，体现了教师在课堂上巧妙的教学机智和灵动的组织策略。

（二）精彩的课堂生成源于体现主体地位的学生观

作为新课程改革的理论支柱之一——建构主义强调，学习是一种知识不断建构的过程，而不是纯粹地记载和吸引知识，学习同时是知识的社会实践参与的过程。可见学生的头脑并不是等待教师去填充的空洞容器，学生走进课堂之前，已经在各自的生活经历中积累了一定的知识基础和学习经验。也许教师在进行课前精心准备的同时，学生已经通过预习对相关知识点有了一定的了解和涉猎，这种情况在平时的教学工作中并不鲜见，而课堂上教师的不同应对方法则体现了不同的学生观，也会产生截然不同的教学效果。如果教师无视学生真实的学习情形与需求，沿着既定的预设思路独断专行，课堂显得沉闷又刻板；但如果教师及时地调整教学安排，在师生对话和平等交流所获取的反馈信息基础上重新组织教学，则能够有效地促成精彩的课堂生成，真正体现课堂学习中学生的主体性地位。

（三）精彩的课堂生成源于整合的课程资源观

真实而具体的课堂教学，都应该是一个动态生成的连续变化过程。在这个过程中，总是会存在着各种各样超越教师预设的意外，卢布姆说过："人们无法预料教学所能产生后果的全部。没有预料不到的后果，教学也就不成为一种艺术了。"可见，课堂教学应拒绝那种遵循预设亦步亦趋的一成不变的模式化做法，更不能将课堂教学视作一个固定的、封闭的知识传递系统，生成性的课堂呼唤教师应该具备高度整合的课程资源观。在整合的课程资源观念下，教师不但心中想着课前预设，更要想着学生的发展，高度关注学生个体在认知、心理、智力、学科基础、个性特征、思维方式、学习需求等方面的差异，因此，对于出现在课堂上的种种意外，教师不应一概不论地视为不和谐的音符，必欲剪除而后快，而应看作是一种可资利用的课堂教学资源，以开放的心态积极地加以分析和取舍，合理地挖掘蕴藏其中的潜在教学价值，从而为每一个学生投身学习活动、主动建构知识铺设条件，为课堂上师生在教与学过程中的创造性的发挥打下基础。只要教师通过对来自学生个体的意外这一课堂资源因地制宜地加以应用，巧妙地将其转化成所有学生积极参与探究活动的契机，就一定能够收获课堂动态生成的精彩。

二、多元生成引领课堂走向精彩

"生成"是新课程倡导的一个重要教学理念。它强调课堂是动态的，是鲜活的，是情境化的，也是富有个性的，不存在一模一样的课堂。正如古希腊的哲学家告诉我们的"一个人不可能两次踏进同一条河流"，教师也应该明确"一个教师不可能两次踏进同一个课堂"。课堂是受多种因素综合作用的，真实的课堂会出现种种意想不到、意料之外，如果课堂的凡事凡物都在教师的意料之中、掌握之内，教师的教学也就逐渐成为沉闷、机械的、重复性劳动了。这就要求教师在课堂要上根据变化的情境，随时调节课堂的目标、程序、内容、节奏等。教学实践告诉我们：跳出备课既定的思路，开放教学动态，尊重学生的思考，尊重学生的发现。这样，教师和学生的积极性都被调动起来，就可能产生灵感，发挥创造性，课堂就会因动态生成而精彩美丽，充满活力。

（一）教学设计可以在情境中灵活生成

为了有效地上好课，教师无疑应当根据教学目标和课程内容，精心进行教学设计。但是，这种设计不应当是铁定地限制教师与学生探索、创造的框子，课堂上的教学操作也不应当是"教案剧"的照本上演。新课程提倡的"为学习而设计"的教学理念强调，教学是教师教与学生学的共同活动，教学本身是围绕着学习而展开的，教是为学服务的。为学习而设计教学就意味着不能仅仅考虑教师教得方便，教得舒畅，而应该把学生作为教学的出发点和核心，教师要应学生而动，应情境而变，充分运用自己的教育智慧，让自己融入课堂，与学生一道，共同"生成"课堂。

如《鸟类》是七年级生物学上册中的一节课，其主要内容是鸟类与飞翔生活相适应的形态结构和生理特点。课前我准备了丰富的教学材料，设想通过学生的观察思考、合作交流等完成教学。下午第二节课是七年级（3）班的生物课，走进教室后，我发现学生异常兴奋，有几个同学还在扔纸飞机，原来第一节课是体育课，学生还沉浸在室外活动的兴奋中呢。脑科学告诉我们，此时教师要采取积极有效的措施，集中学生的注意力，帮助学生的思维及时回拢定位。看来，平铺直叙的教学难以奏效，执行预先的教学设计效果不会理想。这时，学生手中的纸飞机引起了我的注意，何不借用一下呢？于是，一上课我便让学生比赛扔纸飞机，看谁的飞机飞得又快又远。兴致高涨地"玩"过后，我请学生思考，怎样才能使飞机飞得又快又远呢？学生认识到飞机要飞得远需要考虑减小空气阻力、减轻重量等因素。然后由飞机的特点自然地迁移到鸟类与飞行相适应的特征。在亲身体验的基础上，在积极主动的探究中，学生轻松地理解掌握了鸟类的流线型体形减小飞行的阻力；正羽控制飞行的方向；前肢变成翼，扇形轻薄面积大，适于扇动空气；有的骨薄、有的骨愈合、长骨大多中空，能够减轻体重等一系列的与飞行生活相适应的形态结构特点，这节课就这样精彩高效地完成了。

教学设计需要预设，但是课堂教学如果一味地按照预先设计进行，不考虑教学环境的变化，那么，课堂教学将变得机械、沉闷，失去生机和乐趣。教师根据教学情境、学生状况，及时加以灵活调整，更有利于教学活动的开展、教学目标的深化。

（二）教学目标在实施过程中动态生成

教学目标是统领教学活动的灵魂，是教学活动开展的核心，教学设计首先要确立预设的教学目标。教学目标并不是一成不变的唯一规定，不是不可调整的唯一方向，也不是行为检测的唯一标准。课堂教学具有较强的灵活性，在教学过程中，学生的学习状态、学习条件、学习情境随时会发生变化，当学生的学情发生变化的时候，预设的教学目标可能会显得不合理、不完善、不适宜；在教学实施过程中，就需要开放性地添加灵活的成分，接纳始料未及的信息，关注学生独特的体验，超越既定的预设目标，及时动态生成新目标。

如在学习《人在生物圈中的作用》一节时，我们安排了"水污染对动物生活的影响"的探究实验。按照预先的教学设计，学生分组完成实验后，进行小组汇报交流，师生共同评价总结，从而得出"水污染会影响小鱼的生活"的结论，达成培养学生科学探究、合作交流、分析表达能力的目标。实验按照预先的设计按部就班地进行，实验现象非常明显。当我想让各小组汇报实验结果时，却发现课堂上没有了实验操作过程中的热闹和兴奋，同学们变得沉默不语。原来，小鱼在被污染的水中挣扎的情形刺痛了学生的心灵。这不正是进行生态环境保护教育的好时机吗？经过斟酌，我决定改变按照让各小组汇报实验结果的预先设计，而是改为及时提出了三个问题请同学们思考："一条条鲜活的生命在污染的环境中痛苦挣扎，渴望生存的权利，假如小鱼会说话，你知道它会说什么吗？""日益严峻的生态环境破坏呼唤人类保护环境，假如你发现鱼塘中有污染物，你会怎样做呢？""保护环境，从我做起，作为一名中学生，我们能为环境保护做些什么？"三个问题环环相扣，层层深入，学生积极思考，踊跃发言，大胆想象，全身心地投入了学习中，保护环境爱护动物的教育"润物细无声"地进行着。在同学们的讨论中，这节课结束了，虽然没能完成预设的教学目标，但是学生保护环境的意识和能力的提高恰恰是更重要的教学目标。

这样就给预设目标添入了灵活创新的成分，提升了教学目标的水平，及时生成并丰富了教学目标，真正拨动了学生的心灵之弦，达到了比预期更完美的教学效果。

（三）教学的程序可以在生成中及时调整

"课堂应是向未知方向挺进的旅行，随时都有可能发现意外的通道和美丽的图景，而不是一切都必须遵循固定线路而没有激情的行程。"（叶澜语）它告诉我们：课堂上学生学习不是预约的，而是一个学生与教师和同伴思维碰撞的动态过程，在这一过程中，会有许多意外与惊喜。要保持教学实施的灵动性，主要是指将教学设计付诸实施时，要保持高度的灵活性和机动性，即要求教师在教学过程中不断地采取智慧性的教学行动，根据具体情境来调整预设的教学思路。

例如，在"探索影响鼠妇分布的环境因素"的实验课上，在探索出鼠妇适于生活在阴暗、潮湿的环境后，一名平时爱动脑筋的男同学提出一个新问题，既然鼠妇喜欢"黑暗和潮湿"，不喜欢"光亮和干燥"，那么黑暗和潮湿中鼠妇更喜欢哪一个呢？光亮和干燥中鼠妇更不喜欢哪一个呢？这是我在备课时没有想到的，随即我决定利用这一突发事件，开发成教学资源。学生分组讨论，大胆设计，设计了光亮潮湿和黑暗干燥的对照实验，最后发现大多数鼠妇爬到了"黑暗干燥"的环境中。自创的实验完成后，学生的思维更加活跃了，有的学生提出可不可以设计其他的实验。考虑到教学要激发学生探究的热情，我鼓励学生大胆设计。学生的潜力得到了开发，奇思妙想不断涌现，一个个有创意的设计呈现出来："温度对鼠妇的生活有影响吗？""声音对鼠妇的生活有影响吗？"自主设计实验激活了学生探究的欲望，点燃了学生思维的火花，培养了学生的创新精神。

随着学生在课堂中主体地位的增强，学生的自主性得到进一步体现，质疑争论的机会大大增加，独特的问题不时提出，这一切都要求教师要尊重学生，学会欣赏，学会倾听，并在欣赏倾听中肯定学生、鼓励学生，及时发现学生有创意的观点、有价值的问题，及时调整教学的程序，改变教学的节奏。这些"意外"或许打乱预先的设计，影响教学的预期进程，但是许多不曾预约的精彩也会不期而至，课堂教学也会因为变化而生动、而深刻起来。

（四）教学资源在生成中开发利用

新课程理念下的教学资源观认为，学生不仅是教学的对象、主体，而且是教学的资源，是课堂生活的共同创造者。《义务教育生物课程标准》更是明确指出"学生的生活经验是无形的课程资源"。这就要求我们把教学的立足点转向学生，关注学生的生活。每个学生的生活世界是不同的，不同的生活世界让学生拥有不同的生活经验，这些丰富的生活经验是重要的课程资源，它不仅对学生本人的成长起重要作用，对于同伴来说也是一种资源。同伴可以从他那里获得知识和经验，而且伙伴之间的互动，更能激发学生的学习信心和学习热情。在生物课堂教学中，教师应善于吸纳这些鲜活的"营养成分"，充分发掘、合理利用这些无形的资源，使其在学生中多向传递和相互交流，做到"经验共享"，使学生学得生动、学得积极、学得活泼。

例如《生物的无性生殖》一节安排了"尝试嫁接"的实践活动，考虑到学生缺乏经验，难以掌握，备课时的设计是学生浅尝辄止，做个大概的尝试即可。课堂上，我把事先准备好的材料用具发放给学生，让学生按照课本上的操作步骤分组练习。由于多数学生第一次拿嫁接刀，包括我也是第一次拿，操作起来显得非常笨拙，不过看着学生的认真劲儿，也别有一番情趣。巡视中，我发现有一组同学的嫁接方式和课本上不太一样，而且速度也比较快。原来，这组一个同学家里有果园，跟家长学习过嫁接技术。于是，我让这位同学做"小老师"，他一边娴熟地操作，一边详细地讲解关键步骤，俨然一个小小"技术员"。

课堂教学中，关注学生的经验，不仅能找准新知识的生长点，而且激发学习的兴趣和责任，享受自主建构知识的快乐，让学生的"资源"在课堂上闪光，是每一位创新型教师所追求的教学境界，精彩的课堂属于智慧的教师！

苏霍姆林斯基说过："教育的技巧并不在于我能预见到课的所有细节，而在于根据当时的具体情况，巧妙地在学生不知不觉之中做出相应的变动。"课堂教学中教师处理好预设和生成的关系，把预设和生成结合起来，遵循"心中有学生、眼中有资源"的原则，将"弹性灵活的成分、始料未及的信息"等生成性资源及时捕捉并纳入课堂临场设计的范畴中，及时调整教学进程，让课堂弹性化，开放化，从而真正让课堂教学呈现出灵动的生机和蓬勃的活力。

三、课堂因生成而精彩案例赏析

"生成"在《辞海》中的解释是"自然形成"。课堂动态生成就是指在教师与学生、学生与学生合作、对话、碰撞的课堂中，现时生成的超出教师预设方案之外的新问题、新情况。它随着教学环境、学习主体、学习方式的变化而变化，根据教师的不同处理而呈现出不同的价值，使课堂呈现出动态变化、生机勃勃的新特点。

（一）教师要做课堂的起航员，点拨课堂智慧的生成

学生是学习的主人，不是书本的"奴隶"，也不是教师的"应声虫"；课堂上强调教师的"教"必须为学生的"学"服务。从生成性资源的角度看，在教学过程中有着不断涌现出的新的生命信息。面对生成，需要教师具有足够的创造性教学智慧。教师必须理智地对待突发的课堂生成，灵活地调整教学策略，把即时生成的学生感兴趣的话题列为学习内容，从而激发学生的学习热情，感悟人性的美丽。

案例：当猫叫响起……

学习《染色体变异》一节时，我播放了"猫叫综合征"视频：一位慈祥的中年女医生从婴儿床上抱起一个胖嘟嘟的婴儿，孩子小腿蹬着，闭着双眼，眉头紧缩，一阵尖细单调的哭声在教室里响起来，听起来像极了猫叫。一声声凄厉的"猫叫"，瞬间揪紧了我的心，有的女生捂紧了耳朵；有的在窃窃低语；惊恐、诧异和怜悯表现在不同学生的脸上……突然，几个男生的笑声在教室里响起，随即笑声跟着多了起来。在这笑声中，冷漠、讥笑、无动于衷、幸灾乐祸暴露无遗地表现出来，当视频放完后，教室后面的一个男生居然大声喊道："老师，再放一遍！"随即又引来了更多的笑声。

按照课前设定的教学程序，接下来我告诉学生"猫叫综合征"患者生长发育缓慢，存在严重的智力障碍，并讲述患这种病是人的第 5 号染色体的部分缺失引起的，顺利地完成染色体缺失导致结构变异的知识性教学。

然而，学生冷漠的笑声却使我无法平静，那些曾令人震惊的镜头，瞬间浮现在了我的眼前：清华大学电机系学生刘海洋的"泼熊"事件；云南大学生命科学院学生马加爵残忍地杀害四名同学。情感的冷漠，生命意识的匮乏，人性的丧失，是导致刘海洋、马加爵这类悲剧的一个重要原因，这也从一个侧面反映了人文教育的严重滑坡！此时，面对部分学生冷漠的笑声，不正好是进行人文教育的良机吗？

接下来，我介绍了"猫叫综合征"患儿的遗传缺陷，指出患者很少能活到成年。然后带着庄重的表情对学生说："刚才有的同学要求再放一遍视频，我就满足这部分同学的需要。"我接着说："这次看视频时，请同学们思考并讨论以下几个问题：假如你是患者的亲属你有何感受？我们应该怎样对待这类患儿？社会应该怎样对待有遗传缺陷的患者？造成这类遗传病的原因是什么？目前有办法医治好这类疾病吗？能有办法避免这种不幸吗？"这一次，学生的表情明显地沉重起来，他们先是静静地思考，然后是热烈地讨论。接下来同学们都积极地谈了自己的看法："这孩子太可怜了！""这个家庭太不幸了！""应该对患儿付出更多的爱。""缺陷不是他自己的错。""社会应该同情弱者，帮助弱者。""有

遗传缺陷的患者，他们与正常人一样具有平等的人格和尊严，我们应该尊重他们，尽可能地帮助他们。""应该善待患者，尽一切努力治好他的病。""可惜这类病目前还没有办法治疗，这个孩子真是太可怜了。""我们应该好好学习，用先进的生命科学造福人类。"……

显然，通过我的及时引导，与刚才相比，学生的表现已大相径庭，对"染色体结构变异"知识的学习，学生表现出极高的热情和兴趣，效率之高，出乎我的预料。

学生高涨的学习热情也深深地感染了我，接下来作为本节重点和难点的"染色体数目变异"的学习，经过学生积极的探究和热烈的讨论，在不知不觉中就为学生所掌握！直到下课铃声响起，我和学生仍意犹未尽，心头弥漫着人性的光辉。

这节课带给我极大的震撼！当"猫叫"再次响起后，我们的学生已不再冷漠！面对变化的课堂，虽然没能完成预设的教学内容，但是学生却感悟了厚重的收获，这种收获比机械冷漠的知识更重要、更深刻！同时，激发了我对生物教育的进一步思考，我们生物教师更重要的职责是什么？生物学教育应该做怎样的反思？这也是我们每一位生物学教师亟待深思的课题。

动态生成的课堂，其教学重心会下移，学生参与课堂的机会增多，出现师生意想不到的课堂矛盾很正常。关键是教师如何随机应变，如何运用教学机智敏锐地去捕捉、如何用细致入微的心去发现每一个新的课堂生成点、如何以深厚的人文底蕴和智慧化解矛盾，这样的课堂生成虽然也许只是昙花一现，但那似流星闪现的光彩却有可能成为永恒……

（二）教师要做课堂的引航员，激发课堂生成的生命活力

曾看到这样一则案例：几年前，有一个美国教育考察团到我国某地考察中学的科学教育，在当地一所重点中学的课堂里，他们听了一位特级物理教师执教的公开课。这位教师开始上课时即制订了非常明确的目标，过程根据目标展开，非常流畅。无论是教师的语言表达与问题设计，还是学生的回答，无不称得上是十分精当和非常精彩；特别是学生那对答如流的表现，以及教师对课堂时间分秒不差的准确把握，令陪同听课的一些领导和教师都非常自豪，心中美滋滋的。按照我们的评课标准，这节课无疑是一堂高效的、非常成功的公开课。但是，课结束之后，美国考察团的成员们却流露出疑惑的神情。他们坦率地提出："既然学生对教师提出的所有问题都能准确无误地回答，那么学生上这堂课还有什么意义呢？"一句话，说得在场的领导和老师无言以对。

是啊，教学过程不是教师对学生的单向的"培养"过程，而是师生交往、互动的过程，学生作为一种活生生的力量，带着自己的知识、经验、思考、灵感、兴致参与课堂活动，并成为课堂教学不可分割的一部分。因此，课堂教学中我们不能限定人，只能引导人全面、自由、积极地生成，在动态生成中提升学生的体验、感悟、道德情操……

例如，在学习"DNA 片断具有特定的遗传信息"时，只是用文字描述了有的片断决定人的血型、有的片断决定人的眼睛等，比较抽象，为了让学生便于理解，我使用了拼图的方法，即用卡通画的形式分别画出人的头发、眉毛、眼睛、鼻子、嘴巴各三种，并且在每一个特征的旁边都写出了其特定的碱基序列。操作时让学生两个人一组，每一组都得到头发、眉毛、眼睛、鼻子、嘴巴各三种图片和一张空白脸的纸，让学生根据自己的喜好进行选择，把选定的特征用剪刀剪下来拼成一张卡通人物的脸，并在卡通人物的左侧按照头发、眉毛、眼睛、鼻子、嘴巴的顺序把相应的碱基序列贴上。最先做完的小组把他们的画贴在黑板上，并在黑板上写出其碱基序列，接着第二组、第三组，让学生进行比较，因为他们选的碱基序列不同，所以拼出的脸也不一样。最后全班的卡通人物都贴在黑板上，学生惊奇地发现居然没有任何人拼得一样，为什么出现这样的结果呢？我请学生来计算这张脸的组合方式共有多少种，大家通过计算发现竟然有 3^5 即 243 种之多，难怪他们都拼得不同。其实这才涉及五个特征，人的形态、生理特征远不止于此，有成百上千种之多，都考虑在内的话又有多少种组合呢！学生惊呼人类的奇妙，也明白了自己在世界上独一无二的道理。

新课程标准提倡课堂要有开放性，开放性教学与封闭性教学的一个重要区别就是"活"起来了，课堂充满了生命活力，呈现出了生气勃勃的精神状态，思维空气浓厚，情理交融，师生互动，兴趣盎然。"活"，表面上是课堂的内容活、形式活、情境活，实质上是师生双方的知识活、经验活、智力活、能力活、情感活、精神活、生命活。生成，每节课都要让学生有实实在在的认知收获，同时也要有或多或少的生命感悟。课堂教学应该关注在生长、成长中的人的整个生命。

（三）教师要做课堂的守望者，防止学生在生成中迷失

生成性的课堂教学，创造出绚丽多彩的课堂景观，是新课标下教师所追求的理想的教学境界。为了追求"生成性"的课堂教学，为了追求"以人为本"，我们要求在"生成"中锁定目标，在"生成"中体现"人本"。而这一切需要教师有灵心慧眼，帮助学生在独特体验和价值取向之间找到支点。

如在教学"细胞分化"时，提到造血干细胞移植能够有效治疗白血病等。由于日常生活中，造血干细胞移植往往误以为是"骨髓移植"，于是有学生提出"我们应该珍惜自己宝贵的骨髓，不要轻易给别人捐献骨髓,抽取骨髓严重损害自身健康"，此时有学生附和"就是、就是。医院赚我们的钱"。看到出现此种情况，我及时补充了关于造血干细胞的相关知识：捐献造血干细胞，是从外周血中采集造血干细胞，一般只抽取 6～8 毫升血液，大约 1～2 周后，血液中各种成分即可恢复到原来水平。然后我问道："你觉得生命宝贵吗？"

学生回答道："宝贵。""那么，危急时刻，如果我们的鲜血能够挽救一个人的生命的话，你愿意捐献吗？""如果我的鲜血能够带给一个人生命，我感觉很值，我愿意……"最后，我将一位造血干细胞捐献者的感言与同学们分享："你有几个什么？这是一道哲学命题，也是一个生命观问题。为拯救一个生命，你毫不犹豫，你的生命就变成了两个，甚至变成无数个。在造血干细胞移植的进程中，行走着无数美丽的生命，相信你也会在其中和我们并肩。不久的将来，这个世界上会有一个和你一样血型的孩子健康快乐地成长！"

诚然，在人性考验面前就要有自己的态度，学生的思维可以肯定，但不要迁就于学生的这种思想。因为，学生的这种思想有其时空错位带来的价值紊乱。因为，谁都知道，捐献造血干细胞是一种来源于对生命的敬畏而做出的行动。我们应意识到在社会背景巨大差异下学生的价值混乱，就必须及时引导，而不是任由随意发散。正所谓"把学生价值取向的车轮，从消极、黑暗、阴冷的车道上引导到健康、积极、有意义的阳关大道上来"。在一次次的价值讨论中，结论可以是多元的，取向不必归一，但引领是必要的。称职的教师角色是学生思维的激活者、发现者、重组者，也是价值澄清、体验和合理价值的生成者和组织者。在本例中，生成意义在于弘扬救死扶伤精神和感恩社会的美好情感。

面对动态生成的不可控制的课堂问题，教师应表现出一个"麦田守望者"应有的耐心和宽容大度。其实，教师的可贵之处就在于要充分利用课堂生成的即时资源，学生答错了，往往正是新的课堂生成的契机；而教师被学生"问住了"，往往是新的课堂生成的生长点。只要教师把自己也看成学生，与学生一起成长，就不怕被学生问住，因为对教师而言，被学生"问住了"也是一种成长。当然，教师要有一定的把握能力，不能被学生牵着跑。对于课堂中生成的问题，教师要站在宏观的角度选择重点进行引导。尤其是当预设与生成出现矛盾时，教师应着眼于"我要教给学生什么"去解决。其实，生成性的生物课堂，就好像是塞林格笔下的"麦田"：有一群孩子在课堂"麦田"里自由自在地游戏、狂奔、乱跑，新的活动不断生成，课堂里除了教师没有一个大人，教师就是站在那"麦田"的悬崖边的守望者。教师守望着这片麦田，哪个孩子往悬崖边奔来，就把他捉住，不让一个孩子掉下"悬崖"，不让学生迷失于"课堂生成"。

第四节 建构"自己的课程"

美国课程论专家施瓦布认为,课程是教师、学生、教材、环境四个持续相互作用的要素构成的。教师和学生是课程的主体和创造者,教材是课程的有机构成部分,但是,教材只有满足特定学习情景的问题、需要和兴趣时,只有在成为相互作用过程中的积极因素时,才具有课程的意义。因此,教材具有很大的灵活性和变通性,可以根据学习情景的需要进行选择和取舍。我国的《基础教育课程改革纲要》也指出:教学不是简单地传递、灌输书本知识,而是结合具体教育情境批判地、创造性地运用教材的过程,其间涉及教材内容的调整和加工,教材资源的整合和教师自主开发教学资源等。这些都说明教材不是"圣经",不是"权威",它只是教学过程中需要加以利用的资源,是被教师加工改造的对象。同时也说明教师不再是教材的奴隶,而应该创造性地使用教材。因此,在生物学教学中,教师应注重对教材进行"二次开发",以此来建构既有利于自己教学,又能满足学生发展需要的"自己的课程"。

一、构建自己的课程 —— "师本课程"

(一)"师本课程"的含义

所谓"师本课程",主要是从更充分地体现课程对教师和学生的适应性的角度,沿着国家课程 —— 地方课程 —— 学校课程的思路,提出的一种新的课程层次或形态。教师以自己的课程理念为指导、基于自己对学生的了解,对他人编制课程的转化、改造、拓展以及自主独立开发的课程,均属师本课程的内容。"师本课程"与国家课程、地方课程、学校课程相比,离学生的距离最近,它能做到体现一个班级甚至一个个学生的具体需要。"师本课程"不但能比较彻底地解决课程对于学生的适应性问题,而且对教师的专业发展和教学质量的提高具有重要作用。

(二)开发"师本课程"的必要性

1. 生物学新课程标准的要求

新课程背景下,生物学教学已不再把教材看作教学的"圣经"和不可改变的"法本",而把它看作一种教学资源。《义务教育生物学课程标准》(2011年版)在"课程资源开发与利用建议"中也明确提出："为了给学生创设良好的学习条件，促进学生主动学习，更好地理解和掌握学习内容，提高学习效率，教师应积极开发和利用各种课程资源。"同时还指出："教材既是教师开展教学活动的基本素材，又是学生学习的主要材料。"教师应积极开发和利用各种课程资源，进行生物学教材的"二次开发"。

2. 新的教材观的需要

长期以来，多数教师只是被动地对教材进行"执行"，按部就班地讲解教材，而不能根据教学过程中的实际情境和学生的真实需要对教学内容进行有效的调整，导致了对教材的过分依赖。而新课程从单纯的注重知识传授转向促进学生的全面发展，强调知识与技能、过程与方法、情感态度与价值观的统一，教材由传统的"规范"和"控制"转向"服务"，即服务于教与学。所以，生物学教材不再是传统意义上的"生物学知识课本"，而是师生间进行建设性对话的"文本"和"材料"。教师不必绝对服从教材，有能力的教师可对教材作自主改造，教师应该去除对教材的神秘感，以怀疑的精神和研究的态度对待教材。

3. 生物学教师专业化发展的需求

在传统的课堂教学情境中，教师充当的是"课程消费者"，教师在课程实施过程中处于边缘化的地位，新课程倡导教师创造性地和个性化地使用教材，这意味着教师应当成为"课程的生产者"，从教材的"奴隶"转化为教材的"主人"，从以前的"教教材"转化为"用教材来教"。在对教材"二次开发"的过程中，教师的教育认识水平会不断提升，课程意识会不断增强，课程知识会不断丰富，专业能力和技能会不断发展，知识结构会不断优化等。可见，对教材进行"二次开发"不仅是课程有效实施的必要环节，也是教师专业成长的一条理想途径。从这个意义上来说，教材"二次开发"的过程就是教师专业不断成长的过程。

4. 生物学教材的自身需要

钟启泉教授认为："理想的教学就一定是情境化的，而且也唯有情境化的教学才称得上是有效的教学或理想的教学。"教材作为课程的载体，无论其编制如何尽善尽美，其千篇一律的内容和模式蕴含着整齐划一的教育需求，无法满足教育情景的多样化和个性化需求。换句话说，教材只有一本，而学习者却有千千万万，而且有着不同的背景，这样一来，教材内容和具体情景或学生的学习需求之间很少有完全的匹配。教师必定要充当教材与教育对象之间的协调者，必须对教材有所调整，以提高教材对具体教育情景的适应性，而情境化的教学需要教师去钻研、加工和优化教材。因此，教师应该依据课程标准对教材进行

"二次开发"，以体现教材为学生的学习服务，教学为学生的发展服务的理念。

二、"师本课程"的构建方式

在课程改革背景下，教师本身就是极为重要的课程资源。教师不仅要确定教学内容，并根据课程标准研制出合理的教学目标，还要在一堂课之后，检测学生是否达到了目标。因此，教师只有对学校课程进行二次开发，进行个性化处理，才算是开展了真正意义上的教学。

主题设计 —— 将散点知识融会整理。教材在编写时考虑到要循序渐进，所以将知识分解成单元与章节，但这样也容易让知识的学习处于孤立状态。教师在教学中将前后章节对接中生成主题，将散落在教材不同单元的内容进行了调度、整合加以重组，使教学资源形成"众星拱月"的态势，让学生学会用系统的思维、历史的观点、时代的观点，来探究体验，将一个主题通过多个侧面来分点深化，全面统整课程资源，让学生更好地融会贯通。

智慧复演 —— 追寻真理发现的足迹。教师在教学过程中重现与文明成果产生发展相"类似的情境"，演绎创造者的思维过程，学习创造者的思维方法，把握事件发展的转折与细节，力求感同身受，从中发现真理，感受人类智慧创造的伟大与神奇，培养科学探究的兴趣，使学生从学习与接受的主体走向创新与发展的主体。

突破学科 —— 设计知识生成的联结点。无论什么内容的学习，总会与大千世界的过去、现在与未来产生直接或间接的联系，这些点都是课程内容增殖的联系点，让学生建立起这种知识的神经元，对培养学生思维的发散性、敏捷性、深刻性都有非常重要的意义。教师在知识教学时，不仅要有着鲜明的课程执行意识，更应当有强烈的活化、创生意识，走出学科本位的窠臼，确立大课程教学观。具体而言，要充分体现学科特点，密切关注学生的兴奋点，确立相关内容的延伸点，这样可以实现教材"例子与引子"的功能，真正实现"教教材"到"用教材教"的跨越。

活化教材 —— 让学生亲力亲为感同身受。"教材无非是教学的一个例子"，是课程资源的重要载体。但教材不可能事无巨细，甚至也可能存在偏颇或错误，而这本身也为培养学生的发现、探究、置疑、批判能力提供了条件和可能。创新型教师首先应该是一个教材活化者，然后才是教材使用者、建构者。

三、构建"师本课程"的方法举例

教师对教材的"二次开发"，主要是指教师在实施课程过程中，依据课程标准对既定的教材内容进行适度增删、调整和加工，合理选用和开发其他教学材料，从而使之更好地适应具体的教育教学情境和学生的学习需求。它以既有教材为依托，基于教材又超越教材，可以从三个向度上展开：一是对教材灵活地、创造性地、个性化地运用；二是对其他教学资源的选择、整合和优化；三是自主地开发其他新的教材资源。教材为教师提供了"二次开发"的丰富内涵和广阔空间，与之俱来的则是教材处理上的复杂性和多样性。在多种多样的选择面前，教师需要根据具体的教材内容，做出明智的决策，选取最为适宜的方法。

（一）添加：突出主题，拓展知识

顾名思义，添加就是增加更多的材料，为阐明学科思想做进一步延伸和拓展。它包括延伸和拓展两种形式。"延伸"是指教师提供更多同类型的材料，因而是量的变化。"扩展"是增加不同类型的材料，侧重增加不同性质的材料。其具体的目的和作用或为突出主题思想，或为模拟微观结构，或是拓展学生的知识，启迪学生的思维，抑或使学科知识系统化、生物学原理情境化。

1.突出主题思想

济南版初中《生物学》七年级上册第一单元为"奇妙的生命现象"，在初一新生的第一节生物课中，我们通过下面两个小例子，让学生认识到什么是生命现象、什么是生物学，什么是生物学家。生物学家是以怎样一种态度对待我们周围的物质世界的，从而引出学习的主题。

2.模拟微观结构

生物学作为一门自然科学，是研究生物体的生命现象及其生命活动规律的科学。生命现象往往体现在宏观的变化上，但其本质源于不同形式的生命体内部的、微观的变化。生命体的组成、结构等微观知识有助于对生命现象的理解。刚进入初中的学生习惯于以直观的方式学习生物学，教材也往往采用模型和图片反映生命的微观特征。事实上，教师在教学中可添加微观模拟动画，引导学生"看到"更为"精细"的生命世界。

教材的图片再精美，也毕竟是平面的素材。通过动画和巧妙的活动，能够让学生直观地感受到生命世界的神奇与美妙。

3.启迪思维成长

"添加"并不只是基于现有材料的增加，而是为拓展学生的知识面，延伸课堂的思考。它有时可能要走出原有教材，从内容和方法等方面补充教材内容，开辟新的视角和方向。

我们应该教育学生不盲从权威，培养亲自动手进行验证的意识和尊重客观事实、透过想象看本质的态度，这对他们进行科学探究以及为人处世都是大有裨益的。

4. 构建知识网络

认知心理学家指出，学习过程就是认知结构不断变化和重新组织的过程。如果把现象的、零碎的知识梳理整合，组织成结构化、概括化的知识网络，就会更加有利于接受、理解新知识，有利于保存、运用已有的知识。相反，那些零散、孤立、无序的知识，在大脑的记忆库中好比一盘散沙，很容易丢失，在需要提取时难于寻找，学生的理解也是僵化的、无意义的。

【案例4】 以新陈代谢统领人体的消化、呼吸、循环、排泄

新陈代谢是生物最基本的生命特征，是一切生命活动的基础。在学习了消化、循环、呼吸、排泄的相关知识的基础上，如何从人体结构与功能的整体性上理解新陈代谢，初步建立人体是一个统一整体的生物学观点呢？教师可让学生复习相关知识，并思考以下问题：

①今天，你的早餐吃的是什么？它们包括哪些营养成分？这些食物在你体内发生了什么变化？你从中得到哪些营养物质？

②被你的血液或淋巴吸收的各种营养物质是怎样到达你身体的每一个细胞的？

③你为什么必须呼吸？空气中的氧是怎样到达你的身体的每一个细胞的？

④你的细胞既得到了营养物质又得到了氧，细胞怎样利用它们？从早餐后到现在，你消耗了许多能量，这些能量是从哪里来的？

⑤在你的生命活动得到能量的同时，细胞内产生了哪些废物？它们通过什么途径、以什么形式排出体外？

带着这些问题，学生即可构建新陈代谢图解，将逐渐积累起来的人体的消化、呼吸、循环、排泄等知识加以归纳和整理，使之条理化、纲领化，要做到纲举目张，不再是一盘散沙，而像红线串珠，成为一个整体。

（二）删除：基于学生的思维水平

所谓"删除"，就是指在不影响教材整体结构的完整性和系统性的基础上，去掉某个栏目或者活动，或减去活动中的一个或多个步骤等。我们既可以根据学生已有的思维水平去掉较为简单的活动，也可以根据学生的知识基础去掉暂时难以理解的内容，在时机合适时再补充讲解。删减与添加看似相反，其实是同一枚硬币的另一面，其本质与"添加"一样，也包括"量"和"质"两方面的减少。

（三）替代：改进实验内容或活动的方式

有时教材内容可能不能满足学生的学习需求，或者与教学实际不相匹配，此时可以用更合适的内容进行替代。

【案例5】　课外实践 —— 饲养家蚕

家蚕很容易饲养。制作一个纸盒，采摘一些桑叶，找来蚕种即可饲养。

①在饲养之前，想一想要用什么材料和用具，营造适宜家蚕发育的环境条件。

②观察和记录家蚕各个发育时期的特点。

③有兴趣的话，可以查阅资料，设计对照实验，探究温度或光照对家蚕卵孵化率的影响。

"饲养家蚕"这一课外实践活动是对教材中"探究果蝇的发育过程"的替换活动，教材原本想通过果蝇这一经典实验材料来探究昆虫完全变态的发育过程。但事实上，学生对果蝇是陌生的。恰巧，我们当地很多学生家里以养蚕为业，对于家蚕他们是熟悉而亲切的。因此，教师结合学生实际情况进行了活动材料的替代，通过养蚕一样达成了教学要求，并收到了良好效果。除此之外，在学习生态系统的组成时，我们还用东营得天独厚的湿地生态系统来替代教材的池塘生态系统，同样受到了学生的喜爱，并激发了学生热爱家乡的情感。

（四）重新排序：调整学科结构为认知结构

这一方法是指将教材中的各个部分以不同的顺序重新排列。"重新排序"既可以在活动内容层面上进行，也可在单元层面上实施。教师可以调整活动或者单元内容呈现的先后顺序，打破教材组织的先后顺序，根据实际需要将活动或者单元内容提前或延后。

【案例6】　细菌

在人教版教材《细菌》一节中，教材安排了三个版块的内容，依次是"细菌的发现""细菌的形态和结构"和"细菌的生殖"。而课程标准对此部分内容的具体要求是"描述细菌的主要特征及其与人类生活的关系"，加之学生在小学科学课上已经对细菌有所了解，于是，我打算利用学生已有的知识储备和生活经验，直接进行与细菌本身有关的形态、结构、生殖等的教学，这也是学生最为关注和感兴趣的内容。最终，本节的教学顺序调整为"细菌的形态和结构""细菌的生殖"和"细菌的发现"。

实践证明，将"细菌的发现"放在最后进行收到了良好的教学效果。因为，随着对细菌的了解逐步深入之后，学生心中最为困惑的一个问题就是："细菌如此微小，又是被怎样发现的呢？"自然而然，细菌的发现史会帮他们解开谜团。更为重要的是，在学习"细菌的发现"内容时，学生深深认识到科学的新发现是建立在缜密的思维和精细的实验基础上的，这对提高学生的生物学素养无疑是有很大帮助的。

在借助教材的"二次开发"以构建"师本课程"的探索中，我们深深认识到：教材的二次开发不是对教材进行简单的技术加工，也不是教师随意的主观行为，只有教师站在课标的高度，从分析教育教学情境和学生需求出发，剖析教材，设立目标，系统、周密地考虑教学中的各种要素，整合各种教学资源，才能最终服务学生发展，提高课堂效益。

第二章　让学习发生在学生身上

我国著名教育家叶圣陶曾说："教育是农业，不是工业。"这就告诉我们：教育就像栽培植物那样，是让植物自然生长，而不是像工业那样用模具去铸造成批的产品或机械零件。面对植物的种子，你只要准备好土壤、肥料，充分利用好阳光、空气和水分，顺其内在的生长规律，相信种子内在的力量，它们一定能顺利地发芽、开花、结果！面对学生，我们则需要努力去创造丰富和谐的育人氛围，使教育的各因素相互依存、相互促进、协调合作，形成完美的教学生态，从而促进学生自我激励、自我成长、自我完善，让学习真正发生在学生身上，教育才能培养出具有"丰富的情感体验，广阔的智力背景，活跃的思维状态，确立的担当意识"的"完整的人"。

"让学习发生在学生身上"至少有三点可以也必须肯定，一是"学习"是主动学习，而不是"被学习"。发生在学生身上的思考、体验、感悟、经历、表达等才是真正的学习，机械地听听记记背背练练只是素读，代替不了真正学习能力的形成。二是"发生"即生成，这个过程不是被动地接受，而是主动发现；生成就不是预设，教师也不是施予者，而是开发者。三是"让学习发生在学生身上"，即学习过程的内化：动机内化，过程消化，结果能够转化。由此真正达成接受知识、开启智慧、点化或润泽生命的教育价值。

第一节　和谐：课堂生态环境之基

生态课堂是课堂内人与环境相互依存、良性循环的课堂。其生态因素包括人、物质和精神，三者之间相互依存，相互制约，呈多向互动关系。它是以人为本的课堂，关注人性，突出发展，充满活力，是学生成长的乐园；它是由认知领域到生命领域，是教师、学生、文本之间的对话过程。在这知识经济时代，学习的终身化需要我们更多地去关注教育的生态平衡，为学生学习的可持续发展夯实基础。因此，处理好教师与学生之间，教师、学生与教材之间的关系能维持课堂生态平衡，让学生成为课堂的主人，使课堂成为学生的乐园。

优化我们的课堂教学，要重视以下关键因素：

一、营造宽松而自由的心理环境

良好的心理环境能使学生形成探求、创新的心理愿望和性格特征，并使他们能够创造性地应对环境的变化。因此我们鼓励大胆探索的精神和对失败的积极看法，充分尊重学生的思想（意见）、情感（体验）、意志（欲望）和行为方式，使他们能在轻松愉快的气氛下自由表达和自主探索。

不同的心理环境，可以使同一环境中的学生在不同的课堂上有迥然不同的学习积极性、表现欲，从而焕发出不同的创新意识和能力。在我所教的一个班级中，在不同的教师心目中，课堂气氛有着让人无法想象的差异。英语课上，学生气氛活跃、发言积极；不少学生甚至抢着上讲台发表自己的看法，争当小老师。而到了数学课，学生思维慵懒，少有不同意见，甚至教师提出问题后，也少有学生自愿发表意见。同样的教学设施、同样的学生，为什么会有如此大的差异？经过了解和观察，我发现主要有两方面的原因：一是两位教师对待学生课堂回答的态度：一个是以肯定为主，找寻学生表述积极的一面，即使没有，学生主动参与学习过程的积极性也会受到老师的认可。在课堂上，多听到"很好，谢谢你的发言""没关系，相信你下次会给大家更全面的回答"等；另一个以否定为主，找寻学生表述不完善的一面，即使没有，也会从学生的声音、体态等方面对学生进行否定。在课堂上多听到"不对""不够完善""声音这么低""不懂就别乱说"等。二是课堂外两位教师与学生亲和力的差别。总的来说，就是教师是否为学生的学习创造一种宽松而自由的心理环境，在一定程度上决定了学生的学习状态。

二、构建主体间平等对话的交往环境

教育是人与人之间共同的精神建构，是相互的思想交流和沟通。虽然教育者和受教育者之间闻道有先后，并存在各种差异，但这并不影响两者之间同为平等主体的对话。教师必须尊重学生，把他们看作真正的对话者，使交互主体之间形成探究真理的伙伴关系，解决难题的合作关系，在这基础上，才能构建高效课堂。课堂上师生之间平等对话关系的建立使课堂的活力得以恢复，师生之间在没有专制、压力、戒备、怀疑、阻抗的情绪中交往和沟通，可以共同探究、合作讨论、彼此争辩、畅所欲言，彰显出一种生态平衡之美。平等对话使思维的开放、智慧的碰撞成为可能，学生在课堂上不但可以得到教师和其他同学的评价，也有权力参与课堂评价，评价自己也评价别人，评价的效度得以提高。平等对话的师生关系彻底打破了教师的课堂权威地位，师生之间不但有言语的沟通，还渗透着心灵的交融，教师与学生同时探讨、反思、进步，和谐共进、教学相长。师生关系的重新确认是课堂趋向生态平衡的首要因素，是课堂教学恢复生机与创新的必由之路。

基于上述理论下的课堂实践，就是倡导师生间的交往与对话，应体现一种"参与和分享"的师生平等对话，体现为交互式、互动式，而不是主客式、主从式或授受式。

以前在教学实践中，在原有教学理念影响下的师生"主、客"思维导致师生关系不平等。不论是"教师中心""教师主导"，还是后来的"学生中心""学生主体"，都是未能将师生视为"复合主体"——"我们"所致。在今后的教学实践中，要达成使师生都得到发展的共同目的，在教学过程中得以平等对话、和谐交往，首先就要打破师生"主、客"思维定式，把师生视为"复合主体"——"我们"，把教学实践看作师生共同的"参与和分享"行为，至关重要。

三、呈现生命态的学科知识环境

如果学生在学习中遭遇的是固化的真理，是缺乏"人气"的知识和一堆"死"的符号型结论，那么其学习的内在需要、兴趣和信心就不能有效地被激活和唤醒，其主动探求的欲望和能力也不能有效地形成和提升。因此，将结构化后的以符号为主要载体的书本知识重新"激活"，实现书本知识与人类生活世界的沟通，与学生经验世界的沟通，并不断自觉地更新知识，使知识呈现出鲜活的生命态，才可能使师生获得创新的精神和勇气。

构建生命态的学科知识环境，要求我们应全面审视生物学教学对学生的发展价值。除了本领域的知识以外，从更深的层次看，至少还可以为学生认识、阐述、感受、改变这个自己生活在其中并与其不断互动着的、丰富多彩的世界，提供不同的路径和独特的视角，发现的方法和思维的策略，特有的运算符号和逻辑；提供一种在这个学科的学习中能获得的各种经历和体验；提升独特的学科美的发现、欣赏和表达能力。唯有如此，学生精神世界的发展才能从不同的学科教学中获得多方面的滋养，在发展对外部世界的感受、体验、认识、欣赏、改变、创造能力的同时，不断丰富和完善自己的生命世界，体验丰富的学习人生，满足生命的成长需要。

再者是设计有弹性的课堂教学环境。相对设计出精细提问，预定标准答案，准确计算好一节课不同环节的时间分配等典型传统教学风格来说，高效课堂所需要的教学环境线条要粗得多。它要求教师在教学方案设计中为学生的主动参与留出时间与空间，为教学过程的动态生成创设条件。在教学方案中，目标的设定要以对教学内容、学生状态及可能的发展所做的分析为基础，要有"弹性区间"，要考虑学生之间的差异，以及期望目标与实际结果之间可能出现的差异。教学过程的设计重在由何开始、如何推进、如何转折等全程关联式策划，可以通过不同的作业、练习、活动来体现"弹性区间"。至于哪里是终点，何时戛然而止，并不是绝对的，重要的是水到渠成，而不是硬性规定步子大小或全班齐步进行。这些不确定性和可变因素的引入，使课堂教学更有可能贴近每个学生的实际状态，让学生思绪飞扬、兴趣盎然，师生积极互动，摩擦出创造的火花，涌现新的问题和答案。

四、创设动态而多样化的评价环境

注重对学生的学习做出评判，可以不断为学生的学习活动提供可资借鉴的资料，促进学生深入地、更有效地探究。在评价对象上，对学生学习的前提条件做出有效评估，在此基础上，对学生在学习过程中所表现出来的智慧、能力、态度、信念等进行全面的考察，在整体层次上对学生做出综合的评价，既包括对知识、能力的测试，也包括对情感和伦理道德观念的评析。在评价方式上，重视正式评价，但更重视非正式评价。教育者的一个眼神、一句看似不经意的话语，即可使学生得到激励。在评价标准上，让学生明白，事先确定一定的评价规则和标准是必要的，但它们会随着学习的进展而有所变化。而且，运用多层次的评价标准来衡量不同的学生，能给学生以弹性化、人性化的发展空间。

台湾一所学校校训的第一条是"每个孩子被允许长得和别人不一样"，初见时感觉怪怪，天下原本就没有两个相同的孩子，即使是双胞胎！品味后感觉精彩，每个孩子被允许长得和别人不一样，每一个"我"独一无二，快乐的人生是"做我自己"，那为什么我们要用同一把尺子去衡量每一个不同的学生呢？课堂应该充分发挥人类进化所特有的灵性，培养既有灵性又有个性的学生。生态课堂尊重学生的个性感悟，允许学生有自己独立存在的信念和意识，在学习中选择自己喜欢的内容和学习方式，按照自己的认知自觉主动地学习。

我们要构建动态而多样化的评价环境，就要求我们充分关注学生的差别，承认学生在智力、社会背景、情感和生理等方面存在的差异性，了解其爱好、兴趣和特长，建立"因材施评"的评价体系。具体来说，就是尊重和认可学生个体的价值取向，依据学生的不同背景和特点，运用不同的评价方法激起学生的主体参与性，让学生在课堂中体验成功的喜悦，获得进取的力量，分享合作的和谐，发现自己学习生活中灿烂的一面。

我想，一个和谐的生物课堂应该是这样的：

（一）充满尊重

在课堂上，学生与教师进行平等的对话与交流，学生作为一个完整的人而有尊严地学习和生活着。教师仅是对话的首席，教师尊重学生的观点，不以"己所不欲"而"施与人"，跨越师生间的年龄、地位、身份、经验的鸿沟，平等待人，练就一双"童眼"，还原一份"童心"，从心底里乐于接受学生的不同意见，学会倾听，使学生畅所欲言。

（二）充满期待

我们的课堂里是一群群活生生的人。他们满脸天真稚气、满脑奇谈怪论、满身调皮不驯。罗森塔尔的期待效应告诉我们，在课堂中倾注期待，能唤醒、激活、发展学生的新潜能。学生把"期待"转化为自信，作用于内心世界，从中获得力量，形成诱发和驱动。倾注期待，就是要教师从心底里确信："所有的学生都不同程度地潜在着智慧""你行""他也行""个个都行"。坚信每一个学生都会获得成功，让学生从老师的目光里、微笑中等形体与语言上领略到、感受到支持和促进。但教师不要指望以此教育就能成功，不要指望学生"一口吃成胖子""十年树木，百年树人"，要有长远的目光，长久的耐心，孜孜以求，春风化雨。

（三）充满赏识

希望别人赏识是人的本性。赏识能使人愉悦、快活、激发潜能、开启心智、迸发灵感，赏识也体现了师生间人格尊严的平等。它倡导个性解放，要求教师看到人性的美好，看到每个学生都有追求进步、积极向上的倾向，都有聪明好学的一面。教师必须以平常心去看待学生的每一个长处，善于发现学生的每一处"闪光点"，欣赏他们的价值，树立学生的自信心和自豪感，肯定他们并鼓励他们以此为起点不断进步。而对待学生的失败和错误，要以一种广阔的胸襟给予谅解宽容，让学生生活在和谐温暖、相互信任、相互赞赏的氛围中，养成积极向上的健康心态，以积极主动的态度去学习新知识、探索新方法、研究新问题，从而使学生的人生旅途充满着掌声笑声、充满着自信。

（四）充满激励

激励语言犹如催人奋进的号角，鼓舞人心。这就要求教师在课堂教学中，运用准确而得体的评价语言，有针对性地做出不同的评价，以激发学生的趣味、激情和上进心。在生态课堂中，教师除语言激励外，还有多种肢体语言的表达方式。有时，一个赞许鼓励的眼神，一个欣赏的微笑，一个理解宽容的手势都能给学生以鼓舞和激励，这时的无声胜有声，起到"天街小雨润如酥"的功效。"实践能造就美，课堂教学是心灵情感产生美的桥梁，教育生态意识则好比是一位过桥者，它给这座桥带来了气息，给建设者带去了艺术创造的风采。"新课程必须有和谐的生态化课堂的支撑，唯有充满生命活力的生态课堂，才能让学生"脸通红、眼发亮、手直举，口常开"，自由自在地享受和谐的自主成长。

第二节　让课堂充满思维的张力

有这样一则关于"牛鱼"的寓言：

是在一个小小的池塘里，生活着鱼和青蛙，它们是一对好朋友。外面的世界很精彩，鱼和青蛙都想出去看看。鱼由于不能离开水而生活，青蛙只好独自走了。青蛙回来了，鱼迫不及待地向青蛙打听外面的情况。青蛙告诉鱼，它在外面看到了很多新奇有趣的东西，其中有一种动物叫奶牛。青蛙说："这真是一种奇怪的动物，它的身体很大，头上长着两个犄角，身上有着黑白相间的斑点，长着四条粗壮的腿，还有大大的乳房，屁股后面拖着一条长长的尾巴。"根据青蛙的描述，鱼兴奋地说："我知道了，我知道奶牛是个什么样子的了。"鱼把奶牛的模样画出来给青蛙看，青蛙看后哭笑不得，说："我已经讲得很清楚了，你怎么还会画成了这样一只长着四条腿、两只角、身上布满花纹的'牛鱼'呢？"

很多时候，我们教师不正是那只青蛙，学生不正是那条鱼吗？我们自己不也是经常抱怨："我已经讲得很清楚了，你怎么还是不会呢？"教学活动是一个教师与学生共同参与的"教与学"的过程，要想顺利地完成学习，必须学者有其能，教者更要有其法。学生学习生物学，基于学生的自己生活经验、思维方法、生物学思想等隐性知识，这已是老师的共识。但是，在教学实践中，却很少有老师去关注学生个体在经验获得上的差别。学生的生活经验与纯粹知识之间的关系，还是一个不太为人所重视的教育研究领域。而且，学生个体获得经验的质量也是参差不齐，教师应该把力气花到与学生学习相关的准备性材料上去，这是一个值得努力的研究领域。

一、思维是"美丽的花朵"

我国古代学者就提倡"学以思为贵""学而不思则罔，思而不学则殆"。西班牙谚语告诉我们："思索，就是跟自己争论。"可见，思维能力的培养在学习中的重要性。教师不仅是知识的传播者，更应该是学生潜能和聪明才智的培育者。教师启发诱导得好，学生的逻辑思维能力就发展得越好，对事物认识的能力就越强，自制能力、自学能力和自立能力就越强，这将对学生的终身发展起到良好的促进作用。

人是通过思维而达到理性认识的，所以人的一切活动都是建立在思维活动的基础上。思维是人类认识世界、改造世界的最重要的主观来源，恩格斯把它比作"地球上最美的花朵"；"水本无华，相荡乃生涟漪；石本无火，相击乃生灵光"。能量在相荡相击中释放，思维只有通过不断的相互碰撞，才能发展，不断完善。

思维培养是教育的本质目的之一。教育的本质和目的就是传承人类的智慧，包括人类积累下来的对大自然的认识，对人类社会的认识，对人自身的生存与发展的认识。人生是有限的，知识增长是无限的，要使学生在有限的生命历程中去掌握无限增长的知识，仅靠机械传授、被动接受知识是断然不行的，古人主张"授人以鱼，不如授人以渔"，这里的"渔"，实质上是指教给受教育者获取知识的思维方法，这才是教育之本。

二、生物教学中思维的多元化

学生思维应是生物课堂教学的核心，高效的生物教学课堂主要体现在思维对话上。学生学习的过程就是一个思维的过程，当一个人产生了了解某一问题的兴趣时，思维就活跃起来。生物课堂教学应该着力提高教学过程中思维的含量，借此让学生真正体会到智慧带来的成就感。

（一）利用已有知识，诱发学生的联想思维

古人云："知之者不如好之者，好之者不如乐之者。"在生物课堂的教学中学生只有有了浓厚的兴趣，才能自觉自动地去探索知识的奥秘，提高学习效率。教师则需要利用学生已有的知识铺垫，用疑问的方式诱发学生的联想思维，使新知识融会贯通。例如在讲授"非条件反射的神经中枢受大脑控制"时，首先提出疑问："为什么上课过程中有的同学憋尿而没有随随便便尿裤子？"来启发引导学生回忆思考，继而再提出疑问"婴幼儿为什么会尿床？""脊髓胸部横断的病人为什么会大小便失禁？"这样层层引导着，促使学生进行丰富的联想，复杂的知识在思维的发散中得以解决。

（二）利用质疑，诱发学生的逆向思维

"学起于思，思源于疑。"敢于质疑才能激发学生的探索欲望，逆向思维是有意识地从常规思维的反方向去思考问题，在一定程度上讲，逆向思维更需要勇气。教师应鼓励学生进行全方位的思考，并适时适当地反问，诱发逆向思维，允许学生大胆提出不同意见，以使学生从多角度深化对知识的了解，如："为什么说化石是证明生物进化的主要证据？"可要求学生借助逆向思维来思考：假如生物不是进化的话，那么各地层挖掘出来的化石情况应该是相同的，可事实并非如此。因此可以说化石是证明生物进化的主要证据。在"生物的遗传"中，就有学生提出大胆假设："两个色盲夫妇，为什么就不能生出不色盲的孩子呢？"也许将来的某一天，这个假设在发达的医学面前就变成了现实。学生学习的过程

本身就是不断纠错并正确认识的螺旋上升的过程，在大胆假设的过程中既需要"不走寻常路"的意识，还需要随时怀疑，从而获得知识的升华。刚接触"克隆"知识时很多学生都觉得它很神秘，有学生大胆反问："克隆难道只能在动物身上实现吗？"教师可顺势提出让他们分别针对身边可利用的生物设计不同的方案，有学生利用仙人掌，有的用芦荟，还有的用吊兰，来验证是否可以克隆植物，有的同学也提出怀疑：植物的根、茎、叶离开泥土能存活吗？于是就根据培养基要求配制原液，摘取植物一部分组织进行培育，然后在班级展示，真是"有创意，才够味"！

（三）利用生活案例，诱发学生的体验思维

利用生活中常见的实例开展教学，使学生有种亲切感，同时用真实的案例诱发学生的体验思维，指引着现实中的实践体验。例如在学习了"关注合理营养与食品安全"后，我给学生布置的作业是：根据父母的健康状况和身体需要，为他们设计一份营养食谱，且亲自烹调，并请父母品尝，要向父母介绍食谱中的营养，请父母做出评价，既让学生应用了所学的知识，也培养了他们耐心、细致的科学探索精神。生物课程中贯穿了很多心理健康的教育，而心理教育的最佳方式是不显山不露水地点到为止，虽然针对个别但却面向全体。我的教育策略是：利用真实案例，以评论者的身份参与进来，在评说的过程中点拨启迪。一次有位学生和同学课间闹了矛盾，在课堂上青筋暴绽，摔东西泄愤。我没有点名指责，而是先引导学生了解生物的习性：所有生物在遇到不顺心时都会发怒，但形式不同而已。然后列举哭泣树会流出眼泪状液体、狮子会竖起鬃毛、蛇会硬挺头部等，同时发怒的时候身体也会产生有毒物质，损害健康，最后提了几条缓解情绪的建议。学生因此体验到在生活中应自主调节情绪，提高自控力。

（四）利用学生辩论，诱发学生的挑战思维

在探究性教学中要鼓励学生敢于反驳，勇于辩论。学习激情的长期保持更需要一定的挑战，在课堂上开展一些以"生物与生活"为主题的小型知识竞赛会适当诱发学生潜意识中的挑战竞争思维。比如，这样一些题目："小刚的爷爷的腿常常抽筋，这可能是什么原因？对他的饮食你有什么建议？""有人说清晨不宜在公园或树林里锻炼，你认为有道理吗？说说你的看法。""你在长跑时有肌肉酸胀的感觉吗？原因是什么？""小红嘴里常常含着一个棒棒糖，有人说这样容易患龋齿，说说你的观点"等等。同学们有赞同有怀疑，都踊跃抢答，进行当堂辩论，在彼此的交流中激发学生的潜力。再例如在探究鱼鳍作用、观察鱼呼吸时，教师只适当介绍实验内容、目的、实验器材，提出纪律要求，然后让学生根据所给材料自己设计方案，小组开展实验。在观察红墨水从口入从鳃出的时候，按照教

材方法将红墨水滴在鱼口前方时，整杯水马上变红，无法观察水进出的方向。怎么办？这时可以让小组成员合作献计，提出要求挑战各个小组的合作默契度："你们可以抓住鱼直接滴在口中观察，也可以尝试在不伤害小鱼生命情况下采用其他方法。"最后每个小组都找到相应方法观察到红墨水从口入从鳃出现象。 方法一：让鱼在染了红墨水的烧杯里游一会儿，再放回清水里；方法二：将鱼放在桌上蜡盘里，因为蜡盘面积大，水浅；方法三：用手挡住鱼不让游动；方法四：用桌上绑鱼鳍的塑料片拦住鱼；方法五：用手抓住鱼，直接往鱼口滴墨水；方法六：减少水，使鱼游速减慢。有学生对其他小组的方法提出反驳，"直接滴墨水方法太粗鲁，容易伤害小鱼"，等等。开放性的活动为学生创造力培养提供自由空间，不仅培养了学生的动手能力、思考能力、合作精神，同时也培养了学生珍惜生命的良好品德以及不盲从，敢于向老师、权威挑战的科学探究精神。

（五）利用直观实验，诱发学生的迁移思维

新课改提倡突出学生的主体作用，但也强调教师的主导作用，即师生和谐，因此教师要善于点拨指导。从学生的生活中挖掘"诱发点"，用直观和演示促使学生进行知识的正迁移，从而降低知识难度。如在讲"鸟与空中飞行生活相适应的特点"时，折纸飞机是大家从小就玩的游戏，课堂上通过几位同学折纸飞机比赛，看谁的纸飞机飞得最高最远，研究分析飞得高远的原因：纸质轻还是重、纸大小、飞机翅膀大或小、机头折法，最后引导得出纸飞机要飞得远，必须解决"三个力"：重力、阻力、动力，由纸飞机的飞行迁移到鸟类的飞行，那鸟是怎样解决空中飞行的这三个力的？引导大家分析讨论课本中资料，教师点拨：解决三个力应归功于鸟类的特有的形态结构和生理特点。由学生总结得出鸟与飞行生活相适应的特点，水到渠成。在学习"视觉的形成"时，为了让学生更好地理解眼球成像原理，我在课中运用物理教学中的实验设备"凸透镜成像仪"进行演示，利用思维的正迁移，极大地激发了学生的好奇心，继而点拨："凸透镜的形状和人体眼球形状有共同之处""凸透镜成像与眼球成像原理相同"，由此使学生轻而易举地理解了视觉的形成原理，同时也突破了教学难点。

生物学教学应以学生为主体，以实践操作为核心，创造性地设计教学活动，启发学生善用已知，推出未知，创造新知，以培养他们思维的独特性；并充分挖掘学生的内在潜力，培养他们的创新意识和思维能力，使生物课堂教学充满活力。

三、课堂教学实践中培养学生思维的策略

（一）设置有效的"问题串"

为体现新课程倡导的探究性学习，生物教科书的不少章节采用了"问题串"的形式引

导学生步步深入地分析问题、建构知识、发展能力。"问题串"是指在一定的学习范围或主题内，围绕一定目标，按照一定逻辑结构精心设计的一组问题。使用"问题串"进行教学实质是引导学生带着问题进行积极的自主学习，由表及里，由浅入深地自我建构知识的过程。教育心理学指出：问题是思维的"发动机"，没有问题就没有思维，多一个问题就多分思维成果。问题是思维形成的起点。高质量的问题有着较大的思维空间，答案常常不是唯一的，思维的角度常常是多样的。高质量的问题还包含着较扎实的语言训练，有利于学生在表达思考、感悟的同时发展语言。正是有了这样高质量问题的引领，学生的思维才形散而神聚，学生的表达才多样又精彩。优质的问题具备以下特征：具有认知冲突的问题；能触动学生体验的问题；经过知识整合的问题（串）；能分解的问题；能够让学生交流质疑的问题；对于人的创造能力来说，有两个东西比死记硬背更重要：一个是能否提出独特的问题并知道到哪里去寻找答案的本领，另一个是能否综合运用所学知识进行新的创造的能力。

下面就以《人体与外界的气体交换》一课为例，选取几个教学片段，就如何在生物课堂教学中激发学生的思维，引领学生经历思考的历程，从而使学生享受思维的美丽，自主构建知识做如下分析：

1. 巧设"问题串"引导学生主动思考

引导性提问能够帮助教师了解学生知道什么或者能够做什么，并帮助学生学会共享教学活动中的信息。教师在设置和应用"问题串"进行提问时，要能激发学生积极参与，推动学生进行集体或独立的学习活动。所提出的问题需要学生通过信息的处理和加工，改变信息的形式或组织结构，应用比较、分析、综合、抽象、概括等思维形式来回答问题。不能简单要求学生叙述所获得的信息，而要尽可能把目标转向培养学生获得信息的潜能。

在教学活动中，教师可引导学生在已有经验的基础上进行猜想、预测，为他们的解释提供证据，教师应根据具体的教学活动和学生的实际情况来灵活设置具有针对性的问题。例如，《人的生活需要空气》的核心内容是人体的组织细胞如何从外界获取氧气。包括四个过程：包括肺泡与外界的气体交换、肺泡内的气体交换、气体在血液中的运输、组织里的气体交换。如果直接学习四个复杂的过程，学生难免产生畏难情绪。如何使学生明确学习的意义和价值，增强学习的责任感，变要我学为我要学，是事关学习热情和学习效果的关键所在。对此，我将人的生活需要空气放在人体新陈代谢的大背景之下，连续设问：①植物呼吸作用反应式是怎样的？②植物呼吸作用意义是什么？③由此猜想人体生命活动所需要能量是如何获得的？④细胞内的氧气从何而来？

思维着力点：这个环节的设计，目的就是让学生从内在本质上理解人的生活为什么需要空气。明确的目标是思维行动的动力。我们通常注重每堂课的学习目标，不论是在课前出示还是在课后展示，无疑对于学生的学习起到导航和指引作用。而当教师把目标分解细化到每一个教学环节，让学生明白具体目标，就增强了思维的主动性和探索的欲望，增加了学习动力。

2. 巧设"问题串"，指导学生深入理解

问题教学的目的在于使学生不断达成最终的学习目标，因此，应用问题串进行教学就是通过教师的有效指导，学生逐渐发现事物或事件之间的规律性关系，挑战并扩展对概念的理解，使学生形成更深刻、更广泛的理解，逐步构筑自己的认知。比如在阐明呼吸运动原理的教学中，教师播放视频片断，介绍膈、骨、肌肉围成胸腔，说明肺的位置及其受到胸腔的保护。并且，让学生找出自己身体上的有关结构，对胸廓、胸腔、肺的位置关系有直观的认识。然后，以班级内的纯净水桶做对照，如果中央的空腔相当于胸腔，那么水桶的壁就相当于胸廓，了解胸廓的上下径、左右径和前后径，为理解胸廓的容积变化奠定基础。

激疑：呼气和吸气的过程中，胸廓的容积会有什么变化？

体验：让学生将手按在自己的胸骨或肋骨处，做深呼吸，仔细体验呼吸时胸廓的变化。

激疑：体验的感觉是不是正确呢？引入科学的测量。

测量活动：选择三名同学上台，示范测量胸围差的方法，其他同学指导测量方法，记录测量数据。

分析数据：呼吸过程中，胸廓的容积确实能扩大或缩小。

激疑：胸廓的容积的扩大或缩小是怎样引起的呢？

点拨：胸廓的上下径变化是如何引起的？胸廓的前后径和左右径变化是如何引起的？

进一步探究：肋间肌、膈肌的舒缩引起胸廓容积的改变。

思维着力点：这个教学片断中，教师引入了学生熟悉的生活用具，通过视频展示和实物比照，在熟悉的感知中化解抽象，使学生全方位了解胸廓的容积，为深入探究奠定坚实的基础。通过让学生亲自测量、亲眼观察、亲笔计算，在亲身体验中激趣设疑，渗透了科学实证精神的教育，巧妙地培养学生的生物科学素养。在测量活动中，学生分工明确，既有测量者、受测者，也有指导者、记录者，全体学生积极参与，既保证了活动的效果，又节约了时间。活动实证后，学生的思维进一步延伸，胸廓容积的改变是怎样引起的？再深入一步，胸廓的上下径变化是怎样引起的？前后径和左右径的变化是怎样引起的？这样，在环环相扣的问题探索中，学生的思维逐步深入，探究的乐趣愈加浓厚。

3. 巧用"问题串"，诱导学生自主构建

使用问题串进行教学实质上是引导学生带着问题（任务）进行积极的自主学习，由表及里，由浅入深地自我建构知识的过程。因此，问题串的设计应体现梯度性和过渡性，备课时要在精细化上下功夫，要根据教学目标，把教学内容编设成一组组、一个个彼此关联的问题，使前一个问题作为后一个问题的前提，后一个问题是前一个问题的延续或提升，这样每一个问题都会成为学生思维的阶梯，使学生在问题串的引导下，通过自身积极主动的探索，实现了由未知向已知的转变。在自主学习中，由于学生学习生活各方面背景、知识水平、心理状态和思维能力的差异，他们对问题的理解常常有很大的不同。教师可以根据学生的回答，识别他们的想法，洞察这些想法的由来，同时通过恰当的引导，引发学生互相交流和质疑彼此的观点，引导学生丰富或调整自己对问题的理解，使各自的想法、思路明晰化，帮助不同学生达成最终的学习目标，增强学生的自我效能感。

例如，由于七年级的学生没有学习物理，对于呼吸运动过程中的肺容积的变化与肺内气压的关系学习自然成为《人体与外界的气体交换》这节课的难点。为此，我设计了两种简单易行的方案。

简单的方法可称之为"塑料袋法"。首先将塑料袋撑开，在塑料袋的开口处拧起来，塑料袋里由于有一定的空气而膨胀，此时让学生按压塑料袋的壁，能够按下，感觉不是太硬，表明塑料袋内的空气对壁的压力较小；然后保持袋内的空气不变，从开口处向内挤进，塑料袋的体积（容积）变小，此时，再用手按压塑料袋壁，则感觉变硬，按不下去了，表明塑料袋内的空气对壁的压力较大。通过这一简单的体验，证明了容积与气压成反比的关系。

更科学的方法可称之为"一次性注射器法"。每位同学拿一个针管，右手把推进器拉出一段距离，左手手指将针管口堵住，此时针管内部相当于一个密闭的容器，里面有一定的气体。

师：用右手把推进器往里推进时，有什么感觉？

生：逐渐推不动了。

师：松开右手又有什么现象？

生：推进器被推出来了。

师生共同分析：这与针管内气压的变化有关。当把推进器往里推进时，针管内部的容积变小，里面的气体量不变，气压就升高了，因此推不动了；而当松开手时，因为针管内部的气压高于大气压，因此就把推进器推出来了。推进器在退出的过程中，针管内的容积逐渐变大，气体压力又逐渐下降，直到内外气压平衡为止。

学生得出结论：气体容积与气压成反比。

思维着力点：将常见的物品塑料袋和注射器引入课堂，通过动手做，直观感受容积和气压的关系，能够有效地突破教学难点。学生的思维不是凭空产生的，事实证明，有效的问题情境可以激发学生的探究欲望，激活思维。

4. 巧设新问题促进思维整合

在探究教学活动中，由于学生经验背景的差异，他们对问题的理解常常有不同的表现，这些都折射出每个学生不同的知识水平、心理状态和思维能力，教师要认识到这种差异本身就是宝贵的学习资源。教师可以根据学生的回答，推测他们的想法，洞察这些想法的由来，同时通过恰当的引导，引发学生互相交流和质疑，引导学生丰富、调整自己的理解，使各自的想法、思路明晰化和外显化。

教师如果成功地引导了学生的回答，那么，就在一定程度上回应了学生的反应。回应学生的反应不是逐字逐句地重复学生的话，教师应该把学生的评论引入到课堂讨论，让学生了解、共享他人的观点，实现学生对自己元认知策略中漏洞的弥补。需要注意的是，在这一环节中不仅是要提出问题，还要对学生的回答进行恰当的点评。在有些情况下，学生的回答可能不清楚或者不完整，在了解学生的反应后，教师应根据这一类学生的认知水平，设置一些水平相当的问题进一步启发学生，使他们获得解决问题的信息，帮助学生达到最终的学习目标。《人体与外界的气体交换》这节课逐个环节学习后，教师设计了一个趣味活动："假如你是空气中的一个氧分子，请说出你到达人体组织细胞的旅游途径"。这是一个思维含量很高的问题，极具有挑战性。

小组讨论后，同学们进行了精彩的汇报，而学生流畅的描述，正是激烈思维的成果。接着，教师又提出了另一个问题："假如你是组织细胞中的一个二氧化碳分子，请说出你到达外界空气中的旅游途径。"

思维着力点：一盘散落的珠子，需用一根丝线将它们贯穿起来，才能成为一串美丽的项链。而趣味实践活动，恰如一条主线，引导学生的思维逐次展开，层层递进。而"二氧化碳排出体外"的逆向思维，更是一个挑战，它建立在彻底理解和熟练掌握知识的基础之上。从唇枪舌剑的争论中，从凝神静气的思考中，我们可以感受到学生正在体验思维的魅力，分享思维的幸福。

（二）构建知识结构网络

知识网络是人们在学习和实践中所获得的知识在头脑中通过各种联系所构成的开放性知识系统。中学生物学知识大到生物圈，小到分子，有现象有本质，有结构有功能，有过程有结果，有实验有理论，有内因有外因，有正常生理有异常生理……知识零碎，学生不易理解、掌握和运用。但任何知识都不是孤立的，其自身都有一定的结构，并处于一定的体系之中，因而教师在教学过程中要善于将生物知识结构化，实现生物知识点、线、面、体的系统化，构建了生物学知识体系，学生掌握了知识结构，就比较容易理解知识，并可以按知识的内在联系去思维、推理，进而掌握知识，发展能力，形成生物学理念。因此，对于知识结构和体系的学习，既有助于知识本身的深入理解，也有助于培养学生的创新思维。

1. 抓住生物知识的要点

所谓"点"即指具体的知识点，例如生物体的结构、功能、生理过程和一些相关的概念等。例如，在生态系统稳定性这一模块的学习中，要解决如何提高生态系统的稳定性这一问题时，必须掌握相关的基本知识点。如，生态系统稳定性所包含的两方面的内容（抵抗力稳定性和恢复力稳定性），生态系统的概念（由生物群落与它的无机环境相互作用而形成的统一整体），而这个概念中有牵涉到生物群落的概念，还有与生态系统稳定性的强弱相关的因素（营养结构的复杂程度）等。因此要解决一个生物学问题，必须对相关的知识点有个全面的了解。只有对概念熟记、理解了，才能运用知识去解决问题。但是，在教学中，经常发现学生虽然会背诵、熟记某些知识点，如某个概念、某一原理、法则，但当要求用这些概念、原理解决实际问题时，他们熟记于心的知识却不能发挥作用。导致这一现象的原因就是学生对知识的掌握停留在陈述性知识阶段，没有让知识系统化、内化。因此学生没有真正获得知识，这样的学习只是一种机械学习。在网络中的知识不是一盘散沙，而是一个相互间具有清晰逻辑关系的整体，其中的每个知识点都有特定的位置，从而使大脑对知识的提取、应用变得比较容易。

2. 把握知识间的内在联系，连点成线

"线"是以生物的某一生理过程为线索，贯穿知识点的链；在学习的过程中要学会用线索把看来是孤立的零散的知识点贯穿起来，使之系统化，即学会"穿针引线"。常有学生表示"书看懂了，练习却不会做"。这是因为经过分章节的学习，学生已经积累了很多知识，但这些知识是零碎、不成体系的，很难使学生建立起知识的横向、纵向的联系，很难把握题目的切入点。教师要指导学生将这些散乱的知识进行归纳整理，让学生通过自己的理解和加工建立起各知识点之间的联系，将点连成线，使学生在解决问题时能快速、准确地提取到有关的知识，从而提高学习效率。例如，在学习生态系统这一模块时，就可以先从点着手。个体、种群、群落、生态系统和生物圈等基本概念即是知识的要点。种群是一定区域内同种生物个体的总和；群落是一定区域内所有种群的总和；生态系统是一个地区的生物群落以及所生活的无机环境的总和；生物圈又是最大的生态系统。这几个知识点在逻辑上存在着递进关系，教学时，可先从个体入手，引出种群，再进而联系群落，最后

再层递到生态系统以及生物圈。由这些概念的联系作为线索将这些概念贯穿起来，成为线。

知识点的联系具有多维性的特点。即每个知识点都可以通过不同的连线与其他多个知识点相联系。因此，一个知识点，可能与其他的知识点连成多条平行或交叉的线。而线线并列交叉即能合为面。

3. 扩展知识的横纵面

"面"是以点线为基础铺织而成的知识体系。如生态系统的有关知识，我们可以看为一个"面"来加以分析。例如将生态系统的主题内容分成多个知识面：①生态系统的组成；②生态系统的能量流动；③生态系统的物质循环；④生态系统的信息传递；⑤生态系统的稳定性几个小的专题进行构建知识体系。要构建以上知识体系，必须对此体系中涉及的点和线进行融会贯通，这样我们就能较为全面地掌握这一知识的"面"。而对于生态系统的保护也就可以从多个角度去考虑问题。例如，对于一条被污染，散发着臭味的小河流进行治理，那么既可以从能量流动方面切入，亦可以从生态系统的组成下手，还可以从生态系统的信息传递考虑，但最终的目的是达到生态系统的稳定。知识的点、线、面各有其不同的内容和功能，但三者又是密切联系的，点是基础，线是主干，面是主体，点点串联成一线，线线并列合为面。但最终要将生物知识的"点、线、面"形成一个总体。

4. 形成知识的立体化

"知识的立体化"指的是将生物知识的"点、线、面"形成一个总体。我们在学习生物知识的过程中除掌握各知识点的内容外，还应注重各知识点的全面联系。或图表、或归纳、或专题巧妙地挖掘生物知识内在的逻辑联系，将错综复杂的知识由点穿成线，由线连成面，由面形成体，进行联想记忆、理解、应用，做到融会贯通，帮助学生构建一个较为牢固的知识网络体系。如上例提到的那条需要治理的小河，要使它成为一个稳定的河流生态系统，必须从多方面同时下手，进行治理，才能达到理想的效果。生态系统的基础知识是点，上述知识链就是线，以此线为线索，将所学各板块知识联系起来成为面，并做适当的拓展和延伸，形成连贯的知识体系，就达到了知识立体化，形成了知识网络。学生可以根据这个知识网络找到治理的基本途径，甚至多条途径，解决实际问题。

瑞士教育学家裴斯泰洛奇认为："教育的主要任务，不是积累知识，而是发展思维。"思维活动是一种最重要、最有潜力、成本最低的活动，它不像"表演"那么引人注目，不像"游戏"那么激动人心，不像"实验"那么直观形象，但是它却不会像这几种活动那样流于形式，浮于浅显，它是实实在在的深刻思考、深度探索。也只有这样的活动才使学生常有茅塞顿开、豁然开朗、深得我心、怦然心动、妙不可言的体验，才能经历智力搏斗历程，彰显智力"爬坡"的魅力，从而有效提高学生的思维能力。

第三节　激活课堂的有效探究

现代建构主义学习理论告诉我们，学生学习知识的过程，是一个以积极的心态调动原有的知识经验、发现新问题、同化新知识的主动构建过程。生物课程标准中明确提出了"生物科学是一个不断探究的过程，倡导探究性学习，改变学生的学习方式"的课程理念。在生物课堂教学中，采用有效探究策略，能够真正落实学生的主体地位，使整个课堂充满生命活力，促进学生生物科学素养和创造才能的发展。我们欣喜地看到，在新课程理念的引导下，越来越多的生物学教师在课堂教学中尝试设计多种多样的探究活动，开展探究性学习，并取得了一定的教学效果。然而冷静下来透视，我们会发现，实际教学中部分教师由于自身科学素养的限制及对《生物课程标准》（实验稿）理解的偏差，形成了许多对探究学习片面甚至是错误的认识，许多貌似热闹、自主的探究，实则流于形式，有的甚至本末倒置、舍本逐末。这些问题亟待我们全面查摆、认真分析、有效解决。

一、生物课堂中"无效"探究案例

课例1：在学习《食物链和食物网》一节时，一位教师首先出示DDT在食物链中的传递图片，图上清楚地显示着DDT在浮游植物体内的含量是3.5×10^{-9}、浮游动物体内的含量是4×10^{-8}、小鱼、大鱼和鱼鹰体内的含量分别是5×10^{-7}、2×10^{-6}、2.5×10^{-5}。通过解读数据，可以清楚地得出随着营养级别的升高，DDT的浓度逐步增加。此后，教师又设计了《DDT在食物链中的传递》探究活动。用手绢代表DDT，手绢块数越多，则DDT的浓度越大。请8位同学扮演浮游植物，4位同学扮演浮游动物，2位同学扮演鱼，1位同学扮演鱼鹰。15位同学在讲台上依次站好，老师在8位"浮游植物"的头上各放置一块手绢。然后，教师"指挥"说："浮游动物游过来了，开始捕食浮游植物。"于是，两位"浮游植物"将各自头上的手绢放到一位"浮游动物"头上，而后，8位"浮游植物"退场回到座位。老师继续旁白："鱼游来，把浮游动物吃掉了。"这时2位头上顶着2块手绢的"浮游动物"各自将手绢放到1位"鱼"头上后走下讲台。接下来是两只头上顶着4块手绢的"鱼"把手绢放到"鱼鹰"头上，最后，讲台上留下一名扮演鱼鹰的同学，他的头上摞着厚厚的8块手绢。在同学们的笑声中，探究活动结束了。不知道学生是笑滑稽的表演还是真正领悟了DDT传递的规律。

尽管老师和同学们通过分析各级消费者的手绢数目，明确了 DDT 浓度随着消费者级别的升高而逐步增加，导致了生物富集作用。但从这个环节所要达成的目标、存在的价值来说，这次探究活动的效果是要大打折扣的。本节课的重点是食物链和食物网的概念，通过生物的富集现象只是说明物质和能量的传递随着食物链这个渠道而进行。与"模拟生态系统中的食物网"等探究活动相比较，实施"DDT 在食物链中的传递"探究活动有些偏离重点、哗众取宠。这样庸俗表面的探究是对探究的泛化，既浪费学生宝贵的学习时间，影响教学进度，又降低学生主动探究的热情，打消学生真正探究的兴趣。

课例 2："请各小组严格按照课本上的方法和步骤完成实验！"

课题：苏教版生物七年级下册探究实验——食物中含有淀粉、蛋白质和脂肪

学生 3 人一组进行实验。器材有面粉、小麦种子、烧杯、试管、滴管、碘液、白纸、匙子、纱布、单面刀片、清水等。

教师：我们每天吃的食物多种多样，而食物中含有哪些营养成分呢？下面我们就从一些探究实验中寻找答案。首先，请同学们认真阅读课本实验指导 1。

学生：（阅读相关内容）。

教师：看明白了吗？接下来请各小组严格按照课本上的步骤完成第一个实验。

学生：（各小组仿照课本方法进行实验）。

教师：通过实验大家鉴定出面粉中含有哪种营养成分？

学生：淀粉。

教师：很对。下面请大家再按照课本上的实验指导 2 和 3，完成另外两个实验。

学生：（各小组仿照课本方法完成实验）。

教师：通过实验大家鉴定出面粉和花生中还分别含有什么营养物质？

学生：蛋白质和脂肪。

教师：很好。通过实验，我们鉴定出了食物中含有淀粉、蛋白质和脂肪三种营养成分。除此之外，食物中还含有水、无机盐和维生素。

鉴定食物中含有淀粉、蛋白质和脂肪的实验结论是学生自己通过亲自实验得出的，但是在整个探究活动中，学生只是按照教师的设计机械地操作，缺乏发现、提出问题和创造性解决问题的主动参与，这样的探究活动虽然有探究的一系列步骤和学生动手的外显活动，但是探究活动的设计仍没有摆脱灌输的窠臼，只是抓住了探究的"形式和外壳"，却丧失了探究活动的本质和灵魂。

从上面的案例来看，学生的探究活动一度处于一种盲目的状态，是低效甚至无效的探究活动。如上问题不是个别现象，是目前教学中存在的一个普遍问题。

二、生物课堂探究实施中存在的问题

从众多的生物课堂教学案例来看，目前生物课堂探究活动的低效性主要表现为以下几方面：

（一）探究活动的盲目性

探究活动的主要目的是为了解决学生学习时产生的困惑与问题，对于一些学生能自主解决的浅显问题，是无须"兴师动众"组织探究实践活动的。在教学中，部分教师缺乏教学目的性和针对性，一味滥用探究活动，营造表面"热热闹闹"的学习气氛，为探而"探"。这种看似活跃的课堂教学实则浪费有限而宝贵的学习时间，使教学效果大打折扣。

（二）探究活动的无序性

自主探究可以让学生亲历知识的探索过程，实现知识的自我建构和自我理解，培养独立、能动地解决科学问题的能力。但是对自主探究活动的组织却存在较多误区。教师不能科学有效地发挥自己在活动中的引导作用，把握不好活动的节奏和时间。例如，有的教师在一堂课上安排好几项活动，结果每一项活动都不到位；还有的教师安排活动时间较长，活动形式单一，容易造成学生对活动失去兴趣；还有的教师把握不好让学生自主探究的"度"，或者仍然采取教师包办代替设计方案，让学生按步骤机械操作；或者彻底放手，完全交给学生，结果学生缺乏周密思考，盲目探究。

（三）探究活动的被动性

一方面，探究过程中多以小组合作的形式进行活动，小组讨论时，有的学生抢着发言，有的学生却一言不发；有时一个学生发言，其他学生不认真倾听，而是各说各的，以自我为中心。彼此之间的合作不是在相互尊重、相互信任的前提下进行的。

另一方面，老师总习惯于让学生在探究活动中得出预先设计好的某一个科学结论。而为了让学生能尽快获得结论，老师则想方设法把学生的思维往老师所需要的一面引导，至于学生在探究过程中提出的一些其他问题，老师常常采取回避的态度。在这些课堂教学过程中，学生缺乏实质性参与，处于跟着老师思路走的被动状态，探究活动和合作学习的价值没有真正体现出来。

（四）探究活动的浅表性

学生的探究还只是停留在照方抓药，依葫芦画瓢的模仿的层次。探究活动不仅包括学生的动手活动过程，还包括学生的动脑思维过程，探究的本质是思维，离开了思维的动手活动，只会成为无意义的"机械操作"，只停留在感性认识的基础上，而导致建构知识目标的缺失。

列举的这些现象绝非个别现象，可以说在生物课堂中还有着很大的普遍性，而这样的现状却直接影响着学生对生物知识的积累、能力的培养和生物科学素养的全面提高，也关系着新课程改革的成功与否。因此，教师应对探究活动的安排和开展进行科学的分析，采用一定的教学策略，进行有效探究。

三、生物课堂有效探究的实施策略

生物教学实践中，笔者努力从以下几方面去实践，达到了较好的教学效果，现就生物课堂中如何提高探究活动的有效性，谈谈自己的思考与实践。

（一）确定"核心"知识，凸显探究价值

著名教育家吕型伟先生说过这样一段话："不能什么都让学生自己去研究，因为学习的间接经验是很重要的，在学习期间，这是重要的途径。学生主要是学习和掌握别人的经验。好事也别走过了头。"吕老的话为我们敲响了警钟：教学是严肃的问题，千万不能搞虚假的形式主义。在实施探究教学时，很多老师都问这样的问题："是不是所有的知识都要探究？"答案非常明确，并不是所有的知识都要探究。但接下来的问题就是：既然不是所有的知识都要探究，那么，什么样的知识需要探究呢？这是实施探究首先需要解决的一个关键问题。

1. 值得探究的知识

探究的内容应该是生物教学中的核心知识、重点知识。比如，核心概念、重要结构、关键生理过程、基本规律、基本原理、必要的技能等，对于学生理解生物现象和生命活动规律，构建生物知识结构具有必要的价值。比如案例1，通过各营养级中DDT含量的数据分析，就可以轻松地解决生物富集现象，教师却还要设计模拟探究活动，且不说活动实施过程中存在许多不科学之处，但就这个活动的价值和意义而言，完全是为活动而活动，徒有虚名，追求形式。

2. 探究能否实施

除了要考虑这个知识值不值得探究以外，还要考虑这个知识能不能够探究。这个知识能不能探究，受到多方面因素的影响。其中，学生的因素和资源的因素是两个较为突出的制约因素。对学生而言，如果问题过易，学生仅凭已有的经验或知识，不怎么需要思考就能解决，那么，这个问题就不要安排探究；如果问题过难，超出学生目前的接受能力，那

么，这个问题也不适合探究。就资源的因素而言，还要考虑实际教学资源。如果不具备探究所需要的实验仪器和设备，那么，尽管这个问题值得探究，也无法安排探究活动。比如，光合作用需要水作为原料，这个实验在中学就很难进行探究。

总之，在选择探究内容时，既要考虑探究内容的选择符合学科知识、体系的要求，又要考虑符合学生能力的逻辑发展，以及教学计划的安排。

（二）尊重学生差异，鼓励个性化探究

新教材允许学生对问题有自己独特的见解，有些探究活动具有很大的开放性，没有统一的标准答案，有利于发挥学生的个性，充分体现了探究性学习的特点。但在实际教学中，有些教师往往是"统一多、个性少"，在组织学生进行探究时，往往预先设定一个具体的"目标"，并千方百计达成。学生稍有偏离，就强行将学生的思维拉到自己设定的运行轨道上来，学生缺乏探究的"自由度"。这样的探究活动，实际上妨碍了学生富有个性的学习，甚至成为另一种形式的"注入"，不利于学生自主发展。因此，教师在探究活动中要关注学生的个体差异，让学生有一定的"自由度"，鼓励学生进行个性化的研究，允许不拘泥于教材和教师提供的方法指导，进行多角度、多层面的探究。如在《探究环境因素对鼠妇生活的影响》时，各小组制作了不同的简单装置进行实验，得出了不同的探究结论：空气、水、光、温度、土壤等环境因素对鼠妇的生活都有一定的影响，鼠妇适于生活在阴暗潮湿的环境中。再如在用显微镜观察洋葱鳞片叶表皮细胞时，大多数学生采取纵向撕取鳞片叶表皮，撕下的表皮往往出现卷曲，在水滴中不容易展平。而有的同学却发现如果横着撕，则薄膜不是卷曲的，容易展平。还有的同学没有按照课本上的盖上盖玻片后再染色，而是直接将碘液滴在载玻片上，将染色步骤前移。

教学实践证明，教师鼓励学生多角度地去探究，对培养学生的探究兴趣、探究能力，提高探究的有效性起着重要的作用。

（三）适时点拨引导，促进深入探究

探究教学中，学生的主体地位应该得到保证，但这并不等于学生就一定能开展主体性学习，如果缺乏教师的引导，仍不会有好的教学效果。因此，要通过教师的有效引导，让学生从模仿到主动，逐步进行探究学习。教师在引导的过程中要做到适时、必要、谨慎、有效。如果教师介入得过早，则会阻碍了学生自主发现的机会；如果教师介入太晚、引导无效，让学生较长时间地处于盲目状态，则不仅浪费了大量的时间，又没有完成教学任务。

如在《探究生男生女的奥秘》探究活动中，当各小组完成探究汇报"生"男"生"女的次数，全班汇总数据，计算出"生男"和"生女"的比例大约是1：1，成功地完成

了教学额定任务后，教师适时地提出改变实验假设。在写有"男"字的袋子内放入10个代表精子的黄色乒乓球和5个代表精子的白色乒乓球，即假设男性产生的X、Y两种精子的比例不是1：1，再让学生随机摸球，结果最后统计比较"生男"和"生女"的概率不是基本相同。由此，帮助学生从本质上理解男女比例基本相同的原因是男性产生X、Y两种精子的比例是1：1。这样的"改进"将探究活动进一步引向深入，使学生真正从探究中有所启发，增进对自然规律的认识和科学素养的提升。

（四）提供时空保障，提高探究成效

探究需要一定的时间保障。实际教学中，很多时候我们教师为了保证课堂的完整性，很多探究活动刚开始就喊停，匆匆走过场，探究便成为一个形式。探究教学中，我们必须要把探究时间让给学生，因为学生要有时间研读材料、沉思默想，要有时间整理思路、组织语言，要有时间修正错误，还要有时间来开展相互讨论、争论。即使参与同一个活动，每一个小组所需的时间也尽不相同，在这个环节上教师要处理好时间问题，多关注进度慢的小组，引导速度快的小组进行整理实验结果或尝试进行其他角度更深入的探究。只有让学生有充足的时间沉浸在科学活动中，他们才能充分感受到探究的乐趣，从而激活课堂的有效探究。

探究需要有宽松的活动空间。心理学表明，思维往往是从动作开始的，切断活动与思维的关系，思维就不能得到发展。实际动手操作可以调动学生多种感官参与活动，把学生推到思维活动的前沿。但在实际教学中，有些教师虽然也很重视操作活动的设计，但下意识地考虑到教学时间的限制，操作活动总是来去匆匆，草草收场。这种"形式多，实质少"的现象，只是追求活动表面的热闹和形式，所以活动的空间并不大，忽视对活动内在过程的有效转化和品质提升，使活动流于形式而难以收到实效。因此，教师应尽可能在课堂上留给学生探究活动空间，精心引导学生最大限度地参与操作活动过程，促使他们手、眼、脑、口多种感官并用，使学生在亲身实践中，真正经历生物学知识的形成过程。

（五）搭建交流平台，引导合作探究

学会合作与交流是现代社会所必需的，也是新课程所强调的，也是生物探究学习过程应当提倡的。心理学研究表明：青少年具有喜欢与人交往、好表现自己的心理特征。因此，教师要鼓励学生在独立思考的基础上，有计划地组织他们合作探究，培养学生的合作精神，促使集体智慧高度结晶。但在实际教学中，却出现了"合作多，交流少"的现象，由教师的"一言堂"演变成学生的"一言堂"。产生这种现象的原因是教师对合作探究的意义缺乏深层次的理解，合作探究未能建立在学生独立思考和自主探索的基础上，同时合作交流

又缺乏对小组中的所有成员的关注，使得交流活动成了小组中学习成绩优秀者的独角戏。这样的"合作"成了"独做"，交流形同虚设，相当一部分学生成了探究的观众。因此，教师应对合作探究加强有效的组织和指导，鼓励学生独立思考，自主探索，把握合作的时机，协调自主与合作的关系，营造合作交流的氛围，提高合作交流的效果。教会学生合作的方法，首先引导学生学会倾听，不随便插嘴打断，认真聆听他人的发言；其次，要学会独立思考并围绕中心话题发言，看法要有理有据，语言要清晰，对别人提出的质疑，要耐心解释；还要学会分享，在交流中不断完善自己的认识，产生新的想法，同时也在交流和碰撞中，一次又一次地学会理解他人、尊重他人、共享他人的思维方法和思维成果。同时要关注学习有困难的学生，引导他们积极地参与探究活动，帮助其共同探究。教师要及时敏锐地捕捉学生探究学习中的闪光点，及时给予鼓励和肯定，让他们在合作交流中体现自身的价值。

总之，探究的有效性是多方面的，激活课堂教学的有效探究，既要关注探究内容的有效性，又要着眼探究方式的有效性，也要注重课堂探究过程的有效性，更要强化探究价值有效性。归根到底，学生有所进步或发展是探究有效性的唯一指标。提高探究的有效性是一个不断实践的过程，要注重科学理论的指导，避免盲目性；要紧密联系学生实际，增强针对性；要深入挖掘探究内容，增强创造性。如果我们都能在教学中多思考多探索这些问题，那么实现高效课堂探究教学之路就不再遥远了。

第四节　知识似"盐"　情境如"汤"

有人曾做过一个形象的比喻：假如给你12克的盐，让你吃下去，你会难以下咽，但如果把盐放入一碗汤中，你就会在享受美味佳肴中把盐吃下。在这里，我们不妨借用一下，若知识似"盐"，那么情境就如"汤"，盐只有放入汤中才有滋味，知识只有融入情境中才能有价值、有活力，才能将知识转化为学生自身的情感体验、生活经验，才能使学生产生思想上的陶冶、认识上的升华。放多少盐，做出什么样的汤，得看厨师的手艺。我觉得老师就是厨师，讲课亦如做汤。

新课程特别凸显教学的情境性，跟我们强调回归生活、联系生活是有关系的。生活也是"汤"，知识融入生活中，才容易被学生理解、消化、吸收。情境之于知识，犹如汤之于盐。盐需要溶入汤中才能被吸收，知识也需要融入情境之中，才能显示出它的活力和美感。

捷克教育家夸美纽斯曾在《教学论》中指出："我们的主要目的在于寻求一种教学手段和方法，使教师因此可以少教，学生可以多学，而且学得更容易、更快乐、更积极、更主动。"就生物知识本身而言，它具有丰富生动的实际内容，而表征它的语言文字则是抽象和简约的，学生所学的正是语言文字所汇集成的书本知识即教材。如果老师照本宣科，学生记住的只是一大堆干巴巴的文字符号，学习兴趣与学习能力的培养就会大打折扣，教学的有效性就很难保证。要提高课堂教学的有效性，需要老师根据教学内容创设多样化的教学情境使抽象的知识具体化、形象化、直观化，既为学生的学习提供认知切入点，又激发了学生的学习兴趣。针对新课标理念，结合生物教学自身的特点，创设生物教学情境能激发学生的认知好奇心。同时教学情境还能给学生设疑，并及时顺利地将学习引入到问题之中。在生物课堂教学中，如果情境创设的有趣、贴切、灵活，能使学生既"易进"、又"易出"。

一、利用生活原型创设问题情境

从生活原型中寻找问题情境，将问题创设在学生熟悉的现实情境中，特别是学生亲身经历过的比较关注的生活原型，能够极大地激发学生的探究欲望，提高他们学习的积极性和主动性。

（一）联系生活实际，创设问题情境

家庭、学校、社会都有大量学生感兴趣的生物学问题。在生活中，学生已经接触到了许多与科学有关的生活经验，对生活中的许多问题比较感兴趣，新课程也倡导教学要与学生的社会生活相联系，从生活经历中提出鲜活的问题。因此，可以根据学生的生活实际，创设具有生活化的问题情境，使学习活动在与现实相类似的情境中发生，激发学生探究的兴趣。例如，农村同学观察到的酿糯米酒现象，饭菜变馊变质现象，潮湿种子堆放久了变热现象等。讲到免疫，我们创设小时候打防疫针的情境；讲到病毒的知识，我们创设新冠肺炎流行的情境；讲到呼吸作用，我们创设运动、减肥等学生比较熟悉又感兴趣的生活情境进行引入。当然也有些知识，距离学生比较远，对于这些就通过类比的方法来创设情境。克隆人的伦理问题，学生可能很多观点不能理解，那么可以创设这样一个情境：如果我们班每个人都有一个真实的自己，一个克隆的自己，你将会怎样看待克隆的自己，怎样看待你周围的人？因为这些现象发生在学生身边，很容易引起他们的共鸣，所以学生在分析时，特别有兴致，随着一个又一个现象的解释，他们深感学习生物知识的用处，当学生感觉到所学的知识有用时，又会进一步加深他们探索自然与生活的乐趣，知识与兴趣愿望形成了正反馈。这样的学习才是理想中的学习。

再如：在学习"细胞的癌变"时可以给学生呈现一份医院的肝癌化验单以及肝癌组织、细胞的图片，便会引起学生的强烈兴趣，接着引导学生积极思考：癌细胞有什么特征？引

起细胞癌变的致癌因子有哪些？怎样预防癌症？这种来源于实际生活的问题会拉近学生与教材内容之间和学生与教师之间的距离，激发他们的学习兴趣。

（二）联系生产实践，创设问题情境

生活实践情境就是利用与学生日常生活密切相关，生产实践常见的现象来创设教学情境。生物学知识与现实生活是密切联系的，课堂教学中适当联系实际，创设生活情境，既可以加深学生对教学内容的理解，同时也激发学生学习生物学的兴趣，使他们体验到学以致用的乐趣。

例如在学习"环境污染"这部分内容时，结合本市目前正在积极采取措施进行环城河治理改造的实际，描述污染前环城河两岸绿树成荫、河水清澈、鱼虾欢跃的怡人风光和污染后河面漂浮着垃圾、废弃物，河水变得又黑又臭、鱼虾消失殆尽的情形。经过人们改造治理后，河道变宽了，河水变清了，鱼游虾跃，重现喜人景象。然后引导学生从中获取信息并利用信息提出相关问题。于是学生就提出了如下问题：①环城河为什么会遭受污染？②今后应采取怎样的防治措施？③以上事实给人们的启示是什么？通过解决以上问题，不仅使学生从实际中获得了新知识，而且使学生认识到环境保护的重要性，提高了学生的环保意识。通过这样的设疑，学生的积极性充分调动起来了，学生能够主动建构自己的知识体系，同时享受到一种成功的乐趣。

例如在学习"种子萌发的条件"时，将问题创设在大家所熟悉的"大米"和"花生仁"这样的实物情境上，提出了这样的问题："播种大米，并给大米提供萌发所需要的适宜的外界条件，大米能萌发成幼苗吗？为什么？""请你设想一下：在适宜的外界条件下，残损的花生仁能萌发吗？为什么？你能设计一个实验来验证你的设想吗？"又如，在学习"叶的向光性"这一内容时，将问题情境创设在随处可见的盆栽花木上，提出问题："放在阳台上的一盆花，如果长时间没人挪动，那么，这盆花会长成什么形状？请你试着将它画出来，再请你想一想：这种现象说明了什么？"

与其他学科相比，生物学的生活性更强、更直接，生活是学生生物学知识的根源，也是学生生物学知识的真实演练场。在课堂教学时可以充分利用生活中生动具体的事实或问题来呈现学习情境。其中包括日常生活中的常见现象、事件以及自身经验，与生物学有关的社会热点问题、工农业生产问题以及能体现生物学与社会经验、人类文明发展有关的事实和材料。现在不论是新课程标准，还是中考中的考点，社会生活中的生物学都是热点话题。引导学生用生物科学的视角、科学的方法去观察、思考日常生活、生产、社会发展、科技进步及环境改善等方面的典型问题，可以帮助学生认识生物学在科技发展中的地位和作用，提高学生学习生物学的热情和积极性，培养学生接受新知识、新信息的能力。

二、利用故事创设问题情境

故事就是生活，生活就是故事。我们的生活由一个个故事组成，生活有了故事，也就有了精彩；生活有了故事，也就有了意义。听故事对于绝大多数中学生来说是一大乐趣。通过在课堂中介绍与本课内容有关的故事，能激发学生的求知欲，丰富学生的知识视野，消除学困生与生物学学习的距离感，增强生物教学的趣味性。于是，我们充分利用网络搜索一些名人轶事、历史故事及动植物趣事，如在准备"人类遗传病"一节课时，搜索到近亲结婚与遗传疾病的典型例子。课堂上，当讲到"禁止近亲结婚"时，首先提出问题："中国有句古话：近亲结婚亲上加亲。可是国家婚姻法却明确规定：直系血亲和三代以内旁系血亲禁止结婚。这是为什么呢？"等学生讨论后，再分析近亲结婚的危害。此时，列举了这样两个事例：1840 年 2 月，21 岁的维多利亚女王和她的表哥（舅舅的二子）阿尔伯特结婚，婚后给她的个人生活带来了巨大不幸。他们生下的 9 个孩子中，有 3 个患有遗传病——血友病，其他人是血友病基因的携带者。真是无独有偶，1839 年，30 岁的达尔文与他的表妹爱玛结婚，爱玛是他舅舅的女儿。谁也没有料到，他们的 6 个孩子中竟有 3 人中途夭亡，其余 3 人又终身不育。到了晚年，达尔文在研究植物的进化过程时发现，异花授粉的个体比自花授粉的个体结出的果实又大又多，而且自花授粉的个体非常容易被大自然淘汰。这时，达尔文才恍然大悟：大自然讨厌近亲结婚。向学生讲解这些名人的沉痛教训，学生很容易就理解了近亲结婚会导致遗传病，所以是应当禁止的。在故事的背后蕴含着生物学原理，这就需要在教师的引导下去挖掘、去探究。

在用故事创设生物教学情境时，要注意以下问题，故事中要蕴含与本课内容有关的生物学知识，讲故事是策略，引导、挖掘故事中的生物学知识，提出生物学的问题，解决生物学问题，探究生物学的规律是目的。故事要短小情悍，内容要健康，要有科学性、趣味性，能为学生创设悬念，激发学习兴趣。讲故事的过程中遇到有关生物学的内容时，要放慢速度，加强语气，引起学生注意，便于学生回答后面的问题。

三、利用生物学史创设问题情境

生物学史是对科学家的高度概括、是生物史实的结晶和升华，是生物学科宝贵的财富。生物学史的内容包括生物科学发展史、科学发明的历史、科学实验的过程、科学家生活史等。利用生物学史创设教学情境具有十分重要的意义。

例如，学习"光合作用"时，可以借助光合作用的研究史。光合作用的发现经历了许多代科学家，经历了许多典型的科学实验，最终搞清楚了光合作用的原料、场所、产物、条件等，通过光合作用的发现史可以展示科学知识的探寻过程，学生在不知不觉理解植物的生理过程，矫正一些错误认识。科学家在研究科学时，之所以有所建树，有所创造发明，除了有精神上坚韧不拔、执着追求外，还有其科学的思维方法，教师将科学家的研究过程设置成教学情境，学生通过对科学家研究过程的体验，可以培养学生科学研究的思维，科学研究的变通性、灵活性和综合性。例如：学习遗传规律时以孟德尔为例体验孟德尔用统计学研究遗传的思维，学习 DNA 分子的复制研究时，体会梅塞尔森和斯塔尔用物理学上同位示踪法研究微观世界的方法，以沃森和克里克发现 DNA 双螺旋结构为例，体验生物学建模思想的研究方法。

四、利用社会热点创设问题情境

教师将备受学生关注的时事热点巧妙地设置成教学情境，对促进学生探究学习兴趣有很大作用。例如：太空诱变育种、克隆技术、转基因食品、骨髓移植、生物芯片、"H7N9"等，都是学生关注的热点。比如可以把两伊战争、伊拉克战争设置成环境保护策略的情境；温室效应可设置成碳循环的情境；粮食、环境污染等可设置成生态系统的情境；花卉、农作物的栽培方法或增产措施可设置成光合作用的情境；等等。通过联系社会热点创设问题情境，培养了学生分析问题和解决问题的能力，也使他们更加深刻理解生物学的重要意义。

五、利用实验创设问题情境

通过演示实验或学生操作实验创设问题情境，具有真实、直观的特点，这种问题情境的创设在生物学教学中具有广泛的应用。实验情境可激发学生求知探索的热情，调动学生多种感官参与教学活动，有效地提高教学质量。例如：在进行"叶片的结构"教学时，可以先展示实物叶片或亲自去观察叶片，让学生通过观察发现叶片正面和背面颜色的不同。

学生在这样问题的驱动下，探究现象背后的原因，主动探究叶片的结构，解决前面发现的问题。学生学习知识的过程，是一个不断发现问题、提出问题、解决问题和应用于实践的过程。创设问题情境是利用学生的好奇心，探究欲望的心理，使学生在对问题的追根溯源的过程中不知不觉进入探究的角色，更容易让学生自主进行探究学习。

总之，教师根据教学内容有目的地引入或创设具有一定情感色彩的、以形象为主体的生动具体的课堂教学情境，使学生身临其境或如临其境，引起一定的心态和情感体验，从而促使他们积极主动地投入到学习活动中，进行仿真学习和训练，进而掌握技能，提高教学效果。

第五节 引领学生沐浴科学的光辉

生物学作为自然科学课程的一个分支，在科学本质的教育上，理应承担起应有的责任和义务。人们一般认为，科学是科学知识、科学方法和科学精神三方面组成的一个不可分割的有机整体。课堂教学作为教学活动的基本组成部分，课堂学习必然成为学生人生中一段重要的生活经历，影响着他们当前及今后的多方面发展和成长。因此，站在学生发展的角度，站在生物学科责任的高度，在教学实践中，我们大胆尝试，努力构建融"科学知识、科学方法、科学精神"于一体的生物课堂，力求在潜移默化中帮助学生理解科学的本质，沐浴科学理性的光辉。下面以义务教育课程标准 "说明 DNA 是主要的遗传物质"的具体内容为例，阐述课堂教学中是如何进行科学本质教育的。

一、关注科学知识——在教学中凸显概念教学

中国科学院院士黄昆教授曾说："客观的规律我们一般都是通过一定的科学概念去认识的，而这些概念本身就在一定程度上反映着规律的本质。"诺贝尔奖获得者李政道博士也多次提到："在学习中，一定要把基本的要领搞清、记牢。"《义务教育生物学课程标准》（2011 年版）的最大变化之一就是在内容标准的每一个主题下，都增加了"教学中，教师要帮助学生形成以下的重要概念……"概念教学的重要性由此可见一斑。因此，我们如果关注科学知识的学习，就毫无疑问地要在教学中凸显概念教学。

例如在整体上，我们注重"概念梳理"。济南版初中生物学《遗传的物质基础》一节中，教材首先在引言中描述了遗传的定义，然后编排了"细胞核是遗传的控制中心"和" DNA 是主要的遗传物质"两节内容。本节课对应的课程标准中要求学生形成的重要概念是" DNA 是主要的遗传物质。基因是包含遗传信息的 DNA 片段，它们位于细胞的染色体上。遗传性状是由基因控制的"。针对课程标准要求和教材内容，我们抓住"遗传的物质基础"这一主线，围绕"遗传"这一概念，将"细胞核 —— 染色体 ——DNA—— 基因"这一组概念由宏观到微观、从现象到本质按照四个层次前后贯通起来，并融合遗传物质的结构、成分、作用等知识，使得学生也能围绕"遗传的物质基础"这一内容，发掘本节出现的概念（如遗传、染色体、DNA、基因等）间的内在联系，通过概念图、思维导图等形式，使学生能在更高的层次上、从整体上予以把握和理解概念的本质，形成知识体系。

又如在细节上，我们着力"概念理解"。如在学习"基因"这一概念时，教材只是给出这样的文字："DNA上有许多与遗传相关的片段。""不同的基因贮存着不同的遗传信息，也就是说生物表现出的不同特征是由不同的基因控制的。"显然，这样的简要描述比较抽象，为了让学生便于理解，我们使用了拼图的方法，即用卡通画的形式分别画出人的头发、眉毛、眼睛、鼻子、嘴巴各三种，并且在每一个特征的旁边都写出了其特定的碱基序列。操作时学生两个人一组，每一组都得到头发、眉毛、眼睛、鼻子、嘴巴各三种图片和一张空白脸的纸，学生根据自己的喜好进行选择，把选定的特征剪下来拼成一张卡通人物的脸，并在其左侧按照头发、眉毛、眼睛、鼻子、嘴巴的顺序把相应的碱基序列贴上。然后小组依次把画贴在黑板上进行比较。因为选的碱基序列不同，所以拼出的脸也不一样。学生惊奇地发现全班的卡通人物居然没有人拼得一样。为什么出现这样的结果呢？我请学生来计算这张脸的组合方式共有多少种，大家通过计算发现竟然有 3^5 即243种之多。其实这才涉及五个特征，人的形态、生理特征远不止如此，有成百上千种之多，都考虑在内的话又有多少种组合呢！此时，学生对于"基因是包含遗传信息的 DNA 片段，遗传性状是由基因控制的"的重要概念已深有感触并且深刻理解认同。

生物学概念是反映生物学本质属性及特征的形式，是构成生物学知识体系的重要组成部分，处于学科知识最为本质和中心的地位。我们在求学生涯中，会学习很多的生物学知识，可是随着时间的流逝，一些知识渐渐地被淡忘掉了，但总是有那么一些知识依然清晰地保存在我们的脑海之中，甚至伴随我们一生，这就是一些重要概念，如光合作用、呼吸作用、遗传与变异、生态系统等相关的知识。从某种意义上讲，凸显概念教学，帮助学生建构重要概念，对提高学生的生物科学素养，理解科学本质有着重要的意义。

二、学习科学方法——在教学中彰显探究理念

科学家进行科学认识的基本方式是探究活动，科学知识是科学家在探究基础上获得的。因此，学生进行学习活动的基本方式应该是探究活动，学生理解科学及其科学本质的学习活动也应该是科学探究活动。探究式学习是新课程改革大力提倡的学习方式，无论是《生物课程标准》（实验稿），还是2011年版《生物学课程标准》都将"倡导探究性学习"作为课程基本理念之一。所不同的是，后者更加关注科学探究与科学本质之间的关系，其中增加了这样的文字描述："生物科学不仅是众多事实和理论的汇总，也是一个不断探究的过程。科学探究既是科学家工作的基本方式，也是科学课程中重要的学习内容和有效的教学方式。本课程倡导探究性学习，力图改变学生的学习方式，帮助学生领悟科学的本质……"显然，通过探究活动，有助于学生真正理解生命科学的研究方法和本质，

并将对生命科学的理解和科学探究的经历内化为生物科学素养。

在课的总体设计上，探究理念是"根"。在《遗传的物质基础》一节中，教师将整节课置于一个大的探究背景下，让学生在探究理念的指引下，一步一步抽丝剥茧、层层深入地进行科学知识的学习，更为重要的是从中认识和学习科学方法。①科学探究的"提出问题"环节上。课开始，当学生明确了遗传的概念之后，提出本节课的核心问题——"遗传同生物的其他生命活动一样，也有其物质基础。那么它的物质基础又是什么呢？"②科学探究的"猜想假设、实证推理、得出结论"环节，其大体过程如下：在问题的驱动下，学生的学习活动迅速进入一种"探索"状态，开始探究的"旅程"。老师问："除病毒外，生物体基本的结构和功能单位是细胞，生命的奥秘也一定藏在细胞里。细胞的基本结构是细胞膜、细胞质和细胞核，那么，你认为细胞中与遗传有关的结构会是什么呢？"学生大胆猜测，之后通过分析"伞藻嫁接实验"和"克隆羊多莉"的诞生过程，得出细胞核是遗传的控制中心。于是，"探索"线索转向"探秘细胞核"；"那么，细胞核里又有什么呢？"在观察洋葱根尖的细胞分裂装片，找到了染色体后，探寻的目光继而转向"探秘染色体""染色体的组成又是怎样的呢？"通过化学成分分析得知，染色体包含蛋白质和 DNA。"那么遗传物质又会是谁呢？"科学家通过一系列实验，证明了 DNA 是主要的遗传物质。"那么 DNA 上又会有怎样的发现呢？"在对 DNA 的研究探索中找到了 DNA 上有许多与遗传相关的片段——基因，最终控制遗传的"秘密图纸"终于被找到了，那就是不同的基因贮存着不同的遗传信息，也就是说生物表现出的不同特征是由不同的基因控制的。

在课的细节处理上，探究活动是"本"。在学习"细胞核是遗传的控制中心"这一内容时，教师先是选取了教材上的伞藻嫁接实验作为素材，并做如下处理：借助多媒体动画，说明实验的基本处理方法，让学生大胆猜测可能的结果。通过问题情境的呈现，学生容易得出新长出的伞帽形状由基部的假根来决定，为什么由基部的假根来决定，学生也容易猜测到是因为假根中有细胞核。这时教师设问："在假根中不仅有细胞核，也有少量的细胞质，你能设计一个补充实验来进一步证明伞帽的形状是由假根中的细胞核决定的吗？"通过学生的讨论和教师的点拨，增加了一个核移植实验，即将其中一种伞藻的细胞核移植到去核去"帽"的另一种伞藻中，看其"帽"的形状。此时，这个实验不仅是对教材的一个很好的补充，更为重要的是将学生的思维进一步引向深入，在思维爬坡中让学生进一步深化对科学方法的学习，对科学本质的理解——"科学是格物致知的一种途径，其基本特点是以实证为判断尺度，以逻辑做论辩的武器，以怀疑作审视的出发点。"

德国哲学家叔本华曾说过："记录在纸上的思想就如同某人留在沙滩上的脚印，我们也许能看到他走过的路径，但若想知道他在路上看见了什么东西，就必须用自己的眼睛。"

探究学习是学生了解科学方法的重要过程，这是因为学生不可能简单地通过听教师讲授和自我记忆来真正理解和掌握科学方法。学生只有在参与探究的体验中，才能感悟科学方法，领会运用的精髓，从而更加深刻地认识和理解科学的本质和价值。

三、感悟科学精神——在教学中融合科学史实

科学作为人类的发明和思想方法，是人类文化的一个重要组成部分，也是一个不断发展和逐渐完善的事物。在其发生和发展的各个特定时期，都有许多科学家倾注大量精力，遭遇各种困境，经历无数失败，但又凭借着顽强毅力、聪明智慧和通力合作，才在科学的历史长卷中写下辉煌的一页。美国芝加哥大学教授、著名的生物学家、科学教育家施瓦布曾在BSCS的"教师手册"中写道："应提倡科学史，因为它关注的是人和事而不是概念本身……"我国普通高中生物课程标准中实施建议部分明确提出："注重生物科学史的学习。学习生物科学史能使学生沿着科学家探索生物世界的道路，理解科学的本质和科学研究的方法，学习科学家献身科学的精神。这对提高学生的科学素养是很有意义的"。显然，在生物教学中融合科学史实，不仅有助于学生理解生命科学知识和科学方法，还可以促使学生养成客观、创新、合作、质疑、坚忍不拔、积极进取等科学态度与精神。

例如，可以针对教材栏目完善生物史实。《遗传的物质基础》一节中，鲁版教材安排了栏目"相关链接"——DNA奥秘的揭示，其文字描述如下："1953年4月，在英国剑桥大学卡文迪什实验室里，美国科学家沃森和克里克，通过对DNA的X衍射照片进行研究，建立了DNA双螺旋结构模型，揭开了DNA的奥秘，使遗传学的研究进入到分子水平。两位科学家也因此获得了诺贝尔奖。"众所周知，DNA分子双螺旋结构的重大发现，可是说是生物学史上具有里程碑式意义的一项重大事件。我国著名的生物学家谈家桢指出："DNA分子双螺旋结构的发现，不仅是生物科学的重大突破，也是整个自然科学的辉煌成就，其意义足以同迄今已有的任何一次科学发现相媲美。"因此，抓住这一生物学历史事件，挖掘其中蕴藏的科学精神成为本节教学的一个亮点。

于是，我们对这一科学史实进行了相关完善，鉴于DNA双螺旋结构中很多生僻的专业术语超过初中学生的理解能力，此处主要针对科学家的团结协作、敢于创新的科学精神进行设计，补充了弗朗西丝·克里克、詹姆斯·沃森、莫里斯·威尔金丝、罗萨林·富兰克林等对DNA双螺旋结构的发现做出重大贡献的四位科学家的史料。又如，还可以针对教材知识点拓展生物史实。对于教材"DNA是主要的遗传物质"这一内容，我们抓住"主要"二字，对遗传物质的发现史进行简单补充，目的有二：一是展示DNA发现的科学历程，让学生感悟科学家的坚忍不拔、锲而不舍精神；二是让学生认识到科学的开放性，即科学

是无止境的，是一个承前启后的不断完善过程。据此，我们补充了"DNA 是主要的遗传物质的发现史"这一资料。因为初中学生知识水平和学习能力的限制，我们对有些事件只是提及而已（如肺炎双球菌的转化实验等），但当问到"从上述生物学史当中，你有何收获或是感受"时，学生普遍认为：生物学的发展，凝结了无数科学家艰苦的劳动，没有坚忍不拔的毅力和不畏艰险的精神是不可能取得成功的。

在课堂上再现科学发现历程，不仅让学生体会到科学发现的艰辛与幸福，更为重要的是，科学家实事求是、务实严谨、团结协作的科学精神和敢于质疑、勇于创新、坚忍不拔的科学品质已悄然浸润到学生的心灵深处，内化为自己生命的一部分。这一切，都极大地丰富了学生对科学本质的认识，学生心灵也得到了科学精神的点化和润泽。

提高学生的科学素养是科学教育的一个永恒目标，但是学生科学素养的养成，不是一朝一夕的事，而是一个长期的、系统的工程，需要教师在每节课上不间断地培养，让课堂的角角落落都散发出浓郁的科学味，让学生在过程中养成，在结果中体验，逐步领悟科学的本质。事实上，科学本质教育是多方面的，既要关注掌握科学知识，又要学习科学方法，还要注重涵养科学精神。归根到底，学生对科学本质的理解程度是衡量其科学素养的重要基准。如果我们能在教学中多思考、多探索科学本质的教育问题，并从学生的角度出发，探讨适合学生的科学本质观的培养策略，那么实现科学本质教育的本真意义也就为期不远了。

第三章 "做"出生物真味道

实验在整个生物学课堂教学中有着不可代替的作用，加强实验教学是提高教学质量的重要环节，也是评价教学质量的一个重要方面。生物学实验可以向学生提供生物界的感性认识，培养初中生学习生物学的基本技能和观察、分析综合运用生物学知识的能力，培养实事求是的科学态度，是培养学生科学素养、创新意识和实践能力的重要途径。所以，在生物教学中，要充分发挥实验的作用，"做"出生物真味道，对生物教学是至关重要的。

第一节 实验：生物学教学的基础

在当前的生物学教学中，很多师生只把生物实验课当作生物教学的"副产品"，甚至认为实验可有可无。其中，出境率较高的也就是显微镜的使用、观察洋葱表皮细胞和人口腔上皮细胞几个不得不做的实验。实验教学处于"讲得多做得少""教师在讲台上讲实验，学生在书本上背实验""看视频代替操作"的状态。即使做实验，教师也是要在学生动手前占用半节课的时间讲实验原理和步骤。为节约时间，能不让学生动手的尽量不让学生动手，这明显在暗示告诉学生："用到的仪器试剂都在台面上，你们按我的步骤依次'炒冷饭'。"学生呢，只把实验室当作"中药铺"，开始做实验了，就把步骤摆出来"照方子抓药"，操作上"不敢越雷池半步"。

针对这种现状，笔者认为，我们需要澄清以下观念：

一、实验性：中学生物学的基本属性

自然科学的创立和发展都离不开科学实验，这就决定了自然科学的各门课程都是以实验为基础和工具的学科。因此，作为自然科学课程一分子的生物科学，自然也就具有了实验性。实验教学除了具有巩固加深知识、技能训练及智能发展功能外，对人格特征的教育或养成同样具有重要作用。

（一）有利于理解或直接获取生物学知识

在实验中通过对实验的观察研究，能增加学生的感性认识，帮助学生巩固概念，深

化对原理、规律的理解，并且有利于学生掌握探究生物学知识的方法。如：学习《蝗虫》一节前，我布置给学生一个兴趣小实验，回家捉两只蝗虫，将甲蝗虫的头部浸入水中，而将乙蝗虫的腹部浸入水中，请仔细观察哪只蝗虫先死，并思考造成这种结果的原因。通过这个实验，将抽象的概念和原理等与生物体本身结合起来，学生很快就掌握和理解了知识，而且印象深刻，在观察能力和分析问题能力方面得到了锻炼。

（二）有利于培养学生生物学实验操作技能

生物实验在培养学生的动手操作能力方面具有课堂教学及其他教学形式无法代替的功能。学生实验能力（临时装片、徒手切片的制作，生物绘图技能，标本的采集、制作、鉴别等）的培养，这既是由生物学科的特点所决定，也是全面落实新课程改革目标，提高生物教学质量，激发学生对生物学科产生兴趣，实施素质教育的要求，而实验能力的一个重要方面就是学生实验操作能力。例如：在"观察植物细胞"的实验过程中，需要学生动手制作洋葱表皮细胞和黄瓜果肉细胞的临时装片，在这个过程中就要充分发挥学生的动手能力，需要学生胆大心细，还要有不气馁的精神。制作临时装片对学生来说可能一次不能做好，就须多做几次，明白怎样做才不会产生过多气泡，才不会使洋葱表皮重叠在一起，这些经验如果不通过动手操作是不会有深刻体会的。

实验教学的过程中，学生既形象生动地掌握了原来枯燥无味的理论知识，又培养了动手能力和创造能力，从而最大限度地发挥了实验教学的功能，在以后的实验中动手能力会明显提高。

（三）提高学生发现问题及理论联系实际的能力

爱因斯坦说过："提出一个问题比解决一个问题更加重要，因为后者仅仅是方法和实验过程，而提出一个问题则要找到问题的关键、要害。"发现问题是解决问题的起点，而且也是解决问题过程中的一种动力，在教学中要尽量鼓励学生积极开动脑筋，希望他们通过自己不懈的努力和辛勤的劳动去发现问题。如：观察根毛和根尖的结构时，学生先分别观察四个部分的外形及细胞特点，教师将课文讲授穿插于其中，当学生将实践上升到理论后，教师再次要求进一步观察，以发现四部分之间的动态联系：分生区既受根冠保护，又为伸长区和根冠源源不断地提供新细胞；伸长区的下部逐渐混同于分生区，其上部则趋向于成熟区。

（四）有利于树立信念、启迪思想

实验是形象和直观的，可以把生命现象活生生地揭示出来，能让学生看到平时看不到的生物微观世界，看到平时看不到的生理过程和生理现象，并且这些微观世界、生理过程和现象都是在自己的努力下亲自观察和体验到的，学生会十分兴奋和感兴趣，越有兴趣积极性则越高，积极性高就越具有克服困难的勇气。在实验探究中培养出不懈的进取精神，对现有知识的不满足，对已有结论的不轻信，富于好奇，善于幻想，勇于探索以及实事求是的态度，严谨细致的作风和坚忍不拔的意志等。如：在"生长素的发现"探究实验中，针对科学家做的切胚芽鞘尖端的实验，学生重复时马上提出：何为胚芽鞘尖端？为了搞清这个问题，学生提出了很多方案，在教师的引导下分析比较，选择了最佳方案：在胚芽鞘外画竖线后继续培养。经过多组实验结果的观察，发现尖端的实线依然很清晰，表明尖端没有伸长；尖端以下部位变为虚线，表明其已明显生长，然后联系数学、物理等知识通过"光影放大法"将实线部分尖端的长度测量了出来，其长度为 2mm，精确度可达 0.1 mm。这个实验的设计启迪了学生思维，是对经典实验的补充与完善。

（五）有利于培养吃苦精神、团队意识

生物学实验中，学生不仅要进行语言交流，还要写出各自的研究报告进行书面交流，每个学生都在小组活动中充分发挥自己的作用，并及时反省自己对小组活动有何贡献。如：做"探究酒精对水蚤心率的影响"实验时，先把实验设计或实验方案在生物学科小组中交流讨论，发挥学生之间的互助精神，形成探索生命奥秘的小集体，然后同学间相互合作，用不同浓度的酒精做实验，通过多组实验反复论证而得出结论，在这样的过程中，学生的吃苦精神和团队意识得到了很好的锻炼。

（六）有利于培养学生严谨的科学态度

培养学生严谨的科学态度主要有以下三方面：第一，培养学生重视生物学理论知识对实验的指导作用；第二，在实验中，做到一丝不苟、精益求精、严格按照规律操作，对实验现象和实验结果做科学的分析和解释；第三，要有实事求是的态度，一切从客观实际出发，如实地反映实验的真实情况，即使实验现象和结果与预期有出入，也不能随意臆造。

此外，通过生物学实验还能培养学生勤俭节约、爱护公物、讲究卫生以及提高学生的审美意识，养成良好的实验习惯。

二、生物实验是落实新课程理念的有效载体

实验教学既是一类探究活动，也是生物学教学的基本形式之一。《义务教育生物学课程标准》的内容标准部分列举的一些活动建议中，有相当部分都是实验。现列举如下：

内容标准活动建议

具体内容标准	活动建议
说出显微镜的基本构造和作用 使用显微镜和制作临时装片	用显微镜观察池塘水中的微小生物
说明单细胞生物可以独立完成生命活动	观察某种原生动物（例如草履虫）的取食、运动、趋性
举例说出水、温度、空气、光等是生物生存的环境条件	通过室外观察和室内实验，探究影响鼠妇（或蚯蚓等）分布的环境因素
举例说明生物和生物之间有密切的联系	在学校生物园或附近的小池塘、农田等环境中调查生物之间的关系
描述绿色植物的蒸腾作用	收集或实测不同植被环境中的大气湿度数据，并进行比较分析
阐明绿色植物的光合作用	探究光合作用的条件、原料和产物
描述绿色植物的呼吸作用	调查生产中利用植物光合作用和呼吸作用原理的有关措施
描述人体血液循环系统的组成	观察血涂片 模拟"血型鉴定"，有条件的学校观看血型鉴定的录像，理解血型与输血的关系
概述血液循环	观察小鱼尾鳍内血液流动现象
概述发生在肺部及组织细胞处的气体交换过程	验证人体呼出的气体中含有较多的二氧化碳
说明能量来自细胞中有机物的氧化分解	探究不同食物的热价
概述人体神经调节的基本方式	观察人或动物的某些反射活动，说明其意义
概述人体通过眼、耳等感觉器官获取信息	调查班级学生的近视率，分析其原因
举例说出动物的社会性行为	探究蚂蚁或其他动物的行为
举例说出昆虫的生殖和发育过程	饲养家蚕或其他昆虫。
描述鸟的生殖和发育过程	有条件的学校组织学生用自制的孵化箱孵化鸡卵，观察鸡卵孵化的全过程
举例说出发酵技术在食品制作中的作用	练习制作面酱或酸奶等发酵食品
运用适当的方法保存食品	探究食品保存的方法
概述安全用药的常识	收集家庭常备药品的标签，分析药品标签包含的信息
运用一些急救的方法	模拟练习人工呼吸或止血包扎 模拟练习老年突发性疾病（如心血管病）的急救

　　义务教育阶段生物学教材的编写均以本《标准》为依据，全面贯彻落实《标准》倡导的课程理念和课程目标，教材转变了学生的学习方式，有利于教师进行教学改革。济南版教材的编写恰恰遵循了《标准》的要求，体现了实验在生物教学中的重要性。

　　教学中让学生在做中学，在学中做，是生物教材在课程设置上"以生为本"课程价值观的突出体现。以济南版生物学教材为例，四册教材中编排了大量的作为生物教学内容重要组成部分的学生实验、学生活动等内容，仅学生实验、演示实验、探究活动、调查活动，应用与实践栏目就有90个。其中学生实验、演示实验、探究活动部分要在课堂上完成，应用与实践，调查活动等可安排学生在课下完成，这些栏目的编排对于全面提高学生生物科学素养，开展探究性学习提供了丰富的操作素材，也为学生理解、掌握和巩固知识，以及学科知识的进一步深化、延伸和拓展提供了依据，对提高学生实践能力，培养学生创新精神，引导广大教师自觉落实新课程理念也有着重要意义。

济南版初中生物学实验分类表

实验类型	实验题目	
学生实验	1. 练习使用显微镜。 2. 观察动植物细胞的结构。 3. 观察草履虫的生命活动。 4. 光照对黄粉虫幼虫的影响。 5. 观察水绵。 6. 观察植物的蒸腾现象。 7. 观察叶片的结构。 8. 绿叶在光下制造淀粉。 9. 二氧化碳是光合作用的原料。 10. 观察蝗虫。 11. 观察鲫鱼的形态结构。 12. 观察家鸽。 13. 观察动物的绕道取食行为。 14. 观察细菌的形态。 15. 观察酵母菌和霉菌。	16. 比较不同果蔬中维生素C的含量。 17. 口腔对淀粉的消化作用。 18. 人体呼吸产生二氧化碳。 19. 观察人血的永久涂片。 20. 观察血液的流动。 21. 观察心脏的结构。 22. 脉搏与运动的关系。 23. 观察膝跳反射。 24. 观察花的结构。 25. 观察种子的结构。 26. 探究种子萌发的条件。 27. 观察枝芽的结构。 28. 观察鸡蛋的结构。 29. 探究生男生女的比例。 30. 探究食品腐败的原因。

演示实验	1. 蚯蚓对土壤的翻耕。 2. 光合作用产生氧气。 3. 观察种子的呼吸现象。 4. 观察关节的结构。 5. 胆汁对脂肪的作用。 6. 模拟呼吸运动。	7. 观察加入抗凝剂的血液。 8. 观察肾的结构。 9. 模拟眼球的成像原理。 10. 观察种子萌发的过程。 11. 植物的生活需要无机盐。
补充实验	1. 调查校园内的种子植物。 2. 观察鸡的行为。 3. 调查当地动物的养殖情况。 4 调查当地食用菌的地。 5. 调查水质污染对人体健康的影响。 6. 设计置备家庭小药箱。 7. 探究果实发育过程中体积的变化。	8. 测定种子的发芽率。 9. 探究根长长的主要部位。 10. 茎的扦插。 11. 探究果蝇的发育过程。 12. 探究虾与蟹的亲缘关系。 13. 调查当地生物资源及其利用状况。 14. 制作酸奶需要的条件。

三、生物实验是生物教学的有效手段

新课程理念下的实验教学体现的是"学为主体,教为主导",学生获取知识过程的实质,应该是在教师的引导下,主动获取生成的。新课程理念下的生物实验教学突出了过程和方法,增加学生参与实验全过程的活动。

(一)学生实验——让学生全员参与实验的直接手段

新课程理念下的生物实验教学从准备阶段,就要让学生进入角色,让他们积极参与实验设计、实验准备,并通过实验操作和亲自观察、分析解决问题,获得直接经验。这样的实验,不但培养和提高了学生的实验设计、操作、观察分析解决问题的能力,而且这种经验和能力与所学的知识结合起来,就形成了比较完整的、牢固的知识体系及应用生物知识解释生命现象、指导生活实际的能力,也培养了学生严谨的、实事求是的科学态度及创新精神。

如"绿色植物的光合作用"内容在课程设置上由三个活动组成:一个学生实验(绿叶在光下制造淀粉);一个演示实验(光合作用产生氧气);还有一个探究活动(二氧化碳是光合作用的原料)。三个活动的顺利完成就成了教学成功的关键,我们是这样做的:①提前两天的下午放学前,把各班的课代表集中起来,跟老师一起把盆栽天竺葵放到黑暗处,进行暗处理。为什么要这样做？老师不说，而是让学生带着疑惑回去看书寻找答案，并要求学生第二天不但要说出原因，还要告诉老师下一步的操作步骤和为什么要这样做。②一昼夜后，也就是上课前一天的下午放学后，（估计叶片中的淀粉已经运走耗尽）再请这些同学来，除了回答老师的问题外，还要学生按课本要求将部分叶片进行遮光处理。（学生们回答了我的问题，对叶片进行遮光处理做得也很认真、到位，有的还把遮光用的黑油光纸剪成不同形状）。③遮光处理完后，我再和学生一起把天竺葵放到灯光下，这样做为的是，使天竺葵尽早开始光合作用，以提高实验成功的概率，因为这个实验成功的关键是要学生亲眼看到有淀粉产生。在师生共同参与下，"绿叶在光下制造淀粉"的实验装置就准备到位了。为保证实验成功要让光照从当晚一直延续到第二天上课。

这堂课，让学生在参与实验的过程中，集动手、动脑、动口、动眼、动耳及亲身体验为一体，其观察能力、探究能力，分析问题、解决问题的思维能力，以及动手操作技能都能得到锻炼与提高，并体现了新课标提出的自主、合作、探究三大学习方式。实验优化了教学过程，使知识的生成更自然，提高了教学效果。学生直接参与下的实验教学，师生双方思维的有效碰撞使学生的思维品质和思维能力也得到锻炼和优化。

（二）演示实验 —— 生物教学中不可缺少的直观教学手段

演示实验是中学生物教学中不可缺少的直观教学手段之一。通过演示实验教师可以更为形象地解释生物学概念、现象和规律，可以培养学生的观察力、注意力和思维能力，有效帮助学生形成生物学概念，进一步掌握生物学知识。另外，通过演示实验，还可以使学生认识各种实验仪器并学习正确、规范的使用方法，在以后的学生实验中，能够独立、高质量地完成各个实验。在生物教学过程中，教师应利用每个演示实验，贯穿在整个课堂教学中，使学生在轻松、愉悦的氛围中掌握生物学知识和生物实验技能，培养并提高自己的观察能力、思维能力、分析问题和解决问题的能力，激发自身的创新潜能。

在初中阶段所涉及的演示实验一般都比较简单，可塑性较强。在教学过程中根据课堂演示实验内容的特点不同，教学方式可做相应的改变。演示实验可分为三类：

一是验证式演示实验 —— 先授课后实验。例如，学习"光合作用产生氧气"时，教师可先列举一些生活实例，启发学生思考、讨论为什么在绿树成荫的环境中会感到空气特别新鲜？为什么要大力提倡植树造林？在学生思考、讨论并获得一定知识的基础上教师再通过演示实验，一一加以验证。学生的生活经验中知道绿色植物的光合作用能释放出氧气，但只有所闻，未有所见。通过当堂演示，学生发现植物的光合作用确实有氧气产生，会为之一震。通过这个现象，学生不但能够亲眼所见，而且还能够从感性认识上升到理性认识，满足了学生的好奇心，在认识到自身知识的局限性的同时又引起了探究欲望。这个实验成功率不是很高，关键是金鱼藻释放氧气比较慢，待氧气充满玻璃管 1/2 以上效果才明显，我的做法是提前准备，上课前先在灯光下照射一夜直到上课。实验材料金鱼藻找不到可以用刚毛藻代替，效果不错。

二是同步式演示实验——边授课边实验。如在"模拟呼吸运动"的教学过程中，教师可利用演示模型，边演示边进行讲解。这样，可使学生直观、形象和深刻地掌握呼吸过程中肋间肌收缩和舒张时胸骨和肋骨的运动方向和胸廓容积发生的变化；膈肌收缩和舒张时引起肺容积的变化。这个演示实验模型比较好制作，而且在"模拟呼吸运动"的教学过程中能起到事半功倍的效果，演示过程中让学生用自身呼吸体验配合效果更好。"观察关节的结构""胆汁对脂肪的作用""观察加入抗凝剂的血液""观察肾的结构""眼球成像的原理"都可以边授课边实验。

三是探索式演示实验——先实验后讲授。如"观察种子的呼吸现象"这个实验周期比较长，不能当堂完成，而且有一定难度。为了确保实验的真实有效性，通常做好以下准备：①要提前准备好，种子要萌发，时间要长些，至少提前一天，保证实验组二氧化碳充足，这是关键。②所用的广口瓶不能太小，瓶盖要严，孔打得要合适，黄豆也不能太少。③实验组至少要多准备两套，一套课前检测用，看是否出现预期效果，另一套备用。④上课时要把甲、乙、丙、丁四套装置跟学生讲清楚，哪两份是煮熟的黄豆种子，哪两份是未煮的。把实验的细节在实践中反复推敲，以期达到最佳效果。

（三）探究活动——学生进行科学探究的必要手段

探究活动的设置更多地关注了如何引导学生发现问题、提出问题、自主探究问题。教材的探究活动所探究的问题的性质并不复杂，结论也是容易获得的；目的不仅在于帮助学生学习和掌握知识，更重要的是让学生在体验科学探究的一般过程中，逐步提高自己的生物科学素养。教学过程中我们可以发现每一个探究活动在培养学生基本技能上都有不同的侧重点，如七年级下册的几个探究活动："比较不同果蔬中维生素 C 的含量"和"探究不同食物的热价"重在取样和检测；"探究影响肺活量的因素"重在数据的收集、整理和解读；"探究酒精对水蚤心率的影响"需要通过实验收集证据，重点在如何控制变量；"探究种子萌发的条件"和"探究根长长的主要部位"重点在设计对照实验上；"探究脉搏与运动的关系"是要求学生体验科学探究的一般过程；"探究水体污染对生物的影响"与前面的不同，没有给出具体的方案，重点就在让学生自行设计探究活动的方案。所以在具体到某一个探究活动时，必须认真把握它要达到的目标，明确教学的重点。

探究活动的目的并不在于得到全班学生统一的结果，而重在使学生真正参与探究过程，在实践中获得具体的经验体会，让学生懂得科学的探究方法，培养严谨的科学态度，让他们的创新意识得到发挥，这可以让学生受益终身。

（四）应用与实践和调查活动 —— 知识的拓展延伸和应用的根本手段

应用与实践和调查活动主要是一些实践活动（观察、调查、探究等），以使学生进一步加深对知识的理解，以期有所创新。这样使教材在一定的程度上就成了一个开放的体系，对教与学都是开放的，具有很强的可塑性和选择性。调查活动和应用与实践体现了"学以致用"的学习理念，这里的实践是有目的的实践，是用以理解、巩固所学生物学知识的实践，是避免学生学死书、背死书的实践，也是学生获取知识，习得能力的一个重要环节，也是学生课堂所学知识的延续、延伸、拓展，是巩固、理解课堂上所学生物知识的一种方法、技巧，是学生必须具备的另一种能力即运用能力。如：在学生已有叶绿素的形成与光照有关的知识后，提出：七色光对叶绿素的形成影响一样吗？经过论证，我们要求每个班级准备七颗大白菜，剥去大白菜的外部层层叶片，保留部分心叶。在合适的器物中注入水，作为白菜心的水培容器，分别用不同颜色的塑料袋将白菜心罩起来，放在教室明净的玻璃窗前，接受日光浴。要求学生每天更换一次自来水，观察白菜心的变化并做好记录，最后在年级中进行结果交流。随后，两个多月的培养过程中，同学们除了得出"不同颜色的光对叶绿素的形成影响不同"的结论，通过观察、思考，还解决了很多问题。如：白菜的生长需要水和矿物质营养；再生不定根体现了细胞的全能性；一枝独秀是顶端优势，解除生长素过高被抑制的多个侧芽得以生长；每天换水可以更新营养，利于根有氧呼吸防止腐烂；花茎上的叶片与大白菜叶形状不同，而两种类型的叶片其遗传物质相同，这体现了表现型是基因型和环境条件共同决定的；弱小的角果中没有种子说明种子的形成可促进果实发育；营养不良及授粉不好导致种子数量少且不饱满；白菜的生命周期包括两个阶段，夏季播种到秋天收获大白菜为营养生长阶段，经过冬季休眠，春天开花结果为生殖生长阶段；等等。

四、教师应具备较强的实验指导能力

生物学是一门以实验为基础的科学，没有观察与实验就没有生物学可言。许多生物现象只能通过实验才能得到解释，各种生物体的结构必须通过实验才能观察清楚，生物学的理论也是人们通过实验总结出来的，所以实验教学在生物教学中占有非常重要的地位。生物学教师只有掌握了实验技能，才能够较好地演示实验，指导学生实验，调动学生学习的兴趣和进行意义构建的积极性，也才能真正培养学生的动手能力和创造性思维，无论是验证性的还是探究性的实验，如果能够很好地把握"指"与"导"的力度，一定能在实验教学时张弛有度、游刃有余。

（一）"指"有基础性，"导"有吸引力

帮助学生复习好与实验有关的基础知识是每次实验之前的铺垫，为顺利进行实验创造有利的条件。而所复习的知识内容不宜面面俱到，应平中见奇、快速切入与本实验有关的知识，直接触及实验的实际需求。如"观察细胞的基本结构"实验中，在课始复习提问一下有关动植物细胞的结构组成及各组成成分的结构特点和相应的功能情况，以便使实验教学顺利进行。巧设导语，可有效地吸引学生的注意力，激起其内心的求知欲，营造积极探索学习的氛围。如"练习使用显微镜"的实验中，在课开始即可联系生活实际巧设提问：①肉眼无法观察到的物体而用显微镜能观察到，为什么？②显微镜所用的材料为什么必须是薄而透明的？③你使用和操作过显微镜吗？短短几个问题可引发起学生强烈的探究兴趣，使其做起实验来就格外认真、仔细。

（二）"指"有全体性，"导"有鼓动力

教是主导、学是主体，应贯穿在整个实验教学过程中，这就需要充分地调动起学生的学习积极性和主动性，使其最大限度地动手、动口和动脑，主动地参与到实验的探究活动中来。如"绿叶在光下制造淀粉"的实验，在实验教学安排上，从叶片的暗处理到遮光处理，从叶片的脱色到滴加碘液的观察都可在教师的指导下让学生自己独立或协作完成，以此来训练学生的动手操作能力和协作精神。在实验完成后，可就一些现象及操作步骤提出疑问让学生进行分析回答，以此来培养学生的思考能力和解决问题的能力。大多数的实验内容枯燥乏味，过程复杂多变，目的及要求又有一定难度，容易使学生产生望而生畏的厌学心理。针对这种现象，教师应着力做好"疏导"工作，抓住要点变"难学"为"易学"，促进整个实验教学的顺利开展。

（三）"指"有灵活性，"导"有多角度

许多学生在实验过程中，特别是对于难度较大的实验，往往机械地"照方抓药"，忙得不亦乐乎；但由于对现象的观察不详细，对结果的分析和总结不透彻，得不到满意的结果或结论。对此，教师应避虚就实，根据实验特点和学生实际，适当地把实验步骤化繁为简，分出若干小问题，层层递进，从而引导学生去发现问题和新知，总结规律，获得真知，变"死学"为"活学"。如："观察小肠绒毛"实验，为了加强学生对实验的理解，可设计如下的问题：①小肠的内壁是否光滑？②这样的结构有什么好处？③食物必须在消化液的作用下完成消化，小肠内有哪些消化液？等等。实验现象的分析与探索，实验结论的归纳与总结是实验教学的重要组成部分，教师应从多角度出发进行导"思"导"疑"。"疑"的提出既要有"质"的体现，又要有"量"的要求。并且"疑"的设置应多元化地切入实

验教学的重点、难点和疑点，组织学生在短时间内去分析、讨论和操作，以获得较多的技能。

五、上好第一节实验课

好的开端是成功的一半，学生的第一次实验课，我们要给予足够的重视。上好这节实验课，对我们以后的课堂教学和实验教学，对学生以后乃至整个生物课的学习都是至关重要的。为此，我们应做好充分的准备。

首先，实验开始强调制度。学生一进实验室就对各种实验材料感到好奇，往往东摸摸、西看看，不注意爱护仪器，经常会损坏仪器（虽然不是故意的）。因此，组织学生学习实验室规则和管理制度，使学生从一开始就养成遵守实验纪律的习惯。实验前要确定实验分组名单及组长，实验组长负责具体组织实验、管理实验用具等工作。强调不许大声喧哗和打闹，不能乱走动，对显微镜不能用手摸目镜、物镜等，这些良好的实验习惯，是保证实验有序进行、防止失误和事故的前提条件。

其次，实验过程注意管理。实验课是培养学生的观察能力、动手能力、探究能力和创造性思维的大舞台。为了让学生扎扎实实地掌握实验操作技能，指导学生实验时，既要面面俱到，事无巨细进行指导，同时，又要切忌包办代替，在尊重学生主体地位的同时，充分发挥教师的引导作用，端正他们的科学实验态度。在实验过程中，有时需要等一段时间，此时教师可预先准备一些相关的题目，如：显微镜能观察手指吗？镜筒下降时双眼为什么要看物镜，而不去看目镜？等等，请学生思考，以免学生无所事事，在实验室里走来走去，造成混乱。

第三，实验结束重在验收。实验结束后，教师要对全班学生的实验情况进行简单总结，对做得好的给予表扬，不足的要指出。布置学生清理实验用过的仪器和材料并清洗干净放回原处，过程中要细心，以免损坏仪器或伤到自己。每小组还要检查器材是否有损坏、缺少等，发现损坏、缺少的应及时报告给老师。要求学生客观地完成实验报告，实验报告是学生实验的真实记录，是实验作业的重要组成部分，要求学生认真做好每一个报告中的每一个题目，如实反映实验情况，不得照抄课本实验指导。若实验失败或现象不明显，应该把实际情况记录下来，找出原因后再重做、补做，并予以更正，如果实验仍没有成功，则应该在实验报告中分析失败原因，杜绝弄虚作假，以培养学生严谨认真、实事求是的科学态度。

当学生发现书本知识在生活中的呈现是那么鲜活、生动、有趣的时候；当学生发现他们也可以做科学研究的时候；虽然都是一些简单的试验，但埋在学生心中学科学、做科学研究的"星星之火"你怎么知道不会燎原！"路漫漫其修远兮，吾将上下而求索。"在实验教学的路上铿锵行走，"做"出生物真味道！

第二节 智慧在手指尖上

瑞士心理学家皮亚杰说："知识的本身就是活动，动作和思维密不可分。"学生最能理解的是自己双手实践的东西，恰当的动手活动，能变隐为显，化静为动，丰富学生的感性认识，充分体验知识的发生、发展的动态过程，促进学生思维的发展，提高学生主动学习的自觉性和深刻性。教学中让学生在做中学，在学中做，是生物教材在课程设置上"以生为本课程价值观"的突出体现。

一、材料搜集"全动手"

苏霍姆林斯基对学生的心理发展规律做出这样的结论："在人的心灵深处，都有一种根深蒂固的需要，这就是希望感到自己是一个发现者、研究者、探索者，而在儿童的精神世界里，这种需要则特别强烈。"

"光对鼠妇生活的影响"这个探究实验是初中学生所遇到的第一个探究性学习活动，通过这个探究性活动可以使理论性很强的科学探究过程具体化、形象化，让学生体验科学探究的基本过程。从培养学生的能力出发，教师应积极提供机会让学生亲自尝试和实践，并将科学探究的内容标准尽可能渗透到教学活动中。为此，我们从实验的材料收集开始，鼓励学生自己采集鼠妇，并注意观察鼠妇的生活环境及鼠妇被捉时的行为变化。这样，既调动了学生的积极性和主动性，解决了实验材料问题，更让学生亲身体验鼠妇的生活环境，为学生提出可以探究的问题奠定良好的基础。课前我发现每个小组的同学都带来了所采集到的鼠妇，有的装在纸盒里，有的装在饮料瓶里，有的装在玻璃瓶里，同学们相互询问采集的地点，好不热闹。上课后我让学生说说自己在哪里采集到的鼠妇，其生活的环境有什么特点。学生踊跃发言，有的在花盆下面，地下很潮湿；有的在潮湿的砖块和石头下面；有的在一堆潮湿的杂草下边；通过归纳，学生明确了鼠妇生活环境的共同特点是阴暗、潮湿。于是，学生顺利地做出了实验假设：影响鼠妇生活的环境因素可能是光照、水分、温度等。这样的教学环节设计，体现了以人为本，让学生享受探究的过程，让学生体验探究的乐趣，大大激发了学生的学习兴趣。

二、发现问题"敢动手"

课堂上学生学习是不经预约的，应该是学生与教师思维碰撞的动态过程，在这一过程中，会有许多意外与惊喜。作为课堂组织者的教师要努力在教学进程中，充分发挥教学机智，捕捉动态生成的良机，让课堂更精彩、更充实、更丰富。有一个班在探索出鼠妇适于生活在阴暗、潮湿的环境后，同学们体验到了探究的乐趣，脸上流露出成功的笑容，可是，我发现有一名平时爱动脑筋的男同学却皱着眉头，手欲举又止。有什么疑问吗？我鼓励他大胆提出来，他提到既然鼠妇喜欢"黑暗和潮湿"，不喜欢"光亮和干燥"，那么黑暗和潮湿中鼠妇更喜欢哪一个呢？光亮和干燥中鼠妇更不喜欢哪一个呢？问题一提出，同学们表现出了极大的探索兴趣。这是备课中没有想到的，何不利用这一突发事件，使教学过程迸发预料之外的火花呢？我让学生进行讨论。同学们发挥集体的智慧，大胆设计了光亮潮湿和黑暗干燥的对照实验，最后发现鼠妇爬到了"黑暗干燥"的环境中。

还有一个班级在这节实验课上共分成 10 个实验小组，到实验结束回报探究结果时，却只有一半同学如期完成了实验，另外 5 个小组没有得出与实验假设一致的结果。从他们的表情中，我知道他们有着不同的收获和体会，于是，我启发他们思考实验的情况，和其他同学进行交流。原来有的小组过分刺激鼠妇，鼠妇卷成了一个小球，影响了它的活动；有的小组向盒子里洒水，发现鼠妇"怕水"到处乱爬；还有的同学为了防止鼠妇从盒子里爬出来，在盒子盖上横着竖着粘上透明胶带，鼠妇爬上来时被粘住，取下鼠妇时大都受伤，故实验没有成功。通过反思，同学们认识到实验要细心严谨，设计周全，科学不能有半点马虎，表示课后要对实验进行改进，重新完成探究活动。

所以，老师在指导学生进行探究性实验的过程中，注意学生发散思维和集中思维能力的培养，使学生逐步养成创新思维习惯，对实验中出现的问题、现象、失败的原因要尽可能考虑细致，尽可能多设疑，以激发学生思维。有时，实验不一定会取得令人满意的结果（甚至教师可以有意设置障碍造成实验不易取得预期的成效），更要鼓励学生通过讨论，分析实验中出现的现象，并通过思考敢于动手找出解决问题的方法。尽管这些小组没有成功，但他们如实分析实验原因，找出实验应注意的问题，有利于全班同学吸取教训；他们积极主动地动手操作，仔细观察分析发现问题，培养了创新精神和实践能力，也可以说是另一种意义上的成功。

三、生活实践"勤动手"

初中生物学科的实验教学面临最大的问题就是探究实验的时效性和生成性。新课程标准下八年级的 21 项探究实验大部分在课堂内很难完成探究任务。探究时间短、易操作的生物探究实验在课堂上可以完成，而探究实验用时较长的实验（比如探究植物根尖的生长），教师就只能"讲"实验或者是放弃了。学生动手实验的操作能力不仅得不到培养，还完不成初中生物实验的新课程目标要求。

为此，我在立足于初中生物新课标和教科书的基础之上，倡导学生建立家庭"小小实验角"，向全体学生发起"人人动手做实验"活动。组织学生在家里利用闲暇时间对生物进行观察、实验、调查研究、如实记录实验结果、独立完成实验探究活动。小小实验角，施展大舞台，把科学探究当成一种生活习惯。如：每当学到绿色植物的一生的时候，我就会事先和每个班中的学生设计方案，以小组为单位在实验室或家中种植、培养实验材料。通过培养实验材料，可以在家中完成本章的多个实验。其中一个班的设计为：提前15天在培养皿中种一些水稻（水稻比较适应水培），提前7天再种第二次水稻，提前5天种植水稻和黄豆（透明容器中），提前3天再种一次。用途一：提前15天播种的设置好用蒸馏水和土壤浸出液的对比，可以直观地观察到无机盐在植物生长过程中的作用。用途二：提前7天播种的用矿泉水瓶倾斜来培养，用来完成实验"探究幼根的生长"。用途三：提前5天播种的可用来比较单双子叶萌发时子叶出土情况的不同。用途四：提前3天播种的种子数目要精确，随机抽取以最少100粒为单位，用来测算种子的发芽率。用途五：在水稻的幼苗上套一个透明的塑料袋，可观察植物的蒸腾作用。用途六：在培养水稻幼苗时，让几个培养皿的幼苗不见光，来探究叶绿素形成的条件。这样充分利用家庭实验角，可完成连续几个在课堂中不能完成的生物实验探究任务，成功地拓展出课堂以外的生物"实验新空间"。

四、模型制作"巧动手"

苏联教育家苏霍姆林斯基曾经说过："儿童的智慧在他的手指尖上。"意思是说，儿童多动手操作会促进智力的发展。俗话说：心灵手巧。训练手就是训练脑，"十指连心"，手巧才会心灵。生物学作为一门自然学科，不能仅靠教师的讲解，学生的死记硬背及大量枯燥的练习，这样会使学生产生对生物这门学科学习的厌恶感。而通过学生自制生物模型，可以提高学生之间的相互协作能力，深入课程内容，让学生对所学的生物结构和过程有直观的感受，促使他们对知识比较全面、深刻的掌握和理解。

为此，我们设计了许多制作活动，如：细胞模型、人体骨骼模型、耳模型、骨骼肌在运动中的协调作用的模型制作等。学生自制生物模型所用材料都是生活中一些常见的物品或一些废弃物，对这些废旧物品的"再创造"，培养了学生变废为宝、节约能源、爱护环境、热爱自然、关心社会的可持续发展的科学素养，让学生在自制生物模型的过程中自然而然地感受到爱护环境就在身边。而利用废弃材料所做出的生物模型与商品教具相比，科学性并不逊色，且具有更强的实用性。

在学习细胞分裂时，一组学生用一次性纸杯成功展示了细胞分裂过程：拿两个一次性纸杯，把两个纸杯套在一起，复制完成；分裂过程就是把两个复制好的纸杯分开。纸杯最大的好处是可以在纸杯内外画上染色体。这个方法在课堂上可操作性很强，主要是因为材料好准备，只需一次性纸杯、剪刀、圆珠笔。所以在其他班级推广，整个过程学生可以一边讨论，一边绘制染色体，一边剪剪拼拼，比较容易引起学习兴趣，而且看得见、摸得着。在学习呼吸运动时，学生剪去底部的饮料瓶来代替无底的广口瓶、剪去上半截的气球来代替橡皮膜，再用橡皮泥来代替橡皮塞，制作呼吸运动模型，模拟胸廓的变化与呼吸的关系，解决了无底的广口瓶和橡皮膜不易寻找的难题，同样可以取得较好的效果。

自制生物模型涵盖了学生很大的创造因素，它在设计、取材、局部结构等方面都渗透着学生的智慧，体现了学生的创造性。自制模型由于取材容易，制作简单，有利于消除学生在探究中的神秘感，学生的创作不再满足对书本上模型的"欣赏"和"照搬"，而是"品头论足"甚至"百般挑剔"，从而点燃了创作的欲望。

俗话说："眼过百遍，不如手做一遍。"手脑并用，有利于培养学生的实际操作能力和学生智力的发展，也是他们今后从事生产劳动、技术革新和科学研究等所必须具备的能力。

第三节　创新：让实验更具魅力

目前的初中生物实验教学的现状确实堪忧，仔细分析起来，也有一些不得已的原因，如在实验时间安排上和当地物候相异，实验材料不易取得；有些实验费时较长，短期内无法观察到明显的实验结果；还有些实验由于诸多因素影响效果也不明显；也有一些实验本可以利用前面实验的结果或产物，但教材却设计成许多独立的实验，既费时费力又费物。这就要求我们结合实际，想方设法，开动脑筋，创造性地开展生物实验，改进初中生物实验教学工作，使生物实验教学能发挥其正常功能，促进学生发展。

在实验中我注意引导学生根据本地实际情况，探究、发现新的实验材料，尝试探究新的实验方法，改进实验装置，变更实验原理，扩展实验视角，拓展实验内容等，从多方面展示实验的魅力，从而更好地开展生物教学。

一、丰富实验材料

实验离不开实验材料，实验材料的恰当选择是实验成功的关键，书中给出的材料当然是经典的，但在多年的教学过程中，我通过探索，努力去寻找采集起来更方便、实验效果更明显的实验材料，不断提高实验教学质量。

（一）实验材料的创新利用

在"观察叶片的结构"这个实验中，需要观察叶片表皮的气孔，教材提示用蚕豆叶片，按照教材的编排顺序，讲到该部分内容时，北方进入秋冬季节，豆科植物大多已收获，需要进行专门培养，加上豆科植物的叶片较薄不易撕取，学生操作起来不方便，也看不清气孔，实验效果不太理想。我经过长期探索、比较，发现大青叶这种植物叶片较厚，在撕取表皮时比较容易操作，并且表皮的厚度较大，表面有一层透明的角质层，撕取下的表皮厚度比较均匀，便于观察。大青叶可在室内盆栽，材料易得。另外，用鸭跖草叶片观察气孔的开闭，效果也非常好。鸭跖草为一年生草本植物，多生阴湿地区，我国各地都有分布，材料易得；因叶片薄，可在光学显微镜下直接观察正常生理条件下气孔的开闭情况。具体做法是：将采回的鸭跖草先放在盛水的杯内，放在阳光下，模拟自然条件的情况。剪取一张叶片，将其剪成两半，半张放于阳光下使其失水，另半张马上用来观察气孔的张开状况以及保卫细胞的形态。然后再换用失水后的另半张叶片来观察气孔关闭的状况。在秋冬季节，用小麦幼苗的叶片来观察气孔，也是不错的选择。好处是不用撕去表皮，直接将叶片放显微镜下就可以观察到清晰的由哑铃形保卫细胞构成的气孔。

（二）实验材料的补充途径

许多实验材料，就在我们的身边，因地制宜结合实际，用心去收集还是非常丰富的，通过多种途径来丰富实验材料，周围的花花草草、人人事事，皆可成为我们进行教学的实验材料，处处留心皆资源。

自己培养：一般有草履虫、小鱼、蝌蚪、青霉、酵母菌、水培富贵竹（观察不定根）等。如：草履虫是一种单细胞动物，是中学生物实验教学中常用的实验材料。目前大多采用稻草培养液，用稻草培养草履虫效果好、成本低、操作简单。但对于非产稻区来说，则不宜取材。笔者通过实验发现用杂草这种随处可见的、免费的材料来培养草履虫，效果也非常好。具体做法是：到清澈的河流中取半桶水，然后在公园的草地上、花池中或者是田野的草坡上收集一些枯黄的杂草，把杂草放在清水中洗干净后，放入装有河水的水桶中，再把水桶放在温暖且有光照的地方培养15天左右即有大量的草履虫产生。

市场购买：如洋葱鳞茎、西红柿、菠菜、小鱼、黄粉虫、水蚤、哺乳动物心脏、肾脏等；收集如鸡血、鸡嗉囊、腺胃、肌胃等。利用学校生物园，带领学生种植季节性蔬菜、花卉（如芹菜、萝卜、菠菜、蚕豆、玉米、小麦、含羞草、蕨菜等），还可以种植葡萄、月季等营养繁殖材料。发挥学生的能力，自带萝卜、马铃薯、树叶、小麦种子、花生等。

网上购买：随着互联网的发展，网上购物成为生活的时尚，利用网上探索简便快捷的特点，可以探索全国范围内的可能材料，打破地域的界限，实现实验材料的共享。

（三）单一材料的梯级利用

有的实验材料不仅可以满足一个实验的使用，利用其生长的连续性，可以发挥其更大的作用。在探究种子萌发的条件时，提前把小麦种子、脱脂棉和试管发给大家，引导他们自主设计实验步骤，用试管、清水和脱脂棉在家进行种子萌发条件的实验探究。上课时大家把各自的探究结果向全班汇报，最后达成共识。当然，我们的实验目的远不止如此，在培育幼苗的过程中，当小麦苗的第一片真叶长到 5 ~ 7 厘米高时，将萌发的小麦种子冲洗干净，分别咀嚼几粒萌发的小麦种子和干燥的小麦种子，立刻会感觉到萌发的小麦种子有很明显的甜味，干燥的小麦种子没有甜味，有干淀粉的味道。我还引导学生注意观察种子萌发的详细过程，种子萌发成幼苗时形成的根可供学生进行实验"观察根毛和根尖"时使用，用肉眼和放大镜对着光线可清晰地看到试管内浸没在清水中小麦种子的幼根白色"绒毛"区域，即小麦的根毛，用来辨认根尖的根冠、分生区、伸长区和成熟区。

二、改进实验装置

在某些实验中，实验用具难于寻找或过于复杂，不利于实验的观察，实验效果也不理想，利用生活中随处可见的废弃物改进实验装置，材料易得，制作简单，适宜学生实验。因此，对实验装置可适当调整和改进。

验证"绿色植物呼吸作用"是鲁教版《生物学》七年级上册的一个重要演示实验。该实验分 3 套装置进行，所用器材多，操作繁杂，成本高，许多师生对此实验的准备工作和操作深感头痛，导致本实验的实际开出率大大降低，学生理解起来困难。经过多次实验和改进，我设计了一套装置可以完成 3 个实验，效果非常好。材料有矿泉水瓶、输液器和泡沫塑料盒。具体制作方法是：在瓶盖上打两个孔（一孔插输液器的粗针头，一孔插温度计），用橡皮泥封好；把输液器排气的那一小段折一下，用夹子夹住，以防漏气，根据需要截去一段输液管，关好双头输液器上的开关；把萌发和煮熟的菜豆种子分别放入瓶中后密封保存，如果室温较低，可用泡沫盒套在瓶身保温。实验操作时，①观察两瓶中的温度计读数，即可得出"种子呼吸作用释放热量"的结论；②将澄清的石灰水倒入小烧杯，将输液器的另一端放入澄清石灰水中，然后逐一打开开关用手挤压矿泉水瓶，观察石灰水发生的变化，可知"种子呼吸作用释放二氧化碳"；③打开瓶盖的同时，把点燃的卫生香放入瓶中，观察燃烧情况，可知"种子呼吸作用吸收氧气"。本装置简单轻巧，操作简便，现象明显，一套装置即可完成 3 个实验。

三、变更实验原理

在目前的实验教学中，多数教师往往只注重于对学生进行实验程序的训练，而忽视了培养学生的逻辑思维能力，往往造成学生对实验程序和原则的生搬硬套，所以适时变更实验原理，多方位验证实验验结果，更有助于学生对知识的理解。

在"探究种子的成分"实验中，探究种子里含有蛋白质时，教材中利用"遇浓硝酸变黄色是蛋白质的特性"来验证，由于学生缺乏必要的化学知识，理解起来比较困难。由于蛋清中含有蛋白质学生都很认同，故取少量蛋清放入洁净的试管中，加入几滴浓硝酸，就会看到蛋清变黄色。当学生看到这种现象后，再往"面筋"上滴几滴浓硝酸，结果变黄色，学生就会明白"原来胶黏的'面筋'就是蛋白质"，自然而然地在脑子里建立起种子中含有蛋白质的概念。

四、拓展实验内容

我国古代思想家、教育家孔子说过："不观于高崖，何以知颠坠之患；不临于深渊，何以知没溺之患；不观于海上，何以知风波之患，"形象生动地阐明了知识与生活实践联系的重要性。在生物教学中，注意联系学生身边的生活现象拓宽实验内容，贴近学生熟悉的现实生活，可让学生感受到生活中到处是科学，科学就在自己的身边，学好科学在生活中的用处是那么广泛，从而对周围世界充满强烈的好奇心和探究欲，产生对科学探究的浓厚兴趣，形成学科学、用科学的良好习惯，获得真正的长足发展。

比如，大多数学生使用修正液来改正错误之处，修正液基本上成为每个学生文具盒中的必备之物。目前的修正液含有不同浓度的卤代烃（三氯甲烷、三氯乙烯、四氯乙烯）和苯等毒性物质，不但气味难闻，刺激呼吸道，还可造成孩子的眼、鼻和咽喉发炎，引起头痛、恶心等症状。为了了解修正液的毒性，增强学生关注身边事物、关注自身健康的意识，体验科学探究的一般过程，学会控制实验变量和设置对照实验，初步培养学生的猜想和推理能力、观察能力、概括能力以及创造性思维。我和学生一起经过研讨，设计了用黄粉虫验证修正液是否有毒的实验：把相同数量的黄粉虫分别放在甲、乙两个培养皿中，向两个培养皿里加入等量的食料，甲食料里拌有学生用的修正液，乙的食料中不加。静置 5 分钟后，观察两个培养皿里黄粉虫的生活状况，每隔两分钟记录一次死亡数量，填入观察记录表中。通过上述实验，发现修正液对小动物的生活有影响，提醒学生从健康的角度出发应尽量少用修正液。

又如，《传染病及其预防》一节，我设计了模拟传染病传播的实验：在每个学生的试管中加入等量的牛奶，然后让学生用碘液检测，结果都不变蓝。接着，要求学生闭上眼睛，在某几位学生的试管中加入淀粉后，再用碘液检测，结果发现有的学生的试管中加入碘液后变蓝。要求每位学生把自己试管中的牛奶使用滴管分给别人一部分，同时接受其他学生部分牛奶，并保持自己试管中牛奶的量不变。再要求学生用碘液检测，结果发现，有许多学生的牛奶在加入碘液后变蓝，只有少数学生的不变蓝。 启发学生：①上述实验中什么代表血液？什么代表病原体？用了什么检测病原体？②你是怎样检测血液中的病原体的？③有多少人被病人感染了？师生共同分析得出：牛奶代表人的血液，淀粉代表病原体，少数几位试管中加入淀粉的同学代表传染源。这个模拟实验不仅把危险的传染观察通过安全化的活动让学生进行了切身的经历与体验，而且富有趣味性与戏剧性。同时，也加深了学生对传染病传播的理解。

总之，对生物实验的实验材料、实验装置甚至是实验方法或原理、视角、内容进行因地制宜的改革创新，不仅使某些原本无法开展的实验顺利实施，更重要的是能够培养学生观察思考、动手动脑、改革创新的能力，激发他们不断探究的兴趣。引导他们主动参与、乐于探究、勤于动手，从而使学生的创新思维和创新能力不断提高。创新，让实验更精彩！

第四章　关注玻璃窗外的世界

"如果学校里新来一位有天才的生物教师，那么你等着瞧，两年之后就会出现 10 个禀赋高强的少年生物学家，他们爱上了植物，在学校园地上入迷地进行试验和研究（苏霍姆林斯基）。"作为一名生物教师，如果仅仅是教给学生课本上的知识，给学生一个"压缩在黑板上的世界"，是不会吸引学生热爱生物、热爱生物学习的。生物学科是一门实践性、探究性很强的自然科学，生物学习绝对不能只限于教室里的说教。

美国作家理查德·洛夫认为："活着就像需要睡眠和食物一样，需要和自然接触。"不禁又想起陶行知先生 80 多年前的童谣——《春天不是读书天》："春天不是读书天：掀开门帘，投奔自然。春天不是读书天：放个纸鸢，飞上半天。春天不是读书天：之乎者也，太讨人嫌。春天不是读书天：书里流连，非呆即癫。春天！春天！什么天？不是读书天！"不仅是在春天，作为一个生物教师，要经常创设时机引导学生走出书本，关注玻璃窗外的一草一木，聆听大自然的鸟叫虫鸣，使学生形象生动地感知生物及生命现象，为形成正确的概念和原理打下基础；激发学生的学习兴趣，调动学生学习主动性，加深、巩固所学知识，使学生获得亲身参与实践的积极体验和丰富经验，才能形成对自然、对自我的责任感，对于发展实践能力和创新能力，养成合作、分享、积极进取的良好个性品质大有裨益。

在生物教学中开展丰富而有特色的生物实践活动以丰富生物教学内涵，挖掘富有生命力的生物教学资源，让学生汲取到更多更丰富的生物知识的同时，使学生享受到学习的乐趣，使生物教学焕发出生命的光彩，彰显了生物科学的魅力。

第一节　在种植中领悟生命

生物新课程标准的第四个一级主题：生物圈中的绿色植物中，要求帮助学生形成"绿色开花植物的生命周期包括种子萌发、生物、开花、结果与死亡等阶段"的概念。学生只从课堂上学习，获得的是空洞的理论，缺乏实际生活经验和体会，无法真正完成生命的体验。不仅如此，作为一所城镇中学，自小就生长在城市的孩子们对每天所吃的农作物如小麦、玉米、各种蔬菜水果知之甚少，出现了许多令人哭笑不得的"典故"，有的学生说："花生是花生树上结的果子。"有的认为"小麦是春天播种"等等。作为生物老师，我觉得有责任为学生普及一些基本的农业常识，让城里的孩子们掌握农作物生长周期、学会初步的种植技术，同时体会农民劳作之苦，知道"粒粒皆辛苦"，学会珍惜粮食。在与学校领导沟通之后，学校也非常支持我们的想法，在校内专门划出了一块绿地，建立了生物种植园。

一、建立种植园，开辟生物教学新天地

学校将一块面积约 1 亩的绿化区划为生物种植园，给我校师生开辟了一块生物学课外种植实践基地。有了种植园，我们开始组建生物活动小组，根据自愿的原则，学生自主报名，自由组合，我们组建了生物种植实践活动小组，推选出管理组长，由组长作为第一负责人，负责安排整个小组的活动等，并配备专门的指导教师进行管理。

种什么？怎么种？什么时间种？这一系列的问题摆在我们面前。我发动同学们上网查、向家长咨询、到菜市场询问种菜的农民，多途径、多角度了解有关种植蔬菜和农作物的有关知识。根据各个小组同学自己的意愿和实际情况，每个确定了 1～2 个品种，并写出了详细的种植计划。做好种植计划，是种植园实践活动成功的保障。对每个小组的种植计划进行了审查，对其可行性进行评估，并提出了一些修改建议供他们参考。经过师生多次商讨，形成科学的可执行的种植计划，然后就按照计划开始种植。

在种植园里，很多孩子才第一次看到课本中、画作中的作物。梵·高的《向日葵》是世界上最名贵的 20 幅画之一。画面上，一朵朵葵花的黄色花瓣就像太阳放射出的光芒般耀眼炫目，火焰般的向日葵宛如一朵朵燃烧的生命激情四射。那么，拥有如此旺盛生命力的向日葵怎样种植呢？在种植向日葵的过程中，孩子们不仅需要细心周到地照顾这个小生命，还要学会去主动观察，记录所有的细节。在这个过程中，孩子们总会发现各种不同，

并且带着惊叹向老师"报告"："老师，我本以为幼苗应是冲破瓜子壳长出来的，瓜子壳还会埋在土里。没想到它居然顶着瓜子壳上来了，太神奇了！"这些惊喜，来自孩子们对生命萌动的真正的感动，来自心灵深处最深刻的震撼！生命教育、美育教育的种子也在孩子们心灵深处萌芽。

几年下来，我们先后种植了如玉米、小麦、棉花、花生等农作物，茄子、辣椒、番茄、黄瓜、豆角、芸豆、葱、蒜、韭菜等蔬菜，还有向日葵、无花果等近二十个常见的植物品种。学生在种植的过程中，进行了大量的生物观察、实验、实践操作活动，种植园真正成了学生课余生活、学习的乐园。

二、躬行种植过程，丰盈生物教学

有了翔实的种植计划，种植小组的同学在老师的指导下，全程参与到种植过程中，整地、播种、浇水、施肥、田间管理，真成了小小的"农民"。

第一步：整地

挥着铁锹、握着铁锨，在烈日下，在小雨中，同学们在翻土、作畦，标准的畦宽，畦中还不能出现大于 5 厘米的土块，为的是便于种植和浇水，提高种子的出芽率和成活率。

第二步：种植

根据不同的植物，种植方法也不相同，有的是播种，有的则是育苗后进行移栽。

播种前要先测定种子发芽率，晒种 1～2 天，对种子进行消毒，浸种催芽，提高出苗率及整齐度。整平土壤后，提前浇足水，并进行松土。像小麦、大豆要按行撒播，玉米则要点种。

移栽时，要尽量带土移栽，需要提前对育苗的土壤进行喷水，以保持根部土坨的完整，但土壤不能太湿，否则根系易断，移栽后，土壤不要压得过实，否则会影响根的呼吸。移栽要选在傍晚，移栽之后要进行遮阳（这样可以降低蒸腾作用，提高成活率）。移栽后立即浇水，将土壤一次性浇透。

第三步：管理

在管理期间会遇到各种的问题，通过查资料、咨询等方式解决。主要是及时松土、浇水、施肥。根据植物的不同要求，选择浇水的间隔时间，选择不同的肥料等。如黄瓜：管理比较简单，需水较多，要经常浇灌，甚至一天要浇两次，这样长势才好，只要出现干旱叶片会皱缩，结的黄瓜弯曲较厉害，子房的发育影响严重，种子少而且成熟不好。而花生，管理相对麻烦一些，尤其在开花时节，要摘除主茎，这样可以打破顶端优势，在果针入土期间要扒土埋果，这样可以提高果针入土率及结果率。

第四步：观察并记录

在学生种植过程，做好观察记录是学生需要锻炼的一项重要技能。观察什么？怎么观察？如何与课本知识衔接？如何在不增加难度的前提下，拓展必要的知识？需要老师做大量的工作和进行必要且有效及时的指导。我要求学生要把自己在种植过程中观察到的现象和活动记录下来，包括：种植感受、体会、实施的实验活动等，把植物生长过程拍照、制成课件、制成网页等；记录必须保证真实，无论生物生长过程中出现什么问题，学生必须如实写活动报告和经验、体会。

第五步：开展实验探究

在种植过程中，要结合课本内容开展相关的实验探究，这是种植的最主要目的之一。例如在玉米种植小组，我们开展了的实验探究活动有：人工授粉、光合作用的原料、产物、条件的探究、观察叶脉、叶序、观察叶的向光性等。与在实验室做实验相比，更加便利、更有说服力。

三、"亲力"是宝贵的财富

种植园里的挥汗如雨，换来的绝不仅是丰收的果实。随着种植园里作物品种的增加，管理的规范，种植园吸引了全校师生驻足观看，成为学校里一道亮丽的风景。种植小组的同学俨然是种植园里的小主人，在里面忙碌的时候，收获着同学们羡慕的眼神。

刘浩同学在学习上表现一般，成绩较差，在班上有种落伍的感觉，他自己也很困惑，总觉得这样的学习环境和生活环境与他格格不入。但是我发现他非常爱劳动，很勤快，动手能力较强。我鼓励他加入了生物种植小组，他特别能干，每天下午课外活动，都会管理、观察、记录，他成了种植明星。他在日记中写道："生物种植活动锻炼了我，给了我自信，不仅让我知道了自己的不足，更是让我改变了自己，我感到非常高兴。现在我可以自信地和大家说：我相信，我能行！"

杜伟同学家庭条件好，在家中深得父母和爷爷奶奶的宠爱，一直是"衣来伸手，饭来张口"的"小少爷"，凭着一时的兴趣，加入了种植小组。在老师的鼓励下、同学的带动下，在种植活动中表现也非常突出。他在活动总结时，说了这样一段话："在种植园里劳作时，我真正体会到了劳动的艰辛，但也找到了劳动的乐趣，农民伯伯真的很不容易，我以后要珍惜粮食。"

在种植园进行的一次实践活动——"嫁接西红柿和茄子"中，以小组为单位，在老师的指导下认真进行嫁接，把茄子接到了西红柿的植株上。在随后的一周时间，学生不论刮风下雨，每天按时到园地进行日常管理，照顾小苗犹如照顾新生儿一般，丝毫不敢马虎。在学生的精心管理下，实验的成功率达到了60%。看着茁壮成长的新苗，大家脸上都露出了喜悦的笑容，而那些没有嫁接成功的学生也在积极分析失败的原因，有的说，这次失败是因为嫁接不仔细；有的准备工作不充分是失败的原因；有的失败是因为日常管理不到位造成的。有学生道："这次实践我们小组失败了。看着枯萎的小苗，我感到深深的内疚，这是因为我没有认真日常管理造成的。现在我知道了做事必须要有责任心，在责任心的驱使下才能把事情做好。"

种植活动的开展，丰富了学生的课余生活，又能使学生将所学的生物学知识应用于生产生活中去，用理论去指导实践，让学生真正体会到学习的重要性，使学生的学习自觉性得到提高，还使学生开阔了视野、增长了知识、锻炼了体魄、磨炼了意志、加强了竞争意识，并使学生充分体验到了农民耕作的艰辛，从中培养了吃苦耐劳、团结互助的精神。孩子们对生命的好奇，对生命的直觉感知就在这主动参与的过程中形成了。生命来之不易，要珍爱生命，这样的情感体验是自发而深刻的。就如学生自己所说："实践活动中留下的回忆，绝不仅只有辛劳和汗水，更多的是一种收获。它不同于以往课堂上老师所讲授的知识，而是一种真切的体会，体验劳动的艰辛，体验合作的快乐，体验收获的喜悦。"

第二节　小花盆　大世界

学生在校的时间是有限的，而且大多在上课中，课外活动时间也被学校丰富的文体活动占领着。如何利用学生的课余时间，周末、放学、假期等，让学生充分地体验种植的乐趣，而且能随时观察植物生长周期的一切变化？为此，我们组织学生开展了家庭种植活动。

一、聆听花开的声音

八年级上册第一章的生物课本安排的是"绿色开花植物的一生"的内容，其中要学习种子的结构、种子萌发的条件和过程、芽的发育和根的生长过程、开花和结果的过程、植物的生活需要水和无机盐等知识，可是对于生在城市、长在城市的我们，头脑中缺乏实际的认识和感受，而书上的文字和为数不多的图片也不能详细地向我们说明绿色开花植物完整的生长过程。为了弥补教材在这一方面的缺陷，我们老师在每年暑假前给学生布置一项深受学生喜欢的暑假作业 —— 植物培育，每个学生在家里自己种植一棵植物，用心照料它成长，用自己的亲身经历和亲眼所见来更好地了解绿色开花植物的生长过程，使生活经验和理论知识紧密结合在一起。以下就是我校生物教师指导 2010 级学生进行植物培育的实施过程。

第一步：准备材料

若干粒心仪的被子植物的种子、花盆、土壤等。通过上网查资料、询问有务农经验的人、查找有关书籍等方法，初步了解具体的植物种植过程。

第二步：种植

1. 挑选种子

通过查找资料我们知道了播种的种子要选取完整的、粒大饱满的，以保证其自身条件完善；给予种子合适的外部条件，保证其正常萌发。

2. 埋下种子期待萌发

通过自学，学生知道了种子要发芽需要外部条件和内部条件同时具备，所以，我们就将挑选好的种子种在具备适宜的温度、适量的水、充足空气的花盆里。

3. 生长的过程，漫长的等待

种子完全萌发后，从幼苗成长到开出第一朵花之间要经历一段漫长的时间。此时是最需要学生精心照料植物的阶段。如果土壤的肥力出现下降，则可以适当地施加肥料。另外，有些植物需要爬秧，则要用树枝和铁丝将植物体的茎固定住，使它们向上生长。在日常的观察中，学生也不断地写下自己的感受：

绿色的小幼苗看上去似乎弱不禁风，但是充满着绿色植物零零星星的生机与活力。由于它看上去娇嫩，使人不自觉地生出同情和怜爱的感情来。

2010 级 20 班　李文佳

一株植物从一棵小而弱不禁风的幼苗，会慢慢长高。就像我们长高一样，当我们长高时，意味着我们褪去稚气；而当植物长高时，它不再是原来弱不禁风的幼苗，它的茎秆变得更加强壮，支撑着这棵美丽的植物。

2010 级 8 班　王亚琳

叶虽然不像花那样能繁殖后代，但，正是这片片绿叶，让植物身披绿袍，让我们看到一片碧绿的世界，为我们撑起一片绿荫，使我们的空气得到了净化。

2010 级 15 班　邱凯旋

第三步：花朵绽放和人工授粉

在长时间的地上部分只有茎和叶的生长之后，花朵会悄然在枝头绽放。但开花未必结果，只有完成传粉和受精的花朵才能结出果实。在家中种植的植物要想结出果实，除非是自花传粉，否则只能人工授粉。人工授粉操作很简单——用毛笔将花粉从雄蕊上采集并涂抹到雌蕊的柱头上即可。如果人工授粉成功，那么雌花或者两性花会结出果实，也就可以享受到丰收的喜悦了。

第四步：享受累累果实

当花经过了传粉和受精作用后，花柄、花托、花萼、花冠、雄蕊、雌蕊的柱头和花柱就逐渐凋落，同时子房膨胀，慢慢就发育成了一个果实。

当果实压满枝头，就到了收获的季节。学生将自己的盆栽植物带到学校进行展出，撰写的研究报告也一并展示，收获的喜悦挂在每一个同学的脸上。

二、教室"生物角"

教室是学生一天当中活动的主要场所，也是观察、学习、研究生物的绝佳场所，教师能及时跟进进行指导，所以充分利用地理环境、人员优势，创设一个"生物角"，无疑就是创造了一个实验室，装扮教室的同时，也能净化环境。自 2009 年至今，我校已在全校四十多个班级创设"生物角"，使教室变得生机益然，充满活力。具体方法：

1. 组建生物角种植实践活动小组

把全班分为 8 个小组，每组 6 名同学，自由组合，推选出管理组长，由组长作为第一负责人，负责安排整个小组的活动等。任课教师统一指导。

2. 确定生物角种植植物

选择植物品种的原则：①根据教学的实际情况和进度进行植物品种的选择。（教师可以提前根据教学情况为同学们备好可选择的植物品种）②选择易养类植物品种。

3. 制订种植计划

根据自己的认知，以及通过搜集资料，写出大致的种植计划，任课教师指导。

4. 实施过程

首先选择种植的基质。在教师的指导下根据实际的栽培植物选择栽培基质。选择基质的原则：①选择的基质对植物有固定作用。②选择的基质可以供给植物生所必需的水分和养料。③选择的基质应具备一定的物理和化学性状。从物理性状上讲，应疏松肥沃，排水良好，保水性强，保肥性好。从化学性状上讲，基质中应含一定量的氮、磷、钾成分以及合适的酸碱度。

其次选择种植的容器。可根据种植的植物品种来选择种植的容器，常用的容器有：瓦盆、瓷盆、塑料盆、木盆等。最好能是同学们自制的一些种植容器。

再次是搞好日常管理。包括①浇水：植物生长离不开水。在日常管理中，浇水是十分重要的环节，植物由于生长习性和生长周期的需要，对水分的要求不尽相同。所以必需掌握所种植物品种的生活习性。②施肥：根据植物对无机盐的需要，适时地对植物进行施肥。施肥的原则是"宁少勿多、薄肥勤施"。切忌施生肥、浓肥，否则易伤根，反而使植物生长缓慢，破坏植物体内养分的平衡，严重者甚至造成植株死亡。③光照室内栽培植物，在生长过程中需要一定的光照，而光照不足会导致植株柔弱、徒长，难以开花和滋生病虫害等后果。所以必须根据种植植物对光的需求，酌情给予光照。

第三节　在实践中展示才华

著名教育家陶行知先生说："我们要在做上教，在做上学，不在做上用功夫，教固不成教，学也不成为学。"生物教学尤其需要"做""做"即实践，在实践中挖掘学生的潜在能力，激发学生的学习热情，全方位提升学生的综合素质。在多年的教学中，我们组织了多样化的实践活动，具体分制作类、实验探究类、调查考察类三个大的类别。

一、制作类生物实践活动

生物学课堂教学是一个利用语言文字和平面图形为载体学习生物知识的过程，但生物的形态结构具有立体化的特点，利用现成的模型标本虽然可能解决一部分问题，但只是学生的观察和描述，很难自主地实现知识的内化和升华，而且学校的模型和标本是有限的，我校班级众多，有时候每个班也不一定能分到一件模型或标本，不能满足教学的需要。开展生物小制作活动，使学生在课余时间，利用家中的废旧物品，如易拉罐、泡沫、纸板等，发挥学生的想象力和创造力不仅能弥补课堂教学的不足，激发学生的学习兴趣，培养学生的动手能力和环保意识，也为今后的课堂教学提供更多的教具。教育学家苏霍姆林斯基说："儿童的智慧在他的指尖上。"培养学生的动手能力应贯穿其人生成长全过程中。生物学能为学生提供很多动手的机会，只要我们敢于放手，并善于给学生机会，学生一定会乐此不疲。

我们先后开展了利用硬纸板或泡沫、木板等物品制作植物细胞、关节、病毒、细菌等模型；用橡皮泥制作肾单位、小肠等的模型；制作花的解剖和落叶粘贴画；制作蝗虫、蚯蚓等浸制标本和蝴蝶、蜻蜓等针插标本；编辑制作以合理膳食、青春期教育等为主题的手抄报；设计制作生态瓶、家庭小药箱等实践活动。

（一）确定制作内容

根据初中生物教材进度、当地气候条件及学生兴趣等方面，确定了以下可行性项目。

1. 标本类：

动物标本：蛙的发育史、蚯蚓、蝗虫的浸制标本，各类常见昆虫的干制标本。
植物标本：采集校园植物、常见园林植物、本地野生植物等制作腊叶标本。

2. 模型类：

动、植物细胞模型、肾单位、小肠、膈肌活动展示、肋骨与胸骨、血管、细菌、病毒、关节、木本植物茎、叶片的立体结构、眼球结构。

3.粘贴类：

花的结构解剖粘贴图、落叶粘贴画、种子粘贴画。

4.手抄报：

以空气质量与健康、吸烟的危害、合理膳食、关爱艾滋病人、安全度过青春期、我们共有一个家等为主题。

5.其他：

叶脉书签、生态球、再生纸。

（二）制订活动方案

为保证制作活动顺利进行、提高制作效果，使学生做到心中有数，教师要先期设计活动方案，包括与制作有关的生物学知识以及制作方法、步骤及所用材料等。

附一 "秋叶细语"植物叶粘贴画评比活动方案

为了提高同学们学习生物的兴趣，提高创造性思维和动手能力，培养热爱生物、热爱大自然的情趣，特在初二年级举行"秋叶细语"粘贴画活动。同学们可以展开个人的想象力，走进大自然的怀抱，以秋天的落叶为主，粘贴出个性化的画境。

参加范围：初二年级全体学生，可独立完成也可小组合作，小组成员可自由结合，每小组 2 ~ 3 人。

材料：利用各种植物的落叶、8 开或 16 开卡纸、胶水或胶带等其他美术材料等。

以班级为单位于 10 月 10 号前上交任课老师处，作品一定要在右下角注明班级、制作人、标题，用最精练简短的语言说明作品所表达的意境。

任课教师初选后，组织学生评委评比。设一等奖 20 个，二等奖 40 个，三等奖 60 个。

评选结束后，获奖作品将在学校内展出。

注：粘贴画的制作过程

（1）采集叶片：我们一起去郊游，边欣赏大自然，边采集叶片。要采集小型的，每一种要多采集一些，树叶、小草叶都可以。

（2）压制叶片：把采集的叶片放在旧杂志中，隔五六页放一些，最好分类放。如柳树叶放在一本中，香菜叶放在另一本中，这样用时方便。

（3）构图：也就是你想制作什么，叶画分 10 类，有动物类、植物类、人物类、景物类、静物类、体育类、舞蹈类、故事类、科技类、其他类。

（4）上台纸：A4 那么大的硬板纸，又叫台纸。把你选用的叶片在台纸上摆来摆去，摆成你所需要的图形，就叫上台纸。

（5）固定：用乳胶把叶片粘在台纸上，一定要干净。

（三）及时进行评价

学生的制作作品，完成后以班级为单位上交任课老师处，作品一定要注明班级和制作人。任课教师初选后，组织学生评委进行评比。评选结果在全校公布，让全校师生一起欣赏、点评这些优秀作品，鼓励学生。学生作品，根据不同的类型，以不同的形式展现，像粘贴画，可以根据学生各自的兴趣，自拟题目，写出心中的感受和意境，生态瓶的制作，可以用自己的语言诠释生态系统的内涵等。

此类活动能将科学性、知识性、技术性和艺术性结合起来，促进学生深化理解课堂知识，训练学生将平面简单结构转化为立体复杂结构，培养学生的动手能力和空间想象力；同时对拓宽学生眼界、增长见识，加深对课堂所学知识的理解与升华，让学生在实践中发现问题，提出问题，寻找解决问题的途径，提高他们分析、解决问题能力。

二、探究类生物实践活动

生物是一门以实验为基础的自然科学，具有很强的实验性和探究性。九年义务教育教材经过调整，充实了实验的内容，使实验成为开启生物基础知识大门的钥匙。基础教育课程改革的重点之一，是要转变学生的学习方式，倡导探究性学习，而初中生物课程标准倡导的理念中也提出倡导探究性学习，引导学生主动参与、乐于探究、勤于动手，逐步培养学生收集和处理科学信息的能力、获取新知识的能力、分析和解决问题的能力，以及交流与合作的能力等，突出创新精神和实践能力的培养。而现在的初中生物教学，强调知识忽视实践，教材中列出的实验也不能开足开全。随着素质教育的整体推进，教师教育理念的转变，教材实验基本能达到要求，但是，仅仅靠课堂上 45 分钟，学校实验室，时间和场所上是远远不够的。因此设计与课程教材主干知识相衔接的实验探究类实践活动，既是新课标的要求，也是学生探索生命规律及获得生物知识，提高生物科学素养的必要途径。为此我们设计了"探究光照、酸雨、洗衣粉等对种子萌发的影响""探究洗涤剂对水生生物的影响""探究烟草浸出液对金鱼生命活动的影响""探究不同牙膏对口腔细菌的抑制作用"等简便易行、操作性强的一系列探究实验，使学生在探究中体会到科学研究的乐趣，树立科学探究的意识，学习科学探究的方法和规范，从而培养学生的科学探究能力。

（一）适合学生参与的实验探究类实践活动项目

生物世界奥妙无穷，实验探究有着丰富的资源，但初中生所学生物知识浅显，学生的动手能力差，认知水平有一定的局限。所以实验探究类活动项目的选择很重要，既要与课本知识衔接，与社会、生活、科技链接，学生感兴趣，又要简便易行，可操作。为此，我们经过两年的实践探索，确立了以下适合学生参与的实验探究类活动项目，共计 28 项。

适合学生参与的实验探究类活动项目

开展时间		名称	内容简介
七年级	上学期	探究细胞大小与物质交换的关系	从相对表面积角度探究细胞大小与物质交换之间的关系
		探究温度对青蛙冬眠的影响	设置不同的温度条件，观察青蛙冬眠所需的温度及观察冬眠时青蛙的状态
		探究影响叶绿素形成的因素	探究不同环境因素（光、温度、湿度）对叶绿素形成的影响
		探究哪种颜色的植物光合作用效率高	探究光的颜色对于植物光合作用的影响
		探究植物的呼吸作用是否需要光照	通过对暗室和光照下植物呼吸作用的比较，探究光照是否对呼吸作用有影响
		探究各种鱼鳍的作用	尝试用不同的方法（捆扎法和剪除法）探究鱼鳍的作用
		测定不同植被条件下的空气温度和湿度	在同一时间，分别测量裸地、林地、草地的温度和湿度，分析不同植物条件对气温和湿度的影响
		探究蝗虫气门的呼吸作用	通过实验探究蝗虫的呼吸作用的门户在头部还是胸腹部
		探究蚂蚁的觅食行为	探究蚂蚁对不同种类的食物的喜好
	下学期	测定分析空气中的降尘含量	测试教室、操场、马路上降尘的含量，分析不同环境条件下空气质量
		探究运动与脉搏的关系	探究不同运动状态下脉搏的次数，分析运动对心脏的影响，体会人体是一个统一的整体
		探究甲状腺激素对动物生长发育的影响	观察比较饲喂甲状腺激素与否对蝌蚪发育产生的影响
		测定舌的味觉区	用食醋、白糖水、苦瓜汁和食盐水分别测试舌的不同部位对这些味道的刺激敏感度
		探究生活垃圾分类处理的重要性	收集调查有关日常生产、生活中会产生的各种垃圾以及它们给社会带来的危害以及如何正确分类处理
		探究烟草浸出液对金鱼生活的影响	探究烟草浸出液对金鱼呼吸次数的影响
开展时间		名称	内容简介

开展时间		名称	内容简介
八年级	上学期	种子萌发系列探究实验	采用实验法探究光照、酸雨、播种深度等对种子萌发的影响
		"彩虹花"实验	探究植物茎的导管对水和无机盐的运输
		光照对菊花花期调控的实践研究	探究延长或者缩短光照时间对菊花花期的影响
		测定种子发芽率的研究	探究不同种子（小麦、花生、玉米、菜豆等）的发芽率
		利用顶端优势培养盆景的研究	利用植物的顶端优势原理培养不同的盆景
		月季的扦插研究	学习月季的扦插方法
		青蛙眼睛只对活动的物体有反应的研究	通过青蛙对活动和不活动的物体的反应观察青蛙的捕食行为
		探究青蛙皮肤有辅助呼吸功能	通过观察青蛙涂抹凡士林前后的口底升降次数，了解其皮肤的辅助呼吸功能
	下学期	探究某些生态因素在生态系统中的作用	通过对泥沙、水藻等生态因素的调控，观察生态瓶中小鱼的生活状况
		探究洗涤剂对水生生物的影响	探究不同深度及不同种类的洗涤剂对水生生物生命活动的影响
		探究酵母菌发酵的最佳条件	探究温度、氧气对酵母菌发酵的影响
		探究影响霉菌生长的条件	探究温度、湿度对霉菌生长的影响
		探究不同牙膏对口腔细菌的抑制效果	用不同品牌的牙膏对比对口腔细菌的金黄色葡萄球菌和大肠杆菌菌落的影响

（二）实验探究类实践活动的实施原则

1. 精心选择活动内容，制订可行的活动计划

实验探究类实践活动的开展，须以课本知识为基础，以学生原有知识水平为根本，突出简便易行、廉价高效的特点，所选课题不宜偏难，同时应集知识性、趣味性、实用性于一体，这样才能取得预期效果。为此，在选择活动内容时应注意：第一，活动的内容应尽可能与教学内容相一致、相平行。教学是一个由前向后、由低到高的渐进过程，实践活动

当然不能超越教学实际，否则必然会限制活动的开展，不能充分发挥活动的作用。因而在制订目标计划时，首先应计划好教学的进度，再计划好活动的内容，要注意活动的实效，否则欲速则不达。第二，活动的内容最好与学生生活实际相联系。实践活动开展的目的之一，是让学生学会应用生物学知识去解释日常生活中的现象，将来更好地服务于社会。在生物学中有很多内容是与人们生活实际相关的，而且这些内容很受学生的欢迎，制订活动内容时尽可能多增加这些方面的内容，真正让学生从活动中受益。如利用顶端优势培养盆景的研究，学生的积极性特高，精品倍出，远超远出了老师的想象。

2. 因地制宜、灵活多样地组织好实践活动

开展实践活动，将碰到时间和经费问题。在时间上应充分考虑到学生的情况，应以不影响学生的学习和身体健康为前提，活动可以安排在中午、放学、课外活动、周末等空余时间。学生方面以自愿和兴趣为参加原则，教师择优组建成立生物兴趣小组。此外可制订激励机制，努力营造实践活动的氛围，欢迎学生积极参加。

实践活动的形式可以灵活多样。在确定活动目标后，可以以少数人参加的活动小组形式开展，也可以以单个学生自我实验、观察为目的的形式开展，还可以整个年级、全班学生共同参加来组织活动。其中，活动小组形式是开展实验探究类实践活动采纳的主要形式。对有些活动，可以让学生去自行设计、调查、取证，如嫁接、扦插实验等。还可以带领学生走出教室、走出校门到大自然怀抱中去领略生命的奥妙……使生物实践活动丰富多彩，使学生的个性特长得到最大发挥，为培养创造性人才打下坚实的基础。

3. 形成完整的督查机制，保证活动的长期性

开展实验探究类实践活动，应制订切实可行的督查机制，形成合适的评价体系，切忌"三天打鱼，两天晒网"。老师及时对好的活动小组进行表扬、奖励，对做得不好的小组及时批评、改进；生物教师间也要互相监督指导，以求不断完善，让生物实践活动能持久、长期有效地开展下去。

三、调查类生物实践活动

调查考察类实践活动是一种实地体验性的学习活动，通过学生接触自然和社会、了解自然和社会，增加学生对生物学知识的生活积累。这种活动方式不但能丰富学生的生物感性认识、社会阅历、生活积累和文化积累，而且可以发展学生的探究能力和操作能力，满足学生的成长需要，转变学生的学习方式，提高终身学习的能力、发展创新精神和综合实践能力。

我校地处黄河口，有着得天独厚的地理优势。如，湿地公园和湿地自然博物馆是我们

了解湿地生态，进行生物学考察的适宜场所。学校附近有生物工程公司，学生可近距离地接触组织培养并亲身实践。职业学院的盐生植物园为学生了解盐生植物种类，学习植物抗盐机理提供了机会。又如，在家长和学校领导的支持下，我们还下乡到农村蔬菜大棚、养鸡场、养牛场等地进行考察调查，使学生在学习生物知识的同时，关注身边生态环境，激发对家乡的热爱。

（一）因地制宜选择和确定活动的主题或课题

学生选择和提出调查考察类实践活动的主题或课题的过程，就是体验研究的过程，对发展学生的问题意识和探究意识，提高学生在实际生活中分析问题的能力，具有重要的价值。对于调查考察类实践活动的选题，要在老师的指导下，学生自主地选择、提出和确定活动的主题或课题。

（二）制订科学的调查考察活动方案

制订调查考察活动方案的过程，也是发展学生规划和组织能力的过程。因而，在准备阶段要充分放手让学生自己制订活动方案，使学生明确活动的意义和价值。调查考察类实践活动的活动方案一般包括：

活动的主题或课题、活动的内容、活动的具体目的和任务、活动的对象、情境、时间和空间、活动的具体过程、任务和分工、保证条件。

在学生制订活动方案的过程中，教师可以根据学生活动的实际情况，有针对性地加以指导，引导学生制订出切实可行的活动方案。

（三）抓住活动时机解决相关问题

在确定需要研究解决的问题后，学生要进入具体解决问题的过程，通过实践体验，形成一定的观念、态度，掌握一定的方法。

本阶段中，学生实践体验的内容包括：在开放情境中主动搜集和处理资料，小组合作处理各种形式的人际交往、沟通，以科学的态度解决实际问题，从一定的角度认识环境、了解社会、发现自我等。

（四）表达交流升华主题

活动结束，学生要将自己或小组经过实践、体验所取得的收获或成果进行整理、加工，形成书面材料，其表达方式要多样化，除了撰写论文和报告以外，还可以通过演讲、手抄报、黑板报、交流会、网络博客、制作网页等形式加以表达。

调查考察类实践活动属于研究性学习的范畴，其结果有两种：一是学生通过努力有始有终地完成学习任务，达到预期的目标；二是学生经过努力完不成任务，达不到目标。我们认为经过努力不能获得满意的结果也是正常的，并不意味着学习的失败，因为成功的经验和失败的教训同样难得。因而，在交流中学生不仅要学会理解和宽容、赞美和分享，还要学会客观的分析和辩证地思考，也要敢于和善于申辩。

联合国教科文组织总干事马约尔说过这样一句精辟的话："我们留下一个什么样的世界给子孙后代，在很大程度上将取决于我们给世界留下什么样的子孙后代。"在生物教学中，把"生物"教成"僵尸"，还是将"死知识"教成有血有肉的"活物"，取决于教师的教学理念，对教育的理解，带领学生走出教室，走出课堂，将教学融入自然，传授给学生生命化的知识，对于每个学生的健全发展、学生实践能力和创新能力的提高、学生兴趣爱好及其自主性的发挥，所产生的效果是其他教学形式无法比拟的。

第五章　理想中的生物课堂

　　无论过去还是现在，课堂教学依然是教学活动的基本组成部分，课堂学习也依然是学生人生中一段重要的生活经历。课堂的有效与否很大程度上取决于我们对课的理解以及对课的设计，继而课的质量高低将会直接作用于我们的课堂，影响着学生当前及今后的多方面发展和成长。伴着新课程改革的步伐，新理念下的课被赋予了时代的色彩。那么，怎样的课才是理想的课？这已成为新课程背景下，一线教师苦苦追寻的教学目标和倾心缔造的一个教育理想。有人说，自由活泼的课是理想的课；有人说，动态生成的课是理想的课；也有人说，对话互动的课是理想的课……然而，站在学生发展的角度，站在生物学科责任的高度，并结合优秀课例《尿的形成》，我以为，理想的生物课堂应是着力构建"魂、神、本、根"兼备的"四有课堂"。

　　理想的生物课堂应该是这样的：课上为学生点亮一盏灯，课后为学生推开一扇窗。灯，点亮的是对生物的好奇与追索；而窗外，是一个变幻莫测的生物乐园，吸引学生带着遐想和勇气再次出发。

第一节　也谈一节好课的标准：构建"四有课堂"

　　从学科的价值入手，生物课堂要教给学生对其一生有用的东西，其主旨就是提高学生的生物科学素养。我们要重视：课之魂 —— 着眼于人的成长与发展。同时，我想有效的课堂教学也应有其"神"，课之神 —— 一条清晰明确的教学主线。还必须要关注课之本 —— 立足课堂教学的"三个中心"，即，以问题为中心、以活动为中心和以探究为中心。最后，学校"必须呈现现在的生活"，也就是要加强教学活动与学生当前所处的现实社会生活之间的联系，重视学生现实社会的内在价值和意义，把教学活动与学生眼前的现实生活融合为一，使学生能从当下的现实生活中得到乐趣，使学生现在的经验尽量丰富而有意义，并在"现在"的不知不觉中参与"将来"，抓住课之根 —— 关注人当下和未来生活。

一、课之魂——着眼于人的成长与发展

　　德国教育家斯普朗格认为，教学活动不仅是一个认知性的知识授受过程，更是一个完

整的人的生成与发展过程。现代教育特别强调人的发展，教育的本质就是提高人的素养，促进个体发展。《生物课程标准》的理念之一就是"提高生物科学素养"，其中明确指出："生物科学素养是指参加社会生活、经济活动和个人决策所需的生物科学概念和科学探究能力，包括理解科学、技术与社会的相互关系，理解科学的本质以及形成科学的态度和价值观。"这就要求生物教师在生物课上不仅要教给学生知识，更多的是帮助其形成生物学的基本观点和一定的思维方式、提高学习能力、树立健康的生活态度、培养科学求实的作风等。这一切不仅是学好生物学必不可少的，更是对人一生的求知、做人、生活等都具有指导价值。而这正是我们生物学科教学的意义所在，是我们所追求的课的灵魂。

课始：在亲情感动中拉开序幕

《尿的形成》一节，我播放田世国捐肾救母的视频和对其的颁奖词："'谁言寸草心，报得三春晖？'这是一个被追问了千年的问题。一个儿子用身体做出了自己的回答，他把生命的一部分回馈给病危的母亲。在温暖的谎话里，母亲的生命也许依然脆弱，但是孝子的真诚已经坚如磐石。田世国，让天下所有的母亲收获慰藉。"此时，课堂的气氛明显肃穆了很多，有人的眼角已有些湿润……老师问："观看了田世国捐肾救母的壮举，你有什么感触？"学生们纷纷发言："田世国很勇敢、很孝顺，是个好儿子。""他知道母亲生育他不容易，很懂得知恩图报。""我们以后要力所能及地帮助父母做事情，让父母为自己而骄傲和自豪……"老师赞同道："田世国的行动温暖了天下父母，他的孝心感动了我们每个人……在感动之余，当用生物学的眼光审视时，我们不禁要问：为什么肾移植能够救治尿毒症？肾脏对人体有什么重要的作用？肾脏的结构是怎样的？带着这些问题，我们走进今天的课题《尿的形成》。"

这是一个平常而又"高贵"的开场，并将两者组合得天衣无缝：开场紧扣主题，导入亲切自然、水到渠成；它给每一位学生抛出了一个充满期待和探究的问题，激发其强烈的学习欲望——这一切看似平常，然此开场又选得真、选得善、选得美：田世国捐肾救母是真实存在的，其壮举是人性善的体现，背后蕴含着母子情之美。也正是从这个角度上，我们说，这样的开场是高贵的，它的内涵已超越了课堂教学和课程本身。它的价值在于从一个侧面展示出教育的本意，并向我们讲述着一个关于亲情、感恩与人性之美的做人故事，这一切却来得"春风化雨，润物无声"。

课中：在科学严谨中开展探究

在学生上台指认出肾的宏观内部结构时，老师却发问："你发现什么问题了吗？皮质的颜色和课本上描述的一致吗？"这一提醒打破了学生平静的思维状态，这无异于"自找麻烦"——实物的肾皮质颜色比髓质浅，讲台上的实物与教科书之间发生了"矛盾"，怎么办？正当学生疑惑之时，老师说道："我们必须以实事求是的科学态度来进行观察，观察一定要客观真实，这是生物科学素养的一个重要方面……我们观察的猪肾，由于离体时间较长，皮质中的血液流失了，所以皮质的颜色较浅。"

接下来一个细节可谓用心良苦。老师展示完肾单位的结构示意图后，出示了电子显微镜下的真实肾单位（连很多老师也是第一次看到电镜下的肾单位，因为大家从来都是课本有啥我讲啥，很少有千辛万苦寻一"图"的感觉）。也许有人认为是超纲和多余，而我想给学生以严谨科学的理解，让学生懂得生物结构的严整繁杂。"不过，为了研究和学习的方便，通常用示意图来替代。"

课尾：在人格感染中提升境界

新课进行完后，回扣引课时的情景，我说道："田世国的妈妈是幸福的，儿子健康的肾脏挽救了她的生命。然而，还有很多尿毒症患者因为正常器官来源的不足，依然忍受着病痛的折磨。我自愿身后将遗体捐献给国家，用以延续自己和他人的生命。"此时，先是短暂的沉默，紧接着，教室里爆发出热烈的掌声，同学们既充满了敬佩，又表达了赞同。这就是教师的人格力量，这种巨大的力量引领着学生的价值观，指引学生超越小我，关爱他人，完善大我，提升做人的境界。

反思我们的课堂，作为教师关注最多的可能就是知识点是否都讲全了，学生记住了多少，这节课还有多少时间可以让学生复习和背诵，还有几分钟可以检查和提问，下节测验学生能考多少分……知识固然重要，然而对待知识时的严谨、批判的态度和质疑的精神更是我们求知必不可少的"食粮"。若干年后，学生也许早已忘记了那节课上的知识点，但他却懂得了感恩和回报、践行着科学求实，生活得健康而快乐……因为来自生命最真诚的渴求，唤醒人性之美、阐释教育本意即是我们课的灵魂。既是灵魂，故将永存。这也许是生物课程根本的价值和意义所在。

二、课之神——追求课的"形散而神不散"

形散而神不散，是散文最显著的特点。"形散"与"神不散"是和谐统一的，既放得开——"形散"，又收得拢——"神不散"。"形散"是外在表现，"神不散"是根本前提，"形"最终是为"神"服务的。其实，不仅散文，但凡优秀的文学作品，都有一条主线贯穿始终，这就是其作品的"神"之所在。也就是课堂的几个教学环节和板块之间不是彼此孤立、零散堆砌，而应围绕一个中心，指向一个主题。

如《尿的形成》一节，"尿"看似是本章"人体内废物排出"中的新内容，但我在对教材的精心研读中，抓住了其"神"——生物体的结构与功能相适应这一观点，并以"血液流向"作为切入点，从而理出教学主线。

首先，在对"宏观"肾脏的学习中，"血液、肾和尿液"三者关系渐显。学生在对猪肾的观察中发现与肾相连的管道有三条，自上而下依次是肾动脉、肾静脉和输尿管，从而感受"血液、肾和尿液"之间的密切关系——血液流经肾脏就会产生尿液。那么，肾脏何以能担此重任？在肾脏中血液的流向又是怎样的？肾脏中什么结构行使着从血液分离出尿液这一功能？这个结构又有何特点？自然进入到了肾的微观结构。……我在想，如果把《尿的形成》一节当作一次"尿如何产生"的探索之旅的话，应该说"血液流向"已经成为其中的线索，它也必将推动着整个"情节"的发展和展开，吸引着读者追随它而"探索"下去。

其次，在对"微观"肾单位的学习中，"血液、肾和尿液"三者关系密切。接下来，师生又一起探究了肾单位。这使人很自然推测到：宏观上看起来是血液在流经肾脏时，分离形成尿液，本身得以净化，那么微观上应该是肾单位承担起产生尿液的重任，于是，对血液在肾脏中如何流动的问题转化为血液是如何在肾单位中流动的，"尿的形成"也就在对肾单位中"血液流向"的探索中而"浮出水面"。这样一路追寻下去，很自然地找到了尿液形成的两个过程：即肾小球的滤过作用和肾小管的重吸收作用。

最后，在尿的形成示意图建构中，"血液、肾和尿液"的关系清晰。通过尿形成示意图的巧妙构建，借助不同颜色、结构名称的标注和有关箭头表示，形象直观地表示了在肾单位中，血液如何得以净化，并形成尿液。至此，尿的形成圆满解决。

整节课中，教师的教学方法和形式在不断变化，但有一点儿始终如一。教师一直在向学生传递着生物学中的一个基本观点，即生物体的结构是与其功能相适应的（不能孤立地学习肾单位的复杂结构，要进一步思考肾单位这样复杂的结构是基于怎样的功能）；而学生也认识到：肾脏之所以能承担起净化血液产生尿液的重任是与其结构密不可分的。如果每节课上，我们都能让学生在头脑中构建一些生物学的基本观点，教授学生学会用生物学的一些基本观点去审视问题、分析问题、解决问题，那么日积月累，学生一定会在潜移默化中提高自身的生物学素养，并将由此而受益终身。也正是由于本节课找到了"血液流向"这条主线，紧紧围绕生物体结构与其功能相适应的这一生物学观点，即本节课的"神"进行课的设计，使得整节课思路清晰、干净利落、简约流畅、一气呵成，显示出课的大气与神韵。

三、课之本——立足课堂的"三个中心"

众所周知，在课堂教学中，学生并不是空着脑袋走进教室的，更不是接受知识的容器，也不是等待喂养的"婴儿"。那么，如何让生物课堂真正有效地促进学生的学习，这就必须关注课之本——立足课堂教学的"三个中心"。即，以问题为中心、以活动为中心和以探究为中心。

（一）以问题为中心——激活有效课堂智慧的"金钥匙"

著名教育家陶行知先生说："发明千千万，起点是一问。智者问得巧，愚者问得笨。"现代心理学认为：一切思维都是从问题开始的。由此看来，一堂课的成功与否，问题设计是关键，好的问题可以开启学生心智、促进学生思维、增强学生主动参与意识。

如，在真实场景"感动中国——田世国捐肾救母"的感人氛围之中，我自然而然地抛出了本节课的第一个问题："……在感动之余，当用生物学的眼光审视时，我们不禁要问：为什么肾移植能够救治尿毒症？肾脏对人体有什么重要的作用？肾脏的结构是怎样的？"

在现实生活当中，有很多的尿毒症患者，但真正能进入学生视野的没有几个，自然也就无法唤起学生发自内心的一种关注。而此时，真实问题情境的构建，将学生很快引入到所要探究的课题中来。面对这种真实的"挑战"和任务的驱动，他们将会全身心地投入到学习活动中去。紧扣学习内容的真实问题真正地引起了学生的学习兴趣。

再如，在学习肾的微观结构——肾单位时，我问："当血液由肾动脉流入肾时，肾将体内的一些代谢废物和多余的物质，从血液中分离出来，形成尿液，使血液得到净化。净化后的血液由肾静脉运往身体各处。那么，肾中的什么结构担此重任？尿液是在肾中的什么结构形成的呢？"从而引入对肾的微观结构——肾单位的学习，并追问："肾单位的结构如何呢？"

教学是解决不知与知、浅知与深知的矛盾，也可以说是要学生解决问题。因此，教师应在学生疑难之处设置疑点，设计一些有思维"分量"的问题，让问题成为思维的路标，以打开学生心灵的门扉，激发他们去思考，将其逐步引入教学佳境。

还如，教学中我设置了"分析数据，自主提问"环节："这是血浆、原尿和尿液的成分及含量，通过比较各种成分数据的差异，你能提出什么问题？并进行进一步解释。"于是课堂中出现了学生相互提问、自主解答、互动交往的学习场面。学生提出了诸如"血浆与原尿的成分有什么区别？原尿与尿液的成分有什么区别？血浆与尿液的成分有什么区别"的问题，更令人兴奋的是，有学生提出了"尿液中尿素、尿酸和无机盐的含量为什么增大了"这样的"含金量"很高的问题。

在传统的课堂教学中，大都是由教师提出问题，整个教学过程是按照教师自己设计的问题一个一个解决。如此，使得学生只会做"学答"而不会做"学问"。爱因斯坦曾强调："提出一个问题比解决一个问题更重要。"因此，教师要有意识地培养学生自主提问的能力，在教学中把课堂上的问题下放给学生，让学生发现问题，提出问题，发展思维能力。

（二）以活动为中心——构建有效课堂生动的"抓手"

学生天性好玩，生性好动，相对过去沉闷死板或参与率较低的课堂状态，课堂活动满足了学生在玩中学的天性和欲望。活动不仅是学生认识的源泉，也是其发展的基础。新理念下，要让学生真正成为课堂的主人，就必须让课堂以活动为中心，寓教育于活动中，让活动成为构建有效课堂生动活泼的"抓手"，为每一个学生最大潜能的发挥搭建一个广阔的平台。

活动1：动手制作，构建模型

在学习"肾的微观结构——肾单位"时，我设计了"动手探索"这一活动，小组利用橡皮泥、白色卡纸、红毛线、蓝毛线等材料制作一个肾单位模型，并展示和评价作品。于是，课堂立刻变得活跃和生动起来。小组学生有的用橡皮泥捏肾小体，有的捏肾小管，有的将红毛线和蓝毛线衔接来表示肾单位中动静脉血的变化……这中间，我们看到了学生忙碌的身影、合作的快乐以及自信的笑容。不知不觉中，"肾单位"这一肉眼不可见的"抽象"结构在学生的手中变得具体生动起来，在其头脑中逐渐清晰、深刻起来。

活动2：模拟活动，巧妙类比

在学习"尿液的形成"时，我设计了模拟活动"让我们做做看"，其内容如下："这里有一包粮食，既有花生、大豆、绿豆、黑米，也有沙粒、石子。你怎样模仿农民伯伯有效地去除杂质呢？"有学生说到了用筛子筛。师出示筛子，并请学生操作。师："同学们，看一下筛出去的'杂质'，能不能直接丢掉呢？为什么？"生："不能，因为杂质中还有一些小粒的粮食。""对呀，唐代诗人李绅曾写过一首诗：'锄禾日当午，汗滴禾下土。谁知盘中餐，粒粒皆辛苦。'（师生齐背）""是呀，既然'粒粒皆辛苦'，我们就应该把漏掉的小粒粮食从杂质中捡回来。"很显然，这个活动中包含了两个过程：第一个过程是"筛出去"，即把粮食中的"杂质"筛出去——类比肾小球的滤过作用；第二个过程是"捡回来"，即将"杂质"中漏掉的粮食捡回来——类比肾小管的重吸收作用。

在这个绝妙的模拟活动中，学生的学习变得条理、清晰而又生动。直到现在，只要提起尿的形成，眼前就会闪现出筛粮食和捡粮食的情景，紧接其后的就是脑海中肾单位"制造"尿液的画面。于是在活动中，"尿的形成"的学习变得简单又有趣，好玩又好记。

活动3：手势演示，理解记忆

肾单位的结构和尿的形成过程毕竟是微观抽象的，因为看不到摸不着而感觉深奥枯燥，晦涩难懂。很是欣赏那句"智慧在孩子的手指尖上"，于是我充分利用手势，让每个学生在自己的双手上"创造发现奇迹"。一只手的拇指和其他合拢的四指相对半握，成凹陷的漏斗状，模拟肾小囊。手腕和弯曲的胳膊即是细长曲折的肾小管。另一只手的大拇指代表管径较粗的入球小动脉，食指、中指和无名指，代表入球小动脉分出的数十条毛细血管，三指并拢握起代表毛细血管弯曲盘绕形成肾小球。小指则表示管径较细的出球小动脉。将这只"肾小球"手放入另一只手的"肾小囊"中，就构成了"肾小体"。再加上胳膊"肾小管"就组成了完整的"肾单位"。学生在摆弄手指中，自主建构了知识；在欣喜与惊奇中，化解突破了难点。

对于尿液形成的两个过程演示，需要利用红色毛线和蓝色毛线。红毛线缠在大拇指——"入球小动脉"、并拢握起的三指——"肾小球"和小指——"出球小动脉"上，在胳膊——"肾小管"处需要变成蓝色毛线，以代表血液的变化。学生在不断的握松"肾小球"和摇动"肾小管"中，再现着滤过作用和重吸收作用。在全身心投入的好玩中，两个生理过程由深奥变得浅显、由抽象变得具体、由隐蔽变得明朗、由晦涩变得生动。在玩中，学生理解了，记住了，掌握了。

现代学习方式的突出特征就是学生的亲身体验。亲身体验可以理解为学生在实际的学习过程中，用自己的身体去经历学习的过程，用心灵去感悟其中的道理，在学生积极参与学习活动的过程中，使学生个体的耳、目、手、口、脑都"活动起来"。苏霍姆林斯基说："教育者不能毫无热情地把知识从一个头脑灌入另一个头脑。"学习知识是需要内化的。只有在活动中充分调动学生的学习积极性，充分利用生活情境和学生已有知识，才能激发学习动机，让学生自主地以独特方式去学习、感悟，学生的内在潜能才能得到最大限度的发挥。

（三）以探究为中心——追求有效课堂理想的"魅力源"

《生物课程标准》将"倡导探究性学习"作为生物课程的理念之一，"力图改变学生的学习方式，引导学生主动参与、乐于探究、勤于动手，逐步培养学生收集和处理信息的能力、获取新知识的能力、分析和解决问题的能力以及交流与合作的能力，突出创新精神和实践能力的培养"。它旨在引导学生主动参与科学探究的过程，让学生经历和体验科学探究的过程，激发其学习生物学的兴趣，全面提升学生的生物科学素养。

教学中，一提到探究性学习，大家脑海中马上就会浮现出一些"经典探究"：诸如"探究种子萌发的条件""探究鼠妇的生活环境"等。毫无疑问，这些探究活动中或多或少都有学生的动手操作，并适应于科学探究的一般步骤，即提出问题——作出假设——制订计划——实施计划——得出结论——表达交流等。然而，现实却是不少教师对科学探究的理解存在一定的偏差，其中最具典型的就是将"探究"等同于动手。显而易见，这种认识是偏颇的，探究性学习不光有显性的"动手"，还应有"隐性"的"动脑"——思维。

如，教师出示血液和尿液成分表，让学生分析思考，血液中的哪些成分形成了尿？排尿主要排出了哪些物质？数据处理，就是探究的一方面。

再如"分析数据，自主提问"环节，当教师抛出："这是血浆、原尿和尿液的成分及含量，通过比较各种成分数据的差异，你能提出什么问题？并进行进一步解释。"这一问题时，表面看来是问题更进一步，内容更深一些，实际上这个过程真正推进的是学生的思维发展，要求学生进行的是一番思维探究。而课堂中出现的是学生相互提问、自主解答、互动交往的学习场面，学生提出的诸如"血浆与原尿的成分有什么区别？原尿与尿液的成分有什么区别？血浆与尿液的成分有什么区别？"的问题，以及"尿液中尿素、尿酸和无机盐的含量数值为什么增大了？"这样的"含金量"很高的问题都是学生思维参与与推进过程的体现。在此过程中，教师的引领使学生的思维经历了"结果是什么？""结果为什么这样？""说明了什么？"等一系列的思维活动。这是一次次思维的探索，在历经困惑、迷茫、顿悟、释然中，体验着思维的美丽，这种思维探究无疑对提高学生的科学素养是大有好处的。

生物科学是自然科学中的基础学科之一。在初中生物学教学中，要培养学生的创新精神和探究能力，需要寻找合适的突破口。生物课程中的探究活动无疑为学生提供了探究和创新的机会。无论何种探究，我们都力求在学生主动参与、勤于动手、积极思考、推理清晰的背后让其充满理性思维的探究之美。

四、课之根——关注人当下和未来生活

20 世纪初杜威就提出了著名的"教育即生活"的命题。杜威认为，最好的教学活动是从生活中学习，从经验中学习。在他看来，学校"必须呈现现在的生活"，加强教学活动与学生当前所处的现实社会生活之间的联系，重视学生现实社会的内在价值和意义，把教学活动与学生眼前的现实生活融合为一，使学生能从当下的现实生活中得到乐趣，使学生现在的经验尽量丰富而有意义，并在"现在"的不知不觉中参与"将来"。我国著名的教育家陶行知曾提到："生活即教育。"的确如此，不论是教学即生活，还是生活即教学，教学与生活之间都是浑然天成，有机统一的；教学中有生活，生活中有教学，教学与生活是互动的。生物学科作为自然科学的一门基础学科，较其他学科更接近于人类认识和实践的实际，与人类生活息息相关，因此，我们要让生物学教学回归学生生活，融入学生生活。

（一）课堂教学资源源于生活

如《尿的形成》一节，我为了加深学生对肾的微观结构 —— 肾单位的认识，在"动手制作"活动中所选用的橡皮泥、白色卡纸、红毛线、蓝毛线等是学生常见的玩物；为了使学生对"尿液的形成"有一个深刻的理解，在"让我们做做看"模拟活动中所选用的花生、大豆、绿豆、黑米、沙粒、石子和筛子也都是学生所熟知的东西。并且在后一活动中，

教师还很好地借助了学生用筛子筛东西这一生活经验，在巧妙的类比中突破了本节的难点——肾小球的滤过作用和肾小管的重吸收作用。总之，课堂教学是一种特殊的生活过程，生活是课堂的延伸，我们需要从生活中汲取养分来丰富我们的课堂。

新课标指出要"更加关注学生已有的生活经验"，将学生从身边的"生活世界"带入生物学的"科学世界"，然后再回归到学生的生活世界中来。这就给了我们一种可能性：即充分利用我们所熟知的生活元素，适当地引入我们的课堂，使生物课堂充满生活气息。

（二）课堂教学服务于人的生活

如《尿的形成》一节，课尾，在学完了肾脏对人体的重要性以及尿毒症的补救措施如肾移植和"人工肾"之后，我深情地说道："无论是肾移植还是人工肾，都是亡羊补牢之举。关注健康，保护肾脏才是根本所在。我们要在良好的饮食和生活习惯中来保护肾脏，如坚持低盐、清淡饮食；不暴饮暴食增加肾脏负担……"

此处我们着力帮助学生树立起积极健康的生活态度，建立起良好的生活方式，这也许会影响他们的一生。这也正践行着课堂的根本在生活——教学最终是为了服务于人的当下和未来生活。

回想我们的课堂，有几次是从学生的角度、从教育的角度来设计和进行教学的：我们的教学设计，大多是知识点的罗列和整理；我们的教学，紧紧围绕课本进行，不越雷池一步；我们似乎对教学尽心尽力，对知识精挑细选，对时间充分利用……然而这背后却丢掉了多少鲜活的与生命相关的内容，放弃了多少对学生更好地生活有意义的指导，抛弃了多少生物课程所承担的责任和道义，不经意间忽视了教育的本意——使人成人，让人更好地生存和发展。

有人说，水滴虽小能折射出太阳的光辉。我想说，一节课时间虽短，但如果我们能让每节课都在着力构建"魂、神、本、根"兼备的四有课堂中焕发出生命的色彩，给予成长的必需，滋养健康的观念，提升科学素养……就能演绎好教育的本意——使人成为"人"。

第二节　走进生物学教学现场

有人这样阐述"教育"：教育是当你忘记了所学的一切之后留下的东西。看到这句话我们不难想到，在知识更新迅速、网络十分发达的今天，我们的学生离开学校走向社会后，对他一生影响最大的恐怕不是知识，而是品格和态度。可见，教育不仅"传道、授业、解惑"，更应包含智慧之爱，关乎人生的幸福，使学生的心灵滋长出精神、思想、理念、情感、意志……让我们带着这种美好的愿景，一起走进初中生物教学现场，感受"魂、神、本、根"兼备的四有课堂中焕发出的生命色彩。

课例一：脊椎动物的主要类群——鸟类

课标解读

《脊椎动物的主要类群——鸟类》属于《义务教育生物学课程标准》"生物的多样性"这一主题，课标具体内容要求为"概述脊椎动物不同类群（鱼类、两栖类、爬行类、鸟类、哺乳类）的主要特征"，并帮助学生形成"不同类群的生物各有其特征"的重要概念。本节课描述的是鸟类的形态结构、生理特点是如何与环境相适应的，通过本节学习为以后的动物分类打下基础。通过观察家鸽的外部形态和内部结构，阐述鸟类适于飞行生活的形态结构和生理特点，从而让学生概述出鸟类的主要特征。同时，培养学生观察与思考的能力，敢于提出问题、分析问题和解决问题的能力以及敢于质疑、大胆创新的精神。

内容简析

"鸟类"是济南版初中《生物学》七年级上册第二单元第二章第二节《脊椎动物的主要类群》中的一个重要内容。本节课内容的安排思路是突出动物与环境的关系，按照生物圈的环境特点，探究各种动物与各自环境相适应的特点。而本节课的核心内容是学生通过观察、体验与实践、资料分析等探究活动明确鸟类在外部形态、内部结构和生理等方面适于飞行的特点。通过探究活动，使学生的创新意识得以发展、提高观察能力和动手能力，同时在活动中树立生物体结构与功能相适应的生物学观点。

目标定位

七年级学生对于鸟类已有许多感性认识，并有较多的有关鸟类的生活经验做铺垫，且具备了一定的自主学习能力和合作探究能力。但是，学生对鸟类的认识仅仅停留在外部形态和生活习性等方面，对于它们的内部结构和生理特性知之甚少，对于"生物体的结构与功能相适应"的生物学观点也处于"混沌"状态。因此，根据七年级学生已有的认知水平，以及本节课的地位和作用，确定目标如下：

一、知识目标

1.通过"观察测量""动手实验""资料分析"等学习活动，阐明鸟类适于飞行的形态结构和生理特点。

2.通过"归纳梳理，知识构建"，概述鸟类的主要特征。

二、能力目标

1.通过观察家鸽的外部形态和内部结构，学会观察的一般方法，提高观察能力。

2.通过对相关资料信息的分析、归纳，培养发现问题、分析问题、解决问题的能力。

3.通过测量翼展、探究实验等活动，提高动手操作能力。

三、情感目标

1.初步确立生物体形态结构与生理功能相适应的生物学观点以及实事求是的科学态度。

2.通过鸟类与人类的关系的学习，提高爱鸟护鸟意识，激发热爱生命和大自然的情感。

3.通过歌唱小苹果版的《小白鸽》，激发学生努力学习、热爱生活的情感。

四、教学重、难点

1.教学重点：概述鸟类的主要特征。

2.教学难点：（1）描述消化系统的结构特点。（2）描述双重呼吸的过程。

方法阐释

本节课的设计与实施，尽量从学生熟知的日常生活现象和经验出发，创设问题情境，采用自主探究的方式，让学生在由表及里、由外到内的探究过程中，总结归纳鸟类在外部形态、内部结构和生理上是如何适应飞行生活的。整个教学过程中以"鸟类如何适应空中飞行生活"为主线，将生物体的结构与功能相适应的生物学观点贯穿其中，采用启发诱导、层层深入的教学方法，让学生在观察、讨论、分析、总结、探究活动中，构建知识，提升能力。

教学流程

【课前准备】活体家鸽8只、解剖新鲜家鸽1只（气管处连通一只玻璃管）、家鸽新鲜消化系统实体 1 副、家鸽长骨若干、骨骼标本 8 个、家鸡肌胃 8 个、猪骨 1 小块、烧杯、饱和食盐水、双重呼吸自制教具及 Flash 动画、自编故事《沙粒儿历险记（见附件 1）》、自创歌曲小苹果版《小白鸽》（见附件 2）、纸飞机若干、自制课件等。

环节一　创设情境，激疑引趣

师：今天我们的课堂要从一个游戏"扔纸飞机"拉开序幕（同时将不同的纸飞机送至各小组，并请前三组同学各派一名代表上台参与游戏）。

生：积极参与，热情高涨。

小游戏：扔纸飞机，探究其飞行又远又稳的条件。

一组：一张纸和一张相同的纸折成飞机，同一学生同一状态下扔，比较两者飞行距离和平稳度。

生：观察比较后者飞行效果好，得出结论为阻力小，利于飞行。

二组：一张纸折的飞机和相同的三张纸折的飞机，同一学生同一状态下扔，比较两者飞行距离和平稳度。

生：观察比较前者飞行效果好，得出结论为重力轻，利于飞行。

三组：同一只纸飞机，不同力气的学生"全力以赴"扔，比较两者飞行距离和平稳度。

生：观察比较力气大者扔出后，飞行效果好，得出结论为动力足，利于飞行。

师：同学们比较各组纸飞机飞行的差异，思考纸飞机要想飞得又远又稳，必须具备哪些条件？

生：阻力小，重力轻，动力足。

师：鸟类是如何克服阻力，减轻重力和增大动力，飞向蓝天的？从古至今，人类一直向往蓝天，渴望飞翔，今天，我们承载着人类渴望飞翔的梦想，以家鸽为例，一起来探索鸟类飞行的秘密！（出示课题：《脊椎动物的主要类群——鸟类》）。

【设计意图】通过儿时游戏"扔纸飞机"，最大限度地调动了学生的学习热情，可谓寓教于乐。之后，通过对比不同纸飞机的飞行情况，引发学生思考，激发学生探究欲望，使学生快速进入学习状态；同时也让学生明确了飞行需要的条件——阻力小，重力轻，动力足，为下一步的学习埋下伏笔。

环节二　由表及里，分步探究

1. 观察测量，研外形（如图 1 所示）

师：现在探究之旅开始！

（1）看一看：家鸽体形是怎样的？这对家鸽的飞行有何意义？

（2）观一观：家鸽身体各处羽毛有什么不同？推测它们分别有什么作用？

（3）量一量：测量家鸽翼展长度与身长，你从中会发现什么？

（4）捏一捏：家鸽胸肌，感受其结实度。

学生分组实验：观察家鸽外部形态与飞行相适应的特点。

师：通过刚才的观察，我们人类能在家鸽的外部形态上，学到哪些适于飞行的特点呢？

生：体形流线型，减小空气阻力；体表被覆羽毛，具有保温作用；前肢变成翼，成为飞行器官。

图1　家鸽测量

【设计意图】通过对活体家鸽进行"看一看《家鸽体形》"、观一观家鸽羽毛、"量一量"家鸽翼展等活动，既增加了学生的感性认识，又培养了观察能力。同时，在学生丰富的感性经验的基础上，讨论归纳出家鸽适于飞行的外部形态特点可谓是水到渠成。

2. 动手实验，探结构

师：鸟类能飞不仅是因为外部形态特点，它的内部结构一定也有很多秘密，现在就让我们进入"结构篇"。

（1）探胸肌

师：刚才大家已经摸过家鸽的胸肌了，什么感觉？

生：硬、结实，肌肉很发达。

课件出示：胸肌图片（见图2）

胸肌

图2　胸肌图片

师：这就是胸肌，资料显示家鸽的胸肌占体重的1/5，人的胸肌占体重的1/120，说明鸟类的胸肌发达，如此发达的胸肌有什么作用呢？

生：猜测。

播放视频：发达胸肌

师：发达的胸肌有什么作用？

生1：牵动两翼，利于鸟类飞行。

生2：胸肌发达，为家鸽的飞行提供充足的动力。

（2）探骨骼

师：大家都知道肌肉是附着在骨上的，现在我有一个疑问，如此发达的胸肌应该会附着在哪块骨上呢？

课件出示：家鸽骨骼图（见图3）

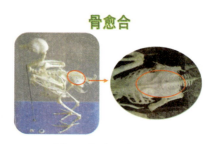

图3　家鸽骨骼图

生：指出龙骨突的位置。

师：这位同学观察得很仔细，从这幅图中，不难看出龙骨突很发达。除此之外，家鸽的骨骼还有哪些特点与飞行相适应呢？我们一起认识一下家鸽的骨骼。

①分组实验：掂骨——用手掂一掂家鸽骨骼标本

师：掂一掂家鸽的骨骼，有什么感觉？

生：很轻。

②分组实验：照骨——用激光笔照一照家鸽的骨骼标本。

师：你发现了什么？

生：透光。

师：透光，说明什么？

生：家鸽的骨很薄。

③分组实验：看骨——细看家鸽脊柱的后半部分。

师：现在仔细看一下这个部位（指示家鸽脊柱的后半部分），这部分是由一块骨组成

112

的还是多块骨组成的?

生:它看起来像一块骨。

师:实际上它是由多块骨愈合在一起的,这种现象叫骨愈合。骨愈合现象有什么意义呢?

生:增加了骨的牢固性,有利于家鸽的飞行。

④演示实验:比骨——比较猪骨和家鸽骨在饱和食盐水中的沉浮情况。

师:我手中有两块骨,一块是猪骨,一块是家鸽的骨,现在我分别把它们放到水中,大家发现了什么?

生1:猪骨下沉。

生2:家鸽骨浮在水中。

师:这说明什么?

生3:家鸽的骨轻。

⑤分组实验:掰骨——掰开家鸽的骨,观察其结构。(见图4)

图4　长骨中空

师:为什么轻?让我们一看究竟,请各个小组,掰开家鸽的骨看一看,你发现了什么?

生:哦,中空的,减轻重量。

师:做完上述一系列实验活动,我们了解到家鸽的骨具有什么特点?

生:既轻便又牢固。

师:现在我们回顾一下,家鸽在结构上有哪些特点是与飞行相适应的?

生:龙骨突附着胸肌,提供动力;骨很薄,有的骨愈合,有的骨中空,使骨既轻便又牢固。

【设计意图】本环节遵循整体到部分认识事物的规律,梯度分明地推进学习,让学生参与了科学研究的一般过程。一是通过"掂骨",得出家鸽骨轻。二是通过"照骨",骨透光,得出家鸽骨薄。三是通过"看骨",得出家鸽骨愈合。四是通过"比骨"使学生思考:同样是骨为什么放在水中会出现不同的沉浮现象呢?从而形象直观地使学生获得感性认识，激发学生的探究欲望。五是通过"掰骨"，看出家鸽的骨中空。此处，在培养观察和思考能力的同时，提高了学生的表达、交流能力和合作意识。

师：如果拥有了家鸽的外部形态，再加上发达胸肌，骨变得轻便牢固，就能长距离飞行了吗？

生：不能，飞行时还需要能量。

师：能量从哪儿来呢？哪些生理活动能提供能量？现在我们进入"生理篇"。

3. 直观生动，析生理

（1）消化系统

研读教材：家鸽的消化系统示意图，认识名称和功能。（如图5所示）

①学生活动：对号入座 —— 讲台前为消化系统的各器官贴名称。

学生：小组代表贴名称，其他成员纠错，检测自学效果。

②视频播放附件1：《沙粒儿历险记》

沙粒儿历险记

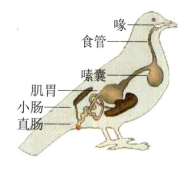

我是一颗小沙粒儿，正在草丛里懒懒地晒太阳，一只家鸽向我走来，瞬时，我被一个硬得像钳子一样的家伙，夹进了一个黑洞，没有任何阻力就滑进了一条细细的管道，接着，又掉进一个膨大的空间，这里有很多湿湿软软的谷粒儿。过了一段时间，我穿过一条管道进入一个搅拌机似的地方，我和谷粒儿被不断搅拌、研磨，谷粒都粉身碎骨了，我还算坚强，又被推进了一条又长又窄的迷宫，我周围的物质大部分都神秘地消失了，只剩下一些臭臭的东西和我混在了一起。最后经过了一个极短的管子，从半空中，被重重地摔到了地上。

图5　沙粒儿历险记

师：看完《沙粒儿历险记》，你能告诉大家这颗沙粒经过了哪些消化器官吗？

生：钳子代表喙，鸟类具有角质的喙，而且口中无齿。细细的管子代表食管，膨大的空间代表嗉囊，搅拌机代表肌胃，迷宫代表小肠，极短的管子代表直肠。

师：这位同学观看动画非常认真，很棒！现在同学们能结合生活经验和课本所学推测出各消化器官的功能吗?

生:大胆猜想、推测。

③分组实验:观察肌胃

师:现在给大家看一看真正的肌胃,俗称"鸡胗",捏一捏肌胃的外壁,摸一摸肌胃的内壁,你发现了什么?

生1:捏肌胃的外壁,感觉肌肉很发达。

生2:摸肌胃的内壁,感觉很硬,很粗糙。

师:猜想一下发达的肌肉,粗糙的内壁加上啄食的沙粒,它们能起到什么作用?它代替了哪个结构?

生:起到磨碎食物的作用,代替了牙齿。

师:鸟类虽然有喙无齿,但是却可以通过肌胃磨碎食物。

生:小肠,是消化食物、吸收营养的主要场所。直肠的作用是储存粪便,可是家鸽的直肠太短了,所以只要有粪便就随时排出体外。

师:思考直肠短对家鸽的飞行有什么好处?

生:直肠极短,不贮存粪便,可减轻体重,利于飞行。

【设计意图】描述鸟类消化系统的结构特点是学习的难点,内容较为抽象难懂。在这个环节中,教师为学生巧设跳板,降低学习难度。首先,通过活动"对号入座——为消化系统的各器官贴名称",让学生整体感知家鸽的消化系统;然后,采用学生喜闻乐见的动画形式——《沙粒儿历险记》了解各部分功能,把抽象的知识具体化、形象化,激活学生思维;最后,以肌胃为例,让学生亲眼观察,亲自触摸,大胆推测,提高了思维水平。同时也初步树立了生物体结构和功能相适应的生物学观点。

(2)呼吸系统

师:食物中的有机物需要氧化分解才能释放能量,据资料统计:一只飞行中的鸟所需要的氧气量是休息时需氧量的20倍,家鸽飞行时是如何获得充足的氧气的?我们一起来了解一下家鸽的呼吸系统。

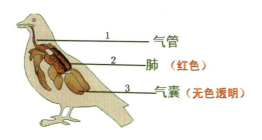

图6　家鸽的呼吸系统

①课件展示：课本插图"家鸽的呼吸系统"。（如图6所示）

生：整体感知，特别注意到肺和气囊。

师：大家知道肺是呼吸器官，那么在家鸽的呼吸系统中，气囊又有何作用？它与肺又有着怎样的关系呢？

生：猜测。

②眼见为实：实物投影解剖的新鲜家鸽（气管处连通一只玻璃管）（见图7）

图7　实物投影家鸽气囊

师：真实的气囊是什么样子的？下面，请一位同学到台前对着连通气管的玻璃管吹气，看看有何发现？

生：上台对着玻璃管吹气。

生：（台下学生惊呼，看到气囊鼓起来了）

原来它是与肺相通的。

③播放视频：双重呼吸。

师：肺和气囊的功能是怎样的？家鸽飞行时又是如何进行呼吸的呢？请看大屏幕。

生：观看动画、思考问题。

④场景再现：自制教具直观演示双重呼吸。

师：我有个爱动脑的学生，自制了一个双重呼吸的模型，同学们猜测一下它们分别代表什么结构？如果前面的管子代表气管，那么红色部分代表什么？两侧代表什么？我的双臂代表什么，现在我给大家演示一下双重呼吸是如何进行的。

师生：（随着教师演示，师生共同描述双重呼吸过程）当吸气时，两翼上举，这时外界空气同时分别进入肺和气囊，并在肺内进行第一次气体交换；当两翼落下时，气囊被挤压，气囊中的气体再次进入肺，在肺内进行第二次气体交换。

⑤梳理小结：明晰双重呼吸过程。（见图8）

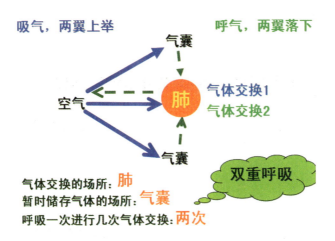

吸气，两翼上举　　　呼气，两翼落下

气囊

空气　　　肺　气体交换1
　　　　　　　气体交换2

气囊　　　双重呼吸

气体交换的场所：肺
暂时储存气体的场所：气囊
呼吸一次进行几次气体交换：两次

图8　鸟类双重呼吸过程

师：现在，我们又获得了有关家鸽的生理方面的很多知识，那么，从呼吸方面来说，家鸽有哪些特点与飞行相适应？

生：双重呼吸。

【设计意图】对于气囊这一结构，学生充满了好奇，它在哪里？是怎样的呢？"眼见为实"这一活动，满足了学生的探究欲望，让学生真实体验到气囊的存在，认识到它是与肺相通的。并由此激发学生思考：气囊在双重呼吸中又扮演着怎样的角色？自然引入双重呼吸的学习视频，使学生初步感知双重呼吸。接着，通过"双重呼吸"自制教具演示活动，既巧妙地突破了本节课的难点，又使得双重呼吸这一抽象过程在活动中变得简单而又生动，记忆有趣而又深刻；同时此教具的制作材料如塑料桶、塑料管、红纸片、绳子等都是生活中常见的物品，它们也告知学生学习资源就在身边，只要你是有心人。可谓"一举三得"。

4.前后贯穿，建体系

师：探究之旅走到现在，我们要进入总结篇了。现在大家一起回顾一下，家鸽在外形、结构、生理上有哪些与飞行相适应的特点？它们如何实现了飞行条件"身体轻，阻力小，动力足"？

师生：梳理总结，构建知识网络。（如图9所示）

师：正因为家鸽在外形、结构和生理上具备了这些特点，才使它能在蓝天上自由飞翔（边说边板书，将各特点巧妙地包容在一只飞行的鸟的轮廓里，突出一个"飞"字）。同时也让我们再次领悟到神奇的生命世界里一个重要的生物学观点：生物的形态、结构总是与其功能相适应的（课件出示）。

【设计意图】此处设计目的有二：一是归纳梳理相关知识，有效构建知识体系，实现知识的内化；二是再次追问"鸟类如何实现飞行条件'身体轻，阻力小，动力足'"，使得课堂首尾呼应，有始有终。

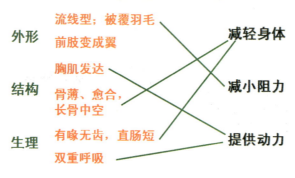

图9　生物形态梳理总结图

环节三　归纳梳理，知识构建

1.鸟类的主要特征，求科学

师：讲到这里，问问同学们，所有的鸟都会飞吗？

生：不是，比如鸵鸟、企鹅。

师：那么，会飞的都是鸟吗？

生：蝙蝠，昆虫会飞，但不是鸟。

师：具备什么的特征才是鸟类呢？

生：回答鸟类主要特征。

【设计意图】教学中发现很多学生只要提到鸟，就会想到飞。这是由于学生日常生活经验所形成的前概念干扰的结果。因此，此处教师通过实例反馈和简洁的问答形式，巧妙地纠正了学生"偏颇"的前概念，将鸟类概念的内涵和外延教学进行了整合，让学生逐渐接近概念的实质，最终建构出有关鸟类的科学概念。

2.鸟类与人类的关系，重和谐（如图10所示）

师：学到这儿，我迫不及待要像鸟儿一样飞向蓝天了，同学们能不能不改造我的身体，也能把我带向蓝天？

生：坐飞机。

师：人类是如何研制出飞机的？

生：向鸟类学习的！

师：鸟类在仿生学上还为人类做了哪些贡献？

生：举例，譬如由家鸽研制出防地震设备等。

师：鸟类被称为"农林卫士"，是我们人类的好朋友。我们应该为朋友做些什么？

生：各抒己见，谈感受。

师：同学们说得都非常好。每年的爱鸟周，我们还可以为鸟儿制作饲养台、鸟巢等等（课件展示学生们制作的爱鸟护鸟装置）。希望大家多多为爱鸟护鸟做宣传，让我们从生活中的一点一滴做起，从身边做起。

根据鸽子腿上灵敏感受地震的结构，仿制出新型地震仪，使地震预报更准确。　一只猫头鹰一个夏天能消灭1000只田鼠，相当于保护了一吨粮食。　一只啄木鸟一年能啄食50万条寄生在树皮中的害虫。

图10　鸟类是人类的好朋友

【设计意图】此处设计"一石二鸟"：一是从仿生学上来引导学生认识到"知识就是力量"，学习生物学知识让我们的生活更美好。二是密切关注学生的情感态度与价值观，树立热爱鸟类、热爱生命、热爱大自然的健康生活态度。

结束语：

师：今天鸟儿走进课堂，带给我们知识，明天它飞向蓝天，又带给我们无限的遐想。我们要像鸟儿一样为了自己的理想展翅高飞，努力做到克服阻力，减轻压力，增强动力！祝愿在座的每位同学在人生的天空中展翅翱翔！加油！现在让我们一起唱响我们自编自导的神曲——小苹果版的《小白鸽》（见附件2）！

生：全体起立，拍手打节拍，一起唱起来！课堂气氛达到高潮！

附件2：小苹果版《小白鸽》歌词

第1段：我有一只小白鸽　　　　第2段：有喙无齿重量减

每天飞行很快乐　　　　　　　小肠很长直肠短

你的秘密真的很多　　　　　　你的食物都很新鲜

蓝蓝天空送给你　　　　　　　体形流线阻力减

朵朵白云送给你	被覆羽毛体温暖
让太阳每天为你升起	前肢变翼飞向蓝天
胸肌发达动力十足	很想和你飞翔在蓝蓝的天空间
只为牵双翼	伴着白云陪你一起看月缺月圆
骨骼中空薄而愈合只为变轻盈	总有一天乘着飞船在
你的身体只为飞行而进行设计	宇宙寻探
气囊很多与肺相伴	你的魅力永记心间
双重呼吸	伴我少年
合唱：你是我的小呀小白鸽	翱翔蓝天多么快乐
美丽的羽毛撩拨我的心窝	唱响我心中的乐乐乐乐乐
你是我的小呀小白鸽	就像天边最美的云朵
春天又来到了花开满山坡	努力学习就会收获

【设计意图】一曲原创的小苹果版的MV《小白鸽》——用《小苹果》的旋律唱"鸟类"，该是多么有意思的一件事！其一，教师给《小苹果》重新填词，把原本比较拗口难记的生物知识融进去，立马抓住学生的心，变"要我学"为"我要学"。其二，这首灵动的《小白鸽》产生的"耳朵虫"效应，让人忍不住回想萦绕在心头的旋律，使融入其中的生物学知识反复在脑海中浮现，从而有效地促进学生的学习。其三，在劲爆的歌声里，课堂"华美谢幕"！

教有所思

一、教学目标多维度，促进全面发展

不论课程怎样改革，一节好课首先应该是关注学生长远全面的发展。也就是说，一节好课不仅要考虑学生学到了多少知识，提高了多少能力，更重要的是要考虑学生的身心、情感乃至精神有所获得和发展。鉴于对《生物学课程标准》的理解和对教材及学情的分析，在课堂教学中，教师始终以引导、启发为主，通过创设教学情境和设计一系列探究问题，为学生提供学习平台，充分挖掘潜能；注重结合学生的生活经验和生活实例，变抽象为具体，变感性为理性，使学生懂得"生活处处有知识""知识处处寓生活"的道理；采取自主与合作相结合的方式，积极调动学生参与课堂活动的主动性，围绕"克服阻力，减轻压力，增强动力"，让学生在做、讲、听、论的过程中自主建构知识。最后以"爱鸟在行动"为主题，关注学生的情感态度与价值观，树立学生热爱鸟类、热爱生命、热爱大自然的健康生活态度，使得情感得以升华。

二、教学设计巧优化，创生高效课堂

1. 鲜活实物进课堂，丰富感性认识

（1）活体家鸽激兴趣。充分利用活体家鸽，将活的家鸽带入课堂，在观察外形时，让学生把家鸽从笼子里取出来测量两翼展开的长度，并和身长做比较，直观感受两翼展开面积大，加深其对飞行意义的理解。摸胸肌和羽毛增加学生对家鸽的感性认识，为后面的学习做好铺垫。学生面对鲜活可爱的家鸽，非常兴奋，探究积极性空前高涨，通过自己的观察和测量，轻松总结出家鸽适合飞行的外部特点。

（2）器官贴签获感知。在家鸽离体消化系统上贴各器官名称，极大激发了学生的学习兴趣，让学生对消化系统有了更真实和直观的认识，同时巩固加深了学生对消化系统的理解，学习效果大为提高。

（3）骨骼学习重探究。在进行家鸽骨骼的一系列实验中，力求通过学生亲眼所见，亲自动手，在轻松愉快的实践中总结家鸽骨既轻便又牢固的特点，感受到探究与学习的乐趣。

2. 活泼形象妙改编，遵循认知规律

（1）巧编《沙粒儿历险记》显生动。家鸽消化系统平时不常见，对学生来说比较抽象，我们采用七年级学生比较感兴趣的形象、拟人的手法使得本来抽象难懂的消化器官瞬间变成了简单易懂的"硬硬的钳子""长长的迷宫""搅拌机"等，巧妙地突破了本节课的重点，激发了学生学习的积极性，提高了学习效率。

（2）自创神曲《小白鸽》助记忆。课堂结束前，全体同学集体唱响《小苹果》版的神曲《小白鸽》，歌词全是由鸟类的主要特征组成，同学在集体合唱中不但巩固了本节所学——鸟类的主要特征，而且还把整节课的气氛推向高潮并"华美谢幕"！生活中喜欢的流行歌曲变成了学习生物知识的好方法，可谓寓教于乐，一举两得！

3. 自制模型巧创新，化解疑难问题

双重呼吸是本节的重点，更是一个难点，如何突破这个难点，采取"五步走"：一是课件展示带着学生认识家鸽的呼吸系统；二是眼见为实地让学生看到了气囊以及与肺相通；三是通过视频播放了解肺和气囊的功能及双重呼吸的过程；四是利用自制"双重呼吸"教具演示了双重呼吸的全过程；五是利用板书条分缕析地帮助学生梳理双重呼吸的过程，强化学生的理解。五步下来，双重呼吸不再是难点。

课例二：生态系统的组成

课标解读

"生态系统的组成"在《义务教育生物学课程标准》中的位置属于一级主题"生物与

环境"下的二级主题"生态系统"中第一节的内容，这节课是学生认识了生物圈，学习了"生物与环境的相互作用"的基础上的提升与总结。本节课的学习为后面的食物链和食物网、能量流动和物质循环以及生态系统的自我调节的学习奠定了基础。同时要求向学生渗透生物与环境关系的知识，进一步理解人与自然和谐发展的意义，提高学生的环境保护意识。因此，这节课也是培养学生热爱大自然的基础课。

内容简析

"生态系统的组成"是济南版初中《生物学》八年级下册第六单元《生物与环境》第二章第一节的内容。本章内容的安排思路是突出生物与环境的关系，探究生态系统中各种生物之间以及生物与环境之间，通过物质循环和能量流动而相互作用所形成的统一整体。而本节课的核心内容是学生通过调查和观察、体验与实践、资料分析等探究活动阐明生态系统的概念，概述生态系统的组成，明确各组成成分的作用以及相互关系。同时还要注意培养学生搜集和处理信息的能力、实验与应用的能力，加深生物与环境关系的认识，形成生物与环境是一个统一整体的生物学观点，进而提高环境保护意识。

目标定位

学生通过对生物圈中的植物、动物、微生物以及生物与环境的相互作用等章节的学习，初步了解了生物的基本特征和生活环境等方面的知识，在此基础上，本节将学生的视野进一步拓展到宏观的生态系统。学生对于生态系统的知识虽有接触，但缺乏深层次的理解，他们很难把这些生物及其生存环境放在一起进行思考和研究，更没有考虑到这些生物及其生存环境能够成为一个统一整体。但是八年级的学生已经具备一定的抽象思维能力。因此，根据八年级学生已有的认知水平以及本节课的地位和作用，确定目标如下：

知识目标

1. 说出生态系统的概念，阐明生物圈是最大的生态系统。
2. 概述生态系统的组成。
3. 尝试解释生态系统的各组成成分的作用及相互关系。

能力目标

通过图片模拟，辩论"争功"、游戏"找食物"、给小鱼安家等活动提高学生的逻辑推理能力、语言表达能力以及小组合作学习的能力。

情感目标

1. 认同生物与环境是一个统一的整体。
2. 增强热爱大自然，保护环境的意识。

教学重难点

重点：生态系统的概念，生态系统中不同组成成分的作用。

难点：生态系统中各种组成成分的作用及相互关系。

方法阐释

本节课采用图片分析、辩论"争功"、游戏"找食物"、给小鱼安家等多种活动，让学生在活动中学习，增加学习兴趣。通过游戏、动手操作等调动学生积极性，激活学生的想象力，帮助理解知识，同时培养学生小组合作学习的能力。

教学流程

课前准备：

1.制作"生态系统的组成"的课件 制作微型湿地生态系统

2.制作给小鱼安家的展板、准备辩论争功的牌子、制作找食物的动植物头饰等。

创设情景，引入新课：

课前播放音乐——《畅游黄河口》：来吧，来吧，和我一起走，带你畅游黄河口！

师：出示山东黄河口湿地公园的照片，展示美丽景色。

生：观赏美丽景色。

师：我们能不能把"湿地公园"带回家？

学生讨论回答：能或不能。

师：知识就是力量，知识改变生活，利用生物科学拥有这样一块"美丽湿地"的愿望早已经实现了。

师：出示自制的教具"微型湿地"模型。

师："微型湿地"能长时间存在，其中有什么秘密呢？我们一起来探究吧！

引出课题《生态系统的组成》。

【设计意图】课前播放欢快优美的《畅游黄河口》音乐，上课接着展示美丽的黄河湿地公园照片，场面华丽，气势宏伟，一下就吸引了学生的注意力。师接着出示自制的""微型湿地"，引发学生思考，激发学生兴趣，调动学生的探究欲望，使学生快速进入学习状态。同时这样导入新课也凸显地方特色，为"黄河湿地公园"做了宣传，同时也介绍了自己是来自山东东营的赛课教师，可谓"一箭双雕"，效果好。

探究之一：成分篇

教师出示小型湿地图片，以此为例来探究生态系统的组成。

师：在湿地内，都包含哪些生物。尝试给它们分类？

生：辨认小型湿地中的各种生物，包括植物、动物、微生物以及各种非生物成分等。

师：植物（水草）、动物在湿地中是怎样生活的？各起什么作用？动植物的遗体以及它们的排泄物去哪儿了？这与哪些生物有关系？

生：讨论后回答各种生物的生活方式以及生态系统中所充当的不同成分。

——引出生产者、消费者、分解者的概念，最后师生共同总结生态系统的成分。

师：设计活动——黑板粘贴各类生物和它们所充当的不同成分连线。

生：黑板粘贴图片——要求不同生物图片和所属成分对应起来（粘贴的图片为板书）。

【设计意图】探究生态系统的成分采用的方法是先认识不同的生物，再明确生物所属类群，最后指出不同生物类群在生态系统中所充当的成分。这样由表及里，由易到难，层层深入，凸显学生获得知识的过程，注重学生的理解，得出结论不生硬。设计学生来粘贴图片的活动，是让学生在活动中学习，兴趣浓厚，学生记忆深刻，用这种学生来粘贴图片的方式比教师自己单纯的板书掌握学习内容的效果要好。

探究之一：概念篇

师：刚才我们探究了生态系统的成分，下面我们接着探究生态系统的概念。

第一步：问题引领——初构概念

问题一：一条鱼能构成生态系统吗？

问题二：湿地中所有的鱼和水草能构成生态系统吗？

问题三：湿地中的所有生物能构成生态系统吗？

生：分析判断是不是一个生态系统，并说明原因。

第二步：归纳梳理——构建概念

师大屏幕出示板书，先让学生说，师接着图片演示并解释概念，最后进一步梳理归纳出生态系统的概念。

生态系统：在一定的地域内，生物与环境所形成的统一的整体。

第三步：实例辨析——理解概念

师：请判断它们属于生态系统吗？

问题一：草原上的所有动物（X）

问题二：池塘中所有的水草和鱼（X）

问题三：湖泊中所有的生物（X）

问题四：一条小河（√）

学生讨论判断是不是一个生态系统并说明原因。

第四步：列举实例——强化概念

师：关于生态系统，你能举出常见的例子吗？

学生列举各种生态系统：一块草地、一片森林等。

师：出示多种多样的生态系统。

学生认识常见的生态系统。

【设计意图】关于生态系统的概念教学采取由点到面、由表及里、、由现象到本质，层层深入，将概念的内涵和外延教学进行了整合，让学生逐渐接近概念的实质。同时强调获得知识的过程性，符合学生的认知规律，构建生态系统的概念别具匠心，有特色。

探究之一：作用篇

师：在生态系统的几个成分中，哪种成分对维持生态平衡所起的作用最大？

学生先自学课本 54 ~ 55 页，再分组讨论生态系统中各种成分的作用。

小组之间展开辩论赛——"争功"，比一比哪种成分对生态系统所起的作用最大。

师：图片演示四种（非生物成分、生产者、消费者和分解者）成分的依存关系。

师：由此可见，生态系统的各种成分是相互联系，相互依存的。正如《狮子王》中所说的"在这个生物圈里面，都是互相有关联的"。

师播放视频——《狮子王》片段

生观看《狮子王》中的视频。

师：生态系统的各种成分是如何关联的？下面我们就通过一个小游戏"找食物"来说明动植物之间的关联性。

学生做游戏——"找食物（四个学生分别扮演小草、蝗虫、小青蛙和小蛇，通过吃和被吃构成一条食物链，然后各自诉说自己是如何生活的。）

师：如果人类大量捕食青蛙或环境污染导致青蛙灭绝，小蛇减少，蝗虫增加，最后小草减少，生态系统失去了平衡！由此可见，生态系统中一种成分发生变化，往往会引起其他成分发生相应变化，甚至会引起整个生态系统的崩溃！我们应该尊重自然，关爱生命！

【设计意图】"当知识与积极的活动紧密联系在一起的时候，学习才能成为学生精神生活的一部分。"设计"争功"辩论赛活动，学生积极性高，为了在辩论中取胜，学生会想方设法地记住每种成分在生态系统中所起的作用，比老师强迫学生单纯的死记硬背效果好得多。设计"找食物"游戏既能"寓教于乐"，又能把深奥的道理简单化，避免了空洞的说教，这种形式让人耳目一新，记忆深刻。

探究之一：应用篇

师：到现在为止，我们探究了生态系统的成分，明确了生态系统的概念和各种成分的作用，现在我们学以致用，做一做——为小鱼安个舒适的家。

师出示材料用具并强调注意事项。

学生小组合作：做一做——为小鱼安个舒适的家。

小组展示自己的作品，并说明选取这些材料和数量的原因。

学生各小组相互评价哪个小组做得更科学。

师总结"为小鱼安个舒适的家"应该有哪些成分和注意事项等。

【设计意图】"学以致用"，可以理论联系实际。通过"做一做"给小鱼安家的活动，就可以把梳理归纳前面所学的知识，现学现用，使学生得到的书本"死"知识，转化为自己的"活"知识，有效构建了知识体系，进而转化为学生的能力。学生兴趣浓厚，参与热情高，课堂效果好。

探究之一：认同篇

师：出示自制"微型湿地"，请同学们分析老师自制的"微型湿地"能够长时间存在的原因？

生：分析原因。

师：东营有美丽的黄河湿地公园，我们潍坊的湿地你们知道有哪些呢？

学生说出潍坊的湿地公园：白浪绿洲湿地、禹王湿地等。

师：政府对湿地公园的管理十分严格，不准排放污水、捞鱼捕虾等，为什么？湿地有什么作用呢？

学生列举湿地的作用：湿地 —— 地球之肾。

师：湿地如此重要，可是中国的湿地状况不容乐观，请看"国情在线"调查 —— 湿地遭破坏的现状。

出示视频——《中国湿地状况调查》。

学生观看视频，了解中国湿地的现状。

师：怎样保护湿地？请你出谋划策。

学生列举如何保护湿地。

师出示保护湿地的宣传片视频。

师结束语：莫让湿地变成"失地"，因为湿地是物种基因库，湿地是地球之肾，湿地是淡水之源，湿地是我们共有的家园！如果湿地遭到破坏，美好家园将不复存在！呵护湿地，呵护地球！让我们为保护生态环境，建设美好家园而积极行动起来！

【设计意图】本环节的设计目的有二：一是首尾呼应，再次出示自制的"微型湿地"模型，让学生分析其长久存在的原因，意在归纳总结本节课所学的知识，构建本节课的知识体系，同时进一步训练学生分析解决实际问题的能力。二是以"湿地"为载体渗透德育教育，认同生物与环境是一个统一的整体，进一步理解人与自然和谐发展的意义，培养学生的环保意识和社会责任感。

教后思考

新课标的核心理念是"为了一切学生的全面发展"。教师在教学活动中，不仅要注重知识和技能的培养、过程和方法的训练，更要关注学生的情感和态度，培养学生正确的价值观。为了体现新课标的教学理念，针对本节课的内容特点，我先后采取了激趣导入→探究成分→形成概念→探究作用→学以致用→情感升华等教学流程。整个教学流程体现了这样几个特点：

1. 学习方式"活动化"

"当知识与积极的活动紧密联系在一起的时候，学习才能成为学生精神生活的一部分。"根据学生的年龄特点，构建以"活动式"为主的教学方式，给学生更多充分交流的机会。结合本节课的内容，我设计了生物"角色扮演"采访活动——了解生态系统中的不同生物所属的成分；辩论"争功"——理解不同成分所起的作用；"找食物"——明确各种生物都是有关联的，各种成分是一个统一的整体。在活动中寻找和探究解决问题的途径，在活动中领悟科学的本质，体现学生获得知识的过程性和体验性。这些是与新的教学理念相适应的。

2. 学习过程"合作化"

新课标指出："合作交流是学生学习的重要方式之一。"学习过程是一个信息互动的过程，在本节课中，给学生之间的合作性互动提供了良好的演练场。各小组学生合作"争功"，学以致用合作粘贴"给小鱼安个家"，相互解答质疑，合作辩论，学生之间相互启发、相互补充、相互纠正错误，实现思维、智慧的碰撞，易于打破旧的思维定式，能充分调动学生的非智力因素，挖掘每个学生的潜能，拓宽获得信息的途径，有利于学习目标的达成。

3. 概念学习有"创新"

本节课注意学生学习方法的指导，如在学生学习生态系统的概念时，先用问题引领初构概念→再梳理归纳建构概念→再判断正误理解概念→后列举实例强化概念。这样由点到面，由表及里，由现象到本质，层层深入，强调获得知识的过程性，符合学生的认知规律，概念学习有"创新"效果好。

4. 思想教育有"特色"

通过设计游戏"找食物"既能"寓教于乐"，又能把深奥的道理简单化，避免了空洞的说教。学生理解生物之间的关联性，认识生物与环境是一个统一的整体，渗透了德育教育，对学生形成热爱大自然、爱护生物的情感，理解人与自然和谐发展的意义以及提高学生的环境保护意识。

第六章　评价是为了发展

没有聪明孩子、笨孩子，都是有潜质的孩子；没有好学生、差学生，都是有希望的学生；多一把尺子，同一把尺子多几次测量和自选尺子，都可能会提高学生参与学习的热情，使学生更多地感受收获知识的愉悦。

新的《生物课程标准》将提高学生的生物科学素养作为课程的主要目的和基本理念，并指出，"生物科学素养是指参加社会生活、经济活动、生产实践和个人决策所需的生物科学概念和科学探究能力，包括理解科学、技术与社会的相互关系，理解科学的本质以及形成科学的态度与价值观"。在生物教学中有意识地培养和合理地评价学生的生物科学素养是每一个生物教育工作者亟待探索和解决的问题，也是我们长期的工作目标和核心任务。新的课程理念下评价所追求的，不是给学生一个等级分数并与他人比较，而是要更多地体现对学生的关注和关怀。也就是说，由"横向高低比较"转变为"纵向提升比较"。教育工作者要发现学生的潜能，发挥学生的特长，了解学生发展中的需要，帮助学生认识自我，建立自信，从中体现"一切为了学生发展"的教学理念。

教学实践中，通过不断反思和改进，我们逐步形成了一套简约实效、内容全面和方式多样的生物学评价体系。

评价内容包括：

①纸笔测试：权重 70，以质量调研的形式，老师和学生参与评价；

②成长记录袋：权重 10，以收集展现学生成长资料的形式，家长、老师和学生参与评价；

③日常评价：权重 10，以自评、互评、老师评价等形式，老师和学生参与评价；

④实验评价：权重 10，以自评、互评、老师评价等形式，老师和学生参与评价。

最终，将一学期的情况进行综合，全面客观地评价学生。评价结果用等级制或分数表述，并加以激励性评语，重点评价学生的学习过程、学习态度、学习能力等。

其中，若学生对纸笔测试、实验评价成绩不满意，可在学期中或学期末申请第二次评价，以最好的成绩作为单项评价的最终成绩。为了鼓励学生个性发展，学生学期初可申请 1～2 项自主发展项目，由相关老师在期末对学生所申请的项目及目标达成进行评价，自我发展评价项目也纳入对学生的考核。

在这套多维化的评价体系中，我们做到了既关注学生的知识和技能，也关注学生的学习过程和方法、情感态度和价值观；既重视评价学生的学业成绩，判断学生学业水平达到的程度，也重视引导学生学会学习、学会做人，实现了评价主体多元化、评价信息多源化、评价方式开放化和评价过程全程化，实现了学生综合素质的全面提升。

第一节　课堂评价：滋养学生的自信

杨老师你好：

还记得我吗？你生物课堂上的捣蛋鬼小晨阳，嘿嘿……

告诉你哦，我高考榜上有名了，就是你读研的曲阜师范大学呢！

还记得上初二的时候你的一节生物公开课上，我不但实验失败，而且出尽洋相，你不但没有惩罚我，还鼓励我重新完成了实验，对于一个调皮捣蛋的差生来说，这真是一种莫大的鼓舞。四年后我也要走上讲台了，你是我的榜样哦！

邮箱里的一封信，更像是一种荣誉，几年了，我一直留着。我认为，教学艺术的本质或许不在于传授，而在于激励、唤醒和鼓舞。教师有多少肯定激励的话语，就能看到多少纯真的笑脸。

教学评价与教学过程是课堂教学的一体两翼，如同硬币的两面，离开了科学的教学评价就谈不上科学地提高教学质量。当前教学低效的主要因素之一，就是教师缺乏评价力，即缺乏实施科学评价反馈的能力。嵌入式量规评价，是和学习同时发生的评价，将评价融合到教学的整个过程之中，评价不再是学习的终结，而是改进学习方法，提高学习能力的载体。课堂即时性评价贯穿于学习的全过程，起到反馈、激励、调控和导向的作用，能帮助学生后继的学习。有效的即时评价还能够调动学生参与的热情，发掘学生的诸多潜能。在运用即时评价的时候，我们往往来不及仔细推敲，也不可能在课前就完全预设。课堂是活的，充满未知的变数，具有动态生成的特性，因此，可以开发利用的课堂教学资源会突如其来，也会稍纵即逝。但你若灵活地运用好即时评价，做到课堂评价立体化，则会在"山重水复疑无路"之时，迎来"柳暗花明又一村"，又如"乍起之风，吹皱一池春水"，让课堂充满勃勃生机。

一、轻松的评价方式

在生物课堂教学中，我们通常忽略了学生的自我表达，为了达到单一的教学目标，提问成了主要的课堂交流方式，就遗忘了师生之间的交流互动过程，而课堂即时评价恰恰弥补了这个问题。在课堂教学中，老师评价学生，学生也评价老师，师生之间畅所欲言，这种互动教学提供了一个师生平等的祥和氛围，学生在评价中说出体会、谈出看法、提出意见，对教师的教学也有一定的改进作用。

在《植物体的结构层次》一课中，我创设了师生共同参与表演的环节，通过对教材彩图的观察，利用班级现有的几盆器官完整的绿色植物，引导学生认识植物的六大器官，在学生互相交流他们对植物体各部分的认识及加深对植物体结构层次的掌握情况的过程中，我和几名同学分别扮演六大器官、水和空气等角色，来加深对本节课知识的掌握。从一开始的演出，我就意识到自己不能站在较高的位置上，要学会与学生合作，共同参与。

在学习了"尿液的形成"后，我和学生玩起了筛豆子的游戏，在血液中的大部分物质被筛出去（肾小球的滤过作用），有用的物质再被捡回来（肾小管的重吸收作用）的过程中，体会尿液的形成过程，营造了生动活泼的课堂氛围，这已经初步达到我想实现的教学目标了，既调动了学生学习生物学的兴趣，又激发了学生活泼好动的情绪，把生物课堂激活了，学生再也不把生物课当作枯燥无味的课了。此时，老师的一个眼神、一个手势，都是和学生的一种交流。

二、积极的评价内容

我觉得教师及时的起诊断作用的评价，有的时候能引起学生精彩的表现。在教授"反射"的概念时，以往我会按照课本内容毫不遗漏地讲给同学们听，而且经常自豪地认为自己讲得非常完美。但是同学们却有着"听的时候真明白，听完之后好像什么都不会"的困惑。于是我采用了以下授课方式：

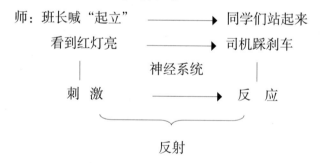

师：班长喊"起立" ⟶ 同学们站起来
看到红灯亮 ⟶ 司机踩刹车
神经系统
刺激 ⟶ 反应
反射

通过我们共同分析，现在你能试着概括出反射的概念吗？

生：人体神经系统可以对外界刺激做出有规律的反应，这种反应就叫作反射。

师：概括得很好，反射就是神经系统调节人体生命活动的基本方式。你还能举出生活中反射的例子吗？

生1：手被烫了就会缩回。

师：是不是亲身体会过？呵呵，很好。

生2：听到上课铃声，同学们走进教室。

师：不错，够细心！（同学们开始热情高涨）

生3：小狗听到主人的口令做出各种动作。

师：都会迁移运用啦，由人体联想到其他动物，对反射的概念进行了延伸，太棒了！

生4：草履虫通过运动躲避有害刺激食盐。（教室里静了下来，渐渐地又开始有了议论声。我趁机提示：请同学们再回顾一下刚才总结的反射概念。）

生5：不对，草履虫是单细胞的，没有神经系统。（雷鸣般的掌声响起来了。）

师：生4链接巧妙，生5聪慧过人，精彩之极！结合这几位同学的发言，我们再来完善一下"反射"概念的外延的学习吧……

通过前期引入中的实例，引导学生体会神经系统的调节作用，锻炼学生思维能力，同时，告别传统的"告诉"学生概念的方式，转而引导学生感悟并自己尝试概括出反射的概念。这样，不仅满足了学生的学习兴趣，而且建立起来的概念是形象生动的、深刻的。师生之间谈话似的完成了教学。我对他们好的表现加以点评，有争议的问题进行了点拨，同学们也完成了将自己原来的经验知识生成总结性知识的构建。这又应验了叶澜教授的那句话："孩子表现出来的并不完善，但他有他的美，美就美在他的幼拙。"

三、中肯的评价态度

学生的每一点儿进步，我都看在眼里喜在心上。虽然因为他们原有的知识水平不同、记忆能力和思维能力都不尽相同，导致他们在课堂上的表现能力各不相同，但是我仍然会感受到他们的努力，比如：在总结DNA有关知识时，A同学起来总结了两个错误地方，但我仍毫不吝啬地给他鼓励："虽然A同学总结得不够全面，但是他敢于表达自己的想法，就是最大的进步，我真心期待着每个同学都能勇敢地站起来。"B同学是一节课中第一个站起来的同学，我让她到黑板上讲解问题，她由于紧张却说不出话来，我会鼓励她："相信下一次你会做得很好！"我希望她不会因为一次失败而失去更多的机会。相信老师课堂上真诚的评价也会创造意想不到的奇迹！

评价不只有激励和渗透作用，更能促进学生的发展，对于一个个不同个性的学生，教师的评价不应该是一种形式、一个标准，而要具体准确，如：针对思维敏捷、聪明的学生，我会这样说："你真棒，你的见解真独到。"对学生的创新思维的火花给予肯定，并进一步激发学生的创新思维。对于学生提出的难点知识我会说："这么好的问题，我也想了解它，让我们一起解决它吧。"

苏联著名教育学家苏霍姆林斯基也认为："教育的技巧并不在于预见到课的所有细节，而在于根据当时的具体情况，巧妙地在学生不知不觉之中做出相应的变动。"新课程要求建立以学生的成长和发展为根本目的的评价观。教师只有不断地学习反思，不断地提高素养，灵活运用课堂即时评价，使其真正起到反馈、激励、调控和导向的作用，才能使我们的课堂教学更加有效，使每位学生能在评价中健康快乐地成长，并走向成功。

第二节　作业反馈：滋养学习的食粮

目前，发展性评价已被越来越多的教育界人士所关注，但是现阶段教育工作者研究比较多的是课堂教学的发展性评价，而对反映教学效果的作业的发展性评价涉及较少。生物作业是日常生物教学的一个重要组成部分，对学生生物学科的学习有着重要的导向作用，其质量的高低直接影响着教学质量。生物作业的完成过程，也是学生生物概念形成、知识落实、方法与技能训练的过程，是学生学习生物的一种重要形式。而有效的作业批改是促成这一系列教学目标逐一达成的重要保证。

一、作业形式多样

我们布置作业要针对学习重点、难点，符合中学生心理需要，能打动学生的心，与教学要求有关。成功的作业设计，不仅在于知识的复习和巩固，还要在设计中渗入闪烁智慧的幽默和高雅的品位，使作业成为智慧者的游戏、快乐者的大本营。

（一）生物小作文

"同种佳肴倒胃，时令鲜花才赏心悦目。"我在调查中发现学生对千篇一律的题目有所厌倦，我在作业设计上做了多样化的探索，使作业形式多样，题目的内涵更加丰富。如在学完"消化和吸收"后，布置学生以《西瓜子历险记》为题，写一篇科普小文章，用拟人的手法描述这粒西瓜子在人体内的经历，并将优秀作业贴在教室的"才艺展示角"内，或在课上作为范文交流。慢慢地，我的启发下，好多学生开始自发地写一些"生物小作文"，在巩固知识的同时，增加了学生学习生物学的兴趣，提高了写作能力。

例文：

西瓜子历险记

我的生物学学得一塌糊涂，哪里有胃、哪里有肠、哪里消化淀粉、哪里消化脂肪？真是不明不白，于是老师就用她的魔力，把我变成了一粒西瓜子，藏在一块被切开的西瓜上，让我到人体的消化系统走一遭。

机会终于来了，不知是谁把我连同瓜瓤一起送进了口里，我立即紧张起来，左躲右闪，终于躲过了牙齿的咀嚼，混在被嚼烂的瓜瓤里，开始了一次惊险的免费旅行。我还没有来得及细细观察，就有一种在幼儿园里溜滑梯的感觉，咻溜一声滑了下去，我立即意识到刚才经过的肯定是"食道"了，因为它确实太陡、太险、太刺激了！

接着，我来到一间大红房子，这房子可宽敞了！天哪！房子犹如洗衣机一般来回搅动，只搅得我一会儿向左，一会儿向右，与一些不知名的伙伴搅合在一起，我开始有些头晕了，尤其是这房子里的东西越来越多，我就像坐在超载的汽车里，快要无立足之地了，我恍然明白这原来就是胃！仔细一瞧，胃壁上渗出了一些液体，我尝了一口："呸，什么东西，这么酸呢"？定睛一看，一些叫做蛋白质的同伴在这些液体里消失了，我有些后怕了，绕着圈子转来转去，希望快点走出这个鬼地方，要知道，我已经在这里待了几个小时了。

正想着，我被拐了一个弯（十二指肠），这里为什么这么苦啊？老师怎么说来着？对了，胆汁是苦的，它可以消化脂肪，哈哈……今天真是不虚此行啊。紧接着我又进入了一条狭窄而又超长的通道，这大概就是"小肠"吧。"唉，唉，"是谁在推我呀？像是有波浪卷来卷去的那种感觉，可能是小肠在"蠕动"吧，并且还有无数的"小刷子"（小肠绒毛）在我的身上挠痒痒，害得我好想笑，正高兴着，一堆黏糊糊的东西，把我粘在肠壁上，又苦又酸，许多被称为脂肪的东西像是有穿墙术，渐渐地从我的身边消失了，我正担心自己会不会和他们一样被肠壁吸去，却一下子掉了下来，定睛一看，跟我一同来的伙伴们都脱胎换骨了？让我无法辨认他们的模样。"你们是什么？"我问。他们答道："傻瓜，我们和你一样，是一些没有被消化的物质啊"。

正说着话，只听咕噜，咕噜的几声响，我们被推进了比刚才宽阔的隧道中，在这里停留了一段时间，忽然觉得身上变得干燥起来，一种被压迫的感觉……"为什么会是这样呢？"我再问身边的朋友，他们只匆匆说了句："出去好好学习生物吧！"随之我们便出现在一片光明之中。

（二）生物小诗歌

"诗歌"朗朗上口，容易记忆，避免了机械重复，克服了学生的厌倦心理，把学生从死记硬背中解脱出来，使学生感到人人都可以学会。而且"诗歌法"重点突出，知识系统，使学生联想有据，提高了学生理解分析问题的能力和逻辑思维能力。

例如，学习神经系统的时候我们可以利用以下口诀：

大脑小脑和脑干，神经纤维巧相连。

左右大脑内白质，凹沟隆回增面积。

表面皮层为灰质，人体最高级中枢。

沟前运动沟后感，沟下听觉后长眼。

调节平衡靠小脑，协调运动非等闲。

基本中枢在脑干，信息来了上下传。

反射活动最基本，反射弧有五个环。

条件反射要理解，非条件反射是先天。

语言中枢人特有，抽象信号才建反。

（三）生物小制作

动手"做科学"也很受学生欢迎，他们能亲身体验探索自然界的快乐。如在学完"种子的萌发"后，可以向学生布置这样一道家庭作业：你想品尝自己亲手发的豆芽吗？自己发的豆芽吃起来味道也许没有什么不同，心情可就不一样了，动手试一试吧！类似的还有，在学习了"微生物与人类的关系"后，指导学生利用课余时间运用所学知识自制泡菜等，指导学生进行小制作，如自制细胞模型、小生态球和简易显微镜等。在教学过程中，教师还可选取优秀的小制作作为直观教具进行教学。

另外，还开展了生物手抄报比赛，以《健康与饮食》《和谐湿地》等为报名的手抄报图文并茂，科普性强，深受学生喜爱。在学完"合理膳食与食品安全"后，让学生根据自己课上设计的家庭保健食谱为家长做一顿晚餐。

例如：

自制小生态球的评价标准：

生态球中的各种成分能否构成一个封闭的生态系统？

生态球中的各成分之间是否能顺利完成物质循环和能量流动？

生态球的制作过程是否按照实验操作的规范完成？

生态球的制作是否利用身边的材料，有计划、有步骤地完成？

生态球的制作是否具有科学性？

生态球的制作是否具有新颖性和艺术性？

面对这种全新的作业设计，在解题过程中，学生不再是理论知识的奴隶，而是探索发现的主人，他们充分体验到智力劳动的艰辛以及科学发现的喜悦。通过知识的运用，学生能够巩固所学的知识，形成技能技巧，提高分析和解决实际问题的能力。这种生物知识和探究过程相结合的作业题，既培养了学生的动手动脑能力，又使学生敢于对科研成果、理论模型等进行大胆评价和质疑；使学生进行探索和创造，并使他们的个性得到发展。看着这样的作业题，学生先前可能怀有的畏惧、戒备心理，都会随着练习的深入而逐渐消失，取而代之的则是积极思维、踊跃发表见解，以及渴求成功的心情。

二、作业评语新颖

作业是生物教学中的一个重要环节。对学生来说，做作业不仅是完成学习任务，更是培养良好的学习习惯和品质，提升学习能力的过程。所以作业不但反馈学生对知识的掌握，还反馈学生对学习的情感态度。因此，教师对作业的批改就显得尤为重要。一方面，作业评语可以沟通教与学，促进教学效率提高。老师对作业的书面评价能引导学生进行作业后的反思，改变了传统上作业的"学生做、老师判"的僵化操作，实现师生在作业环节上的教与学双向反馈，从而有力地促进了教学效率的提高。另一方面，作业评语体现了师生间的情感交流。透过这些充满老师对学生的关心和爱护的评语，学生在肯定和赞扬中获得成功的愉悦，在老师的热切期望中了解到自己的不足。作业评语不仅输出知识信息，而且输出情感信息，从而通过作业实现了师生之间感情的融洽交流。所以说，作业评语具有不可低估的作用，值得我们在实践中进一步研究和探讨。

教师评价的语言切忌生硬，一定要体现出生动活泼，热情洋溢和亲切感。"√"与"×"评价是生物教师经常运用的评价媒介，相对而言就比较单调。引入符号评价，比如说现在网络上比较流行的火星语，不仅新鲜、富有时代气息，而且拉近了与学生的距离，增加了学生的想象空间，使学生更容易接受和认同。例如，在答案旁边用"→＿→"表示质疑（质疑的眼神），用"b（￣▽￣）d"表示"太妙了"（竖起双手拇指说好），用"（T＿＿T）"表示"答案错误比较明显"（怎么会这样……）。

教师的评价语气要幽默风趣，委婉动情，具有艺术性。对作业较差的学生，课上不会听讲的学生，批评要带有指导意义的委婉性，注意艺术性和启发性，避免伤害学生的自尊心。植物的激素"生长素"和动物的激素"生长激素"在一些填空题中学生经常相互填错，用一句评语："动物生长很激动——生长激素，植物生长不激动——生长素！"能让学生很轻易地区分和记住这两个概念。这些幽默的评语容易融入学生的心里，给学生留下深刻印象，起到事半功倍的作用。如我常用的这类批语有：（1）你的字要和毛泽东主席的狂草媲美吗？可惜老师的欣赏和认识水平还不够高啊，下次可得写让老师认得的漂亮字哦！（2）老师多希望你能自己完成作业啊！我相信你能做到。（3）老师很遗憾，你这次作业借用了别人脑袋，下次作业发挥自己的智慧，好吗？（4）如果你的成绩像你的字（名字）一样漂亮，老师更高兴！有信心吗？

在学生作业的批改过程中，评语的作用还可以对学生的非智力因素进行评价，并让学生保持良好的学习积极性，养成良好的学习习惯。对作业做得认真做得又对又好的学生，在评语中要给予肯定和表扬。如"太妙了！""棒极了！""谢谢你！批改你这样的作业是种享受！"甚至用一些简单的英文单词"OK""Best！"等。这些简单的评语能够激发和保持学生学习的积极性，强化其学习动机，使学生学习生物的优势得到顺势迁移。对一些学习不够认真的学生，在作业评语中要指出其缺点，提出殷切希望，促使其进步。比如"认真点，好吗？期待你的精彩！""你的字很漂亮，如果正确率再高些，你就更棒了！"这些带感情色彩的评语，学生很容易接受，从中感受到希望而信心倍增。

第四节 留下成长的足迹

在《教育信息资料》上，刊载了一篇《偶一言之赞重于九鼎之宝》的文章，说的是教师和学生为其他同学写优点，其中教师为每一个学生建立了优点卡，结果每一个学生到了工作岗位后，还珍藏着当年的优点卡，因为这张优点卡使他们那样自信，更使他们看到了自己的责任，正因为如此，他们才更勇敢地工作和做出贡献着。

在该案例中，当年小小的"优点卡"被学生以"档案"形式保存了下来，因为这里面记录了同学的赞赏，记录了老师的激励和期待，让他们找到了自信和动力。

正是源于这种思想，在教学中，我为我的每一个学生建立了成长记录袋，用它记录学生个体在某一时期一系列的成长"故事"，以描述和记录为主，比较真实、深入地再现学生发展的过程，以此作为评价学生个体进步过程、努力程度、反省能力及其最终发展水平的一种理性方式。

一、我所理解的成长记录袋

成长记录袋，用于显示有关学生学习成就或持续进步信息的一连串表现、作品、评价结果以及其他相关记录和资料的汇集。利用成长记录袋评价，是指通过对成长记录袋的制作过程和最终结果分析而对学生进行的发展状况的评价。成长记录袋的内容选择与评判标准的确定都有学生参与，同时包含了学生自我反思的证据。

成长记录袋具有以下特征：

（一）目的性

材料的收集和选择是有目的、有针对性的。教师要根据教育教学与人才培养目标，指导学生有目的地收集、选择自己成长、发展的相关材料、信息，展现自己在一个或数个领域内的努力、进步和成就。

（二）丰富性

既要收集反映学生某方面的成就与进步的材料，也要记录学生存在的问题，还要收集学生自我反思的证据。既要记录学生本人的信息，也要记录与学生有密切联系的家长、教师、同学、社区人士等的信息。

（三）自主性

成长记录袋评定的主体为学生本人、教师、同学、家长以及社区人士，但学生既是选定档案袋内容的主要决策者，也是对档案袋内容进行分析、诊断、评定的主要人员。

（四）发展性

成长记录袋评定的主要目的是要通过大量材料的收集和学生本人对材料的反省，客观而形象地反映学生某方面的进步、成就及问题，以增强学生的自信心，提高学生自我评价、自我反省的能力。

成长记录袋评价具有很好的包容性，它将测试性评价和非测试性评价有机地结合起来，实现对学生学习情况的动态把握，并能有效地培养学生的反思能力和社会技能；它记录学生成就的"故事"，能反映学生在学习与发展过程中的优势与不足，反映学生在达到目标过程中付出的努力与进步，并通过学生的反思与改进激励学生取得更高的成就；它尊重学生的个体差异，充分体现了"以人为本"的教育理念。

成长记录袋是一个实实在在的、看得见、摸得着的成长过程评价工具，我的学生们在使用过程中大都受益匪浅。第一，促进学生个性的充分发展。记录袋让教师更加明白学生是具有个性的实体，每个学生都有其独特的个性特征，教师不再注重学生成绩比较，而是注重通过学生的评价和反馈与自我反思促进学生学业的进步和自我发展。采用成长记录袋评价，成为促进学生个性发展的"催化剂"，为他们提供展现自我的平台，学生的特长得到了最充分的展示。第二，促成情感态度价值观的升华。学生是学习的主体，采用成长记录袋，充分体现"以人为本"的教育理念，由"要我学"变为"我要学""我想学"，并进一步自我反思，促进学生学业的进步和自我发展，它们帮助教师使学生所获知识和技能规范化，并且不限制学生在课堂上创造性的发挥，这样有利于教师针对学生所表现的情感态度以及认知水平适时采取灵活多样的教学方式与策略，从而有效达到教学目标，学生的情感态度价值观得以升华。第三，有效地激发了学习动机。成长记录袋评价的内容以学生的活动为主要开展形式，给予学生个性发展的充分空间，从而极大地激发出学生对活动的兴趣，93.0%的同学表示对之感兴趣，而且83.3%的学生对之感兴趣的原因是"可以有很大的收获"。不仅如此，对活动的兴趣在学生的学习中不断获得迁移，学生反映现在班里的同学"更关心周围的环境变化""对大自然越来越了解""变得爱动脑筋了"，而且"学习气氛更浓了"。第四，增加了学生的自信心。亲历实践不但让学生对世界的认识有了"发言权"，而且在活动中他们发现了自我的潜能，最终树立起对自己、对人生的自信心。22.0%的学生感到自己参加活动的最大收获就是"增加了自信心"，访谈中学生也普遍反映自己的"胆子大了""更开朗了"，这些都表明学生感到了蕴藏在自己身上的力量，获得了自信；第五，提高了学生的交往能力。成长记录袋评价是以小组合作形式为学生的交往创造了机会，随着交流次数的增多，小组成员之间逐渐了解和熟悉。自我领域的开展以及反思环节的实践又使他们敞开心扉，坦诚地面对自己或别人的优缺点，从而使彼此的交往更加深入。调查显示，79.8%的同学与小组成员合作得很愉快，而且经过活动的开展，部分学生感到班级同学之间更加团结友爱。由于综合实践活动还提供了校外活动机会，所以有20.2%的同学认为自己在活动中的最大收获就是"学会了与自己不熟悉的人打交道"，这也是他们交往能力提高的一个表现。

二、成长档案袋的内容

（一）常规学习中的作品

如学习计划、章节知识小结、自己最满意的课堂笔记、生物错题集、考查试卷等。

（二）具有创新意识和实践能力的作品

如研究一个生物学知识点或做一项生物实验的总结；应用生物知识解决现实生活中的实际问题（例如营养配餐方案的设计）；应用生物知识开展社会调查（例如生活垃圾、水资源的浪费、艾滋病等）；运用独特的方法得出结果或独特的解决问题的方法（例如一题多解）；精致、新颖的有关生物方面的小制作；探究活动设计的实验方案与过程记录。

（三）具有自身特点的作品

如学习小结，对自己的学习态度、方法与效果的反思与评价；优秀学生自学生物学向更高层次挑战的习题集；学困生课外自主选做的试卷；探究活动报告或小论文、小制作、小标本、查阅的文献资料，生物图片或照片、剪报，获奖证书等，擅长绘画的学生设计的生物漫画；自办的生物小报；收集的生物小知识、生物童话、生物学家的故事、生物小文章等。

成长记录袋是自己用的，不是做给别人看的，形式并不重要。哪怕是一张皱皱巴巴的草稿纸，只要它能反映自己学习的进步，就可以收进成长记录袋。可以根据自己的喜好在内容的选择上有所侧重。成长记录袋的材料要真实并可以不断更新。如果每个学生的成长记录袋在内容和形式上全都一致，那就变得单调而乏味，缺乏吸引力，也就难以实现其激励和发展的功能。

三、成长记录袋的创建

对学生来说，建立成长记录袋的过程就是对自己学习过程的收集、选择、反思的过程。具体操作可按以下几个阶段来完成。

第一阶段：随意放。刚开始，成长记录袋对学生来说是新生事物。这段时间，对成长记录袋的内容可不提质量要求，学生可以根据自身的实际情况放入任何作品，要求学生完成即可。这样做，使每个学生感到有材料可放，在保护学生自尊心的同时，又极大地增强了他们的自信心，激发了他们学习生物学的兴趣。这样做既有利于挖掘学生的潜能，充分张扬学生的个性，又在随意中培养了学生的创新、探究和实践能力。

第二阶段：按教师要求选择作品放。经过一段时间的实践和摸索后，学生完成了从感性认识到理性认识的转变。这段时间内，可对作品提出一定的要求，要求学生开始审视自己的作品，放入自己认为符合要求的作品。学生对作品的选择不仅反映出他们自己独特的学习、思考和反思过程，而且为学生的个性化发展创造了良好的基础。

第三阶段：带有展示性地放。再过一段时间后，就要求学生放入成长记录袋的内容不仅要符合要求，更重要的是让学生选择自己认为最佳的作品放入，并写出或说出理由。此时，学生开始对自己的作品进行鉴赏，加以取舍，最后选出的是能展示包括知识、创新和社会交往等各方面能力的最佳作品。运用这种方法，既让学生学习了知识，又培养了其合作、实践和创造的能力，同时也培养了学生爱祖国、爱父母、爱他人，珍爱生命的情感和积极、健康、向上的生活态度。

第四阶段：目标成长记录袋。在接下来的阶段，学生已熟知成长记录袋的价值，此时，教师只是提出成长记录袋的内容目标，放手让学生根据自己的兴趣、爱好、能力自主地选择和确定成长记录袋的内容、方式和组织形式。

建立成长记录袋，首先就是一定要赢得家长的支持与配合，如果家长不支持或不配合，必然会打击学生的积极性，因此一定要注重与家长的沟通与交流，让家长明白其中的好处。活动伊始，可通过致家长一封信的形式给家长讲明意义，指导做法，或召开一次家长座谈会，让家长看看其他班做得好的记录册，让他们了解记录册的形式，便于以后在家里更好地指导孩子。

四、成长记录袋的评价

成长记录袋评价可以采取教师评价与学生的自评、互评相结合（经常组织学习档案袋的观摩交流）；对小组的评价与对组内的个人的评价相结合、对书面材料的评价与对学生口头报告、活动、展示的评价相结合、定性评价与定量评价相结合，以定性评价为主。评价坚持正面引导，以描述性评价为主，在肯定成绩的基础上提出改进建议。要鼓励学生新的想法和创意，努力激发学生参与学习的热情。

（一）自我评价

我在指导学生进行自我评价时，主要侧重以下几方面：①在日常生活中我经常发现哪些生物学问题？②我能利用所学的生物学知识帮助自己或同学解决生活中的一些问题吗？还有哪些不足？③学了生物知识后，我为社区、学校做了哪些贡献？如果满意，就在档案袋的个人评价栏中贴上一个自己喜欢的标志（如小星星）。自我评价的过程是学生自我认识、自我激励、自我反思、自我调整的过程。自我评价有助于增强评价者的自我评价意识和能力，促进其及时反馈和调节自己的行为，起到了扬长避短的作用，从而直接促进现状的改善。

在我的成长记录袋中，有老师的表扬批评，有家长的亲切鼓励，也有我自己的自我评价。每当我们翻阅成长记录袋，总会觉得它像一本书，记录下了我们精彩的中学年华。

很多我以为一辈子都不会忘掉的事情，就在我念念不忘的日子里，被我遗忘了。成长记录袋，关注我的喜怒哀乐，关注我心灵的成长；记录下我点点滴滴的进步，这是前行的动力；记录下我曾经犯下的错误，让我在反思中前行！"吃一堑，长一智"，在挫折中变得更理智，在风雨中变得更坚强！

——一位学生在初中毕业时给自己成长记录袋写的感言

（二）小组（他人）评价

①进行交流、互评、演讲。请同学间互看成长记录袋，然后安排一定的时间开展互评活动，以小组为单位交流自己的收获，介绍自己成长记录袋中的作品，由小组选出代表交流，给每个同学展示自己生物学才华的机会。②在板报或专栏中展示，同学相互评议、提改进意见。合作小组是课堂上自主、合作、探究的基本单位。小组评价重点考查个人搜集资料、推理、判断并得出结论的过程中所做的贡献。它的依据是合作小组记录本上的原始记录。

（三）教师评价

教师在课堂上结合教学内容展示、引用学生的学习成长记录袋中的作品，或将学生作品作为情境材料进行讨论。再如，通过办展览，邀请其他班级同学、教师、学校领导、家长等参观、评议。另外，还应通过个别抽看和集中展示记录袋的时机，与学生共同欣赏并尽量采用鼓励性、建议性和启发性的文字给出一个适合学生发展的恰如其分的书面评价。在评价过程中，要关注和理解学生个体发展的差异，尊重和认可学生个性化的价值取向，让学生从中体会到个体发展的快乐、被人悦纳的幸福，受人赞赏的自豪。

（四）家长评价

利用日常交流、定期反馈或家长座谈会的形式展示给家长看，也可以让家长彼此交流一下好的做法，了解自己孩子在同龄人中的水平，看到自己孩子的变化，在这一过程中感受到成长记录袋的积极作用，并结合孩子在家的表现，做出一个积极性的评价。

平时总没有时间去深入了解孩子，与孩子一起整理成长记录袋，才发现孩子身上的优点挺多。

—— 家长在 QQ 上留言

五、成长记录袋的使用举例

（一）《我与生物学》成长记录袋的创建和使用

1. 给家长的一封信

介绍成长记录袋计划，在信中清楚地说明对学生的期望，并希望家长给予支持。家长是最关注孩子成长的群体，把学校的工作和课改的目的详细地对家长分析，在实践中积极寻求家长的支持，使家校携起手来，充分发挥家长在孩子成长过程中的重要作用。

2. 精心设计心理问卷

建立生物学习记录袋首先要了解学生的心理，有关他们的学习动机、自我效能感，以及他们的认知差异。古人云：人心不同，各如其面。学生的心理差异是客观存在的，教师的教只有适应学生的差异性，才能因材施教，取得良好的效果。

3. 明确成长记录袋评价的目的

创建和使用成长记录袋的目的，在很大程度上影响其收集的内容、方式、渠道，以及这些内容的分析与应用。如果是为了展示学生的最优成果，那么收集的内容应是学生认为最满意或最重要的作品；如果是为了描述学生在某一时期内学习与发展的过程，发现其优势和不足，那么收集的内容就不仅包括学生的最终作品，还要把过程性的东西（如一份实验设计的草稿）也装进去；如果是为了评估学生学习与发展的水平，那么收集的内容就结构化或半结构化，也就是说其中有些东西是统一要求的，以便于在不同学生之间进行比较。

4. 指导成长记录袋内容的选择

根据不同目的选择相应的内容，如对综合应用部分进行评价时，指导学生收集以下资料，来反映自己的探索过程与取得的进步：①在日常生活中发现的生物问题；②收集有关的资料；③解决问题的方案和过程；④获得报告或生物小论文；⑤解决问题的反思。建立生物成长记录袋可以使学生比较全面地了解自己的学习过程，特别是感受自己的不断成长与进步，这有利于培养学生的自信心，也为教师全面了解学生的学习状况、改进教学、因材施教提供了重要依据。

5. 成长记录袋进行网络管理

除了学校和家庭保管，网络管理更便于资料的有序保管，有利于学生信息素养的不断提高，学生的很多资料、作品、评价可以输入到电脑里，从而便于学生家庭成员的参与和评价。

6. 制订成长记录袋评分准则

这是成长记录袋评价在实施过程中的重点和难点，为了达到不同的目的要制订不同的量化表，设计目的越具体越明确越好，在成长记录袋的应用中尽可能实现评价与教学的有机结合，并要求学生不断对其成长记录袋的作品进行评估。

由学生填写以下内容：

①作业日期。

②从问题解决者的角度，简要地描述这一问题说了些什么？

③从本次问题解决过程中，你的成功之处是什么？

④从本次问题解决过程中，你的困惑之处是什么？

⑤你有没有不足的地方，你准备如何改进或提高你的问题解决能力？

7. 安排和举行成长记录袋会议

学生的成长是一个复杂而漫长的过程，成长记录袋可以记录学生成长过程中的点点滴滴，有成功的喜悦，有失败的沮丧。通过学生自评、他评、教师评、家长评等方式，每周一评定，每月一小结，期中一综合，期末一总评，结果都要进入成长记录袋。

（二）《我与生物学》成长记录袋的使用对象和预设目标

《我与生物学》成长记录袋的使用对象为初中学生，从初一开始建立，贯穿初中三年整个生物学学习过程，建立《我与生物学》成长记录袋，有以下几个明确的预设目标：

1. 情感目标

通过记录对所掌握的生物知识及成绩归纳总结的过程，形成正确认识自我、反思自我、完善自我的意识和行为；通过记录与同学交流合作解决问题的过程，学会如何真诚与人交往、与人合作。

2. 学习目标

养成自我规划学习的习惯，学会自我学习，自我评价，自我调整，自我修复，总结出一套适合自己科学的合理的学习方法；克服粗心大意的毛病，养成细致、全面思考问题的习惯；通过对解答生物问题的规范化的掌握，培养学习的规范化意识，有条理的思考和表达。

3. 思维目标

对基础知识的本质认识，对基本技能的简单使用；培养发现问题，抽象概括问题，提出问题的能力；培养有效收集信息、分析数据、建立模型、解决问题的能力。

（三）《我与生物学》成长记录袋的项目设置与分项目

项目1 我的生物学小锦囊

"小锦囊"是学习内容的归纳，其中可具体包括"知识网络""易混淆概念的区别与联系""生物学实验方法和技能"等，学生还可以根据自己的个性需要自行添加。而这些信息的来源可以是学生自己的总结归纳，也可以是老师授课过程中的记录，或是学科杂志资料上的摘抄等，只要学生能根据自己的需要，积极地去收集或归纳，便能达到开阔眼界、拓展思维的目的。

项目2 我的生物学纪念册

[发扬光大]——记录在生物学学习过程积累的好的经验、方法和体会。

[引以为戒]——此项内容的处理应根据学生的不同特征而设置，例如：学生甲有粗心大意的毛病，则此项内容就为"都是粗心惹的祸"，然后收集其由于"粗心"而做错的作业、试卷、习题等，从中吸取教训，更好地帮助学生学习方法的改进和学习心态的调整。

"纪念册"里既有对成功作品的收集，也有对失败挫折的反馈，而且能根据个人的情况做出不同的调整. 这样既可让他们在积累的过程中体验成就感，增强继续努力的信心；同时也达到有针对性地改正缺点，克服不良学习习惯的功效。

项目3　我的生物学万花筒

"万花筒"是学生对与生活密切相关的生物学问题的提出及解决，按建模的流程可将其中的信息做以下归类：

[**提出问题**] 鼓励学生带着问题去观察自然和生产生活的实践。

[**解决问题**] 通过多种方式和渠道，积极收集数据资料，回答自己提出的问题。

[**拓展创新**] 将所解决的问题归纳总结，思考其拓展和应用方向。

项目4　回音壁

用于记录自评和他评（同学、老师和家长）情况。"回音壁"的设置，实现了评价主体的多向化，促进了成长记录的互动交流，提高了定性评价的地位和作用，能更好地发挥出成长记录袋的效果和魅力。

（四）《我与生物学》成长记录的使用建议

1. 此成长记录袋之所以命名为《我与生物学》，强调的就是使用主体的个性化，既是允许不同的学生个体对此记录应有不同的个性创造，例如：封面的设计、项目的名称、个性化的记录内容，等等。

2. 成长记录袋中的作品收集是有目的、有计划的，而不是随机的，教师应避免为了收集而收集，缺乏对所收集的学生作品、活动记录、评价记录等丰富而有用的信息进行合理的分析与解释，没有给学生提供有针对性的发展与改进建议。

3. 在成长记录袋应用过程中，使用者虽然也十分重视自我评价与反思，但多流于形式，或过于空泛，应抓住具体的问题做具体的反思。

4. 成长记录中强调评价的互动化，所以《我与生物学》完全可以借助信息技术，将其由文件袋的形式转化为网站或网页的形式，这样将更有利于评价互动化的发展，也体现了教育与信息技术的整合。

第五节　　评价让实验落到实处

对于以实验为基础的学科来说，知识应该从实验中来，实验是最好的老师。许多生物现象只有通过实验才能得到解释，各种生物体的结构必须通过实验才能观察清楚，生物学的理论也是人们通过实验总结出来的。所以每一位生物教师都应想方设法将实验开足开全，保质保量上好每一节实验课。然而在实际教学中，实验课的效果存在诸多问题：如学生在实验过程中只是凑热闹，不认真分析和观察；实验中不遵守操作规范；损坏实验器材；浪费实验用品；旁观而不积极参与等现象，往往使实验课达不到应有的目的。以上现象一方面是实验教学组织的不得力；另一方面是对学生的整个实验过程中的各方面缺少有效的评价。

根据生物学实验的教学目的，结合生物实验的具体情况，经过实践，我探索出了如下的实验评价模式（见下表）：

评价类型	权重	评价内容	评价方式
实验准备阶段	0.3	文献查阅、实验预习、实验设计等	自评
实验过程评价	0.4	实验探究能力、实验方案实施、实验协作情况	师评、他评
实验结果评价	0.3	实验报告，实验分析、拓展、创新能力，表达交流能力等	师评、他评

学生实验准备情况评价表是对学生实验准备情况的评价，以学生自评为主。目的是让学生通过自我评价促进其自主学习能力、独立设计实验能力以及查阅、搜集资料等能力的形成和发展。

学生实验技能评价表用于实验实施过程中，由生物教师和实验员共同评价。此评价表以学生实验操作为评价重点，同时关注学生实验精神和科学态度的养成。试图通过评价促进学生实验技能以及与他人合作能力的发展。

学生探究实验报告评价表用于实验总结阶段，由教师和学习小组长共同评价。评价关注的重点是学生提交的实验报告，通过它可以看出学生对实验数据的处理能力以及表达、分析、思维等各方面能力目标的达成情况，以便诊断出学生哪方面存在的不足，并及时给予反馈，促进学生各种潜能的发展。

一、评价内容全面化

在实施实验教学评价过程中，我努力寻找评价与教学互动相长的支点。我明白，从某种意义上来说，发生在师生每日交往中的全面化评价及其评价信息的传递对学生的影响，其实远远大于次数有限的考试及其分数。因此，我们必须坚持评价内容的全面化：不仅要关注学生的学业成绩，而且要从思想道德、身体心理、审美艺术、劳动技能、创新能力等方面，全面科学地评价学生的各项素质，促进、激励学生素质的发展。因此，我想，生物学科实验评价应由三种形式组成：纸笔测试、实验操作考查、行为习惯评价（平时成绩）。其权重分别为：纸笔测试占25%；实验操作考查占65%；行为习惯评价占10%。实验操作考查，侧重于学生实验技能和动手操作能力的评价；纸笔测试，侧重于监测学生知识目标的达成；行为习惯评价，侧重学生生物学科行为习惯的评价。这充分体现了《义务教育生物学课程标准（2011年版）》提出的"教师应注意终结性评价和形成性评价相结合，定量评价和定性评价相结合。在具体操作时，除了采用笔试外，还要重视采用实验操作、制作设计等任务表现方式进行评价"。

（一）行为习惯评价

叶圣陶先生说："什么是教育，简单一句话，就是养成习惯。"养成教育就是通过有效的培养和训练，使学生养成良好的行为习惯。在上生物实验课时，生物教师都有一种同感，课堂乱哄哄的，学生不认真思考，实验时态度不严肃，不仅影响了课堂气氛，更重要的是影响了实验效果。因此，在生物实验教学中培养学生良好的行为习惯就显得尤为重要。教师在新生入学第一次做实验时，就应对学生做实验规则和程序教育，让每一个学生明确实验目的、原理和程序，这样，就能使学生的好奇心转化为内在的学习兴趣，提升学生实验的效果。

生物实验室安全评价标准：

1.进入实验室要保持安静，自觉遵守纪律，按班级有秩序地入座，不经教师允许不得擅自摆弄教学仪器、药品和模型标本等教学设备。

2.做实验前，要认真检查所有仪器，药品是否完好、齐全，如有缺损应及时向教师报告，予以调整补齐，未经教师宣布开始不得擅自进行实验。

3.实验药品不得入口，取用有毒药品更要小心，不得接触伤口，实验时所产生的有毒或腐蚀性废物、污水等要妥善排出或集中深埋，严格按环保部门规定处理，严禁随地抛弃。

4.实验完毕后，要认真清点整理好教学仪器，药品及其他设备，玻璃仪器要刷洗干净，摆放整齐，并向教师询问仪器、药品禁止使用情况及问题，经教师或实验教师验收并得到允许后，再放好桌凳关闭门窗，方可离开实验室。

5.要爱护公共财物，小心使用教学仪器和实验设备，注意节约药品和水电。

6.实验室内的仪器、药品、模型标本和其他设备未经实验教师许可不准带出实验室。

7.熟悉灭火器材、医药箱等的放置地点和使用方法，安全用具要妥善保管。

生物实验规范评价标准：

1.实验前，学生要做好预习准备。

2.在实验过程中，要仔细观察各种实验的情况。做好记录，认真填写好实验报告。清楚实验要求，数据、曲线、表格应该按规定格式填写、描述。在规定时间内上交。

3.实验时应注意安全，使用玻璃仪器时，当心割破手指。使用易爆、易燃、腐蚀性、有毒性试剂时，应该听从指导老师的指导，严格操作步骤，防止意外事故的发生。

4.用过的药品、试液应集中到规定的桶内，不得乱倒乱抛，保持实验室的清洁、卫生。

5.实验完毕后，洗干净所用过的实验器材并整理好，摆放整齐。

（二）实验纸笔测试

纸笔测试评价是生物学实验教学中最常用的评价方式。它是根据教育目标，通过编制好的试题对学生进行练习或测验，然后按照一定的评分标准对测试结果加以分析，从而衡量、评定学生的学习表现及对知识、技能掌握程度的一种评价方法。它操作便捷、可行性强，且有利于评定生物学实验的知识目标。因此，纸笔测试作为传统评价学生的主要方式，一直以来受到教师、家长和学生的重视。

1.纸笔测试试题设计的基本原则

（1）评价目标多元化。纸笔测试评价不仅要关注学生实验知识的掌握程度，还应从"三维"目标出发，对学生的实践能力、实验态度、实验过程中的协同合作、交流表达等综合素质进行全面的多元化评价，从而达到反映每一个学生发展全貌的目的。

（2）试题设计多样性。纸笔试题的设计要适当增加开放性试题的比例，以促使学生灵活运用所学知识。也可在试卷基础题后面增加自选题，基础题难度适中，自选题的设定要有一定梯度，使学生在完成基础测试的基础上还能有所提高，从中获得成功的体验，激发学生的学习兴趣。

（3）评价内容层次化。在纸笔测试中，主要侧重于对生物学实验知识目标的评价，兼顾新课标知识目标的"了解、理解和应用"三个层次进行评价。

2.纸笔测试试题编制的基本方法

纸笔测试题的编制，要在避免传统纸笔测试弊端的基础上，关注个体差异，为学生创造成功的机会，使测试成为促进学生发展的过程。可从以下四方面入手：一是题目的设计要注意科学性和情境性。纸笔测试中每个题目都是科学问题，学生解决问题的过程即获得科学认识的过程，所以不仅要求选取题材符合学科逻辑、操作可行，同时试题的表述要符合科学认识的一般规律。在命题时，要充分注重问题设计的情境性，使学生更好地进入问题所设置的情境中，激发学生的答题欲望，提高其学习兴趣。二是实验探究题要体现过程的探究性。实验过程的探究性要求命题者在试题设计时要抓住生物学知识之间的渗透和迁移，努力创设问题情境，突出问题意识，既要引导学生学会观察和思考、善于发现并提出问题，同时要体现科学的方法。三是联系实际，注重知识在生产和生活中的应用。新型试题要努力创设引起学生兴趣的情境，内容要加强和学生生活实际经验及社会实际的联系，从而间接考查学生在情感态度价值观方面的收获。四是试题的结论要具有开放性。结论的开放性使学生根据自己的学习情况来解答问题，从多样性的答案中体会学生的知识容量。要培养学生的开放性思维，尊重创新意识；同时，要更能体现学生的个性。

【实验 1：用显微镜观察植物细胞】

实 验 报 告

考点：　　　场次：　　　抽签号：　　　得分合计：　　　监考员签字：

1. 李明在制作临时装片时，将盖玻片的一侧先接触载玻片上的液滴，然后缓缓放平。其目的是 ＿＿＿＿＿＿＿＿＿＿＿＿ 。

2. 李明在观察时若发现物像在显微镜视野的右下方，应向 ＿＿＿＿ 方移动装片，才能使物像移到视野中央。

3. 结合自己的学习经验，请帮助李明绘制出所看到的洋葱鳞片叶表皮细胞图，并标注各结构的名称。

【实验 2：用显微镜观察叶片的结构】

实 验 报 告

考点：　　　场次：　　　抽签号：　　　得分合计：　　　监考员签字：

你观察到植物叶片的各部分结构了吗？请结合自己所学，参照下面的模式图，辨认并标注各结构的名称。（见图 16）

1. ＿＿＿＿ 2. ＿＿＿＿ 3. ＿＿＿＿ 4. ＿＿＿＿ 5. ＿＿＿＿

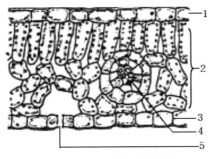

图 11 叶片的结构模式图

生物学实验纸笔测试评价的研究是一个复杂的过程，如何命制好一套生物实验纸笔考试试卷，其中还有很多问题需要我们去思考，去探讨，去研究。命题时要深层次挖掘学生在生活、情感方面获得的收获，注重对知识、能力、情感态度价值观的评价，促使学生更好地改善自己的学习方法和状况，促进学生全面发展。同时，要注重对实验操作过程以及实验设计题的考查，避免学生死记硬背实验。准确定位纸笔测试评价在多元评价体系中的地位。测试后，教师应该对考试所反映出来的信息进行整理和分析，充分利用测试给教师和学生提供反馈信息。

（三）实验操作评价

1. 实验探究能力的评价

（1）提出问题

爱因斯坦指出："提出一个问题比解决一个问题更重要。"在教学中，教师要放下架子，把提问的机会抛给学生，营造提出问题的氛围、情境，引导学生发现问题，对所要研究的问题质疑。在观察蚯蚓后，教师问："通过对蚯蚓的观察，你还想了解蚯蚓的哪些方面？"学生思考后回答，老师板书记录：1.蚯蚓吃什么？ 2.蚯蚓如何消化食物？ 3.蚯蚓有没有脚？ 4.蚯蚓喜欢生活在什么环境下？ ……"请每个小组选择一个你们认为合适的问题进行探究吧。"小组讨论后汇报结果，选择问题4的最多，理由是简单，易操作。没有人选择问题2，因为同学们有点困惑，感觉以我们现在的知识水平还解决不了这个问题。有一个小组选择了问题3，但是他们把问题改成了"探究蚯蚓的运动器官是什么"，认为这样才是科学的表达方式。利用小组的智慧和力量，同学们都有了自己的探究问题。此教学环节中，教师发动学生集体的力量与智慧，对学生提出的问题进行评价和选择，使得学生对问题的科学性和可行性都有了更深层次的思考。

评价内容：能否确定一个有价值的、可通过探究活动回答的问题，能否说明选择该题

149

目的理由。

（2）设计方案、完善方案

方案的设计要紧扣所做的假设进行，包括探究对象、对照装置、区分标志等材料用具的选择和准备，实验步骤的安排。要注意设计是否合理，装置是否简便易行，步骤是否严谨。自己制订出初步探究计划之后，在探究计划实施之前，可以把计划提交给小组，通过小组成员讨论或反复研究，对不周到的地方进行修改完善。因为科学探究实验要胆大心细，周全考虑，稍有不慎，会前功尽弃。讨论的内容主要是探究材料如何选取、探究装置是否合理、探究步骤是否完整等方面。如"观察小鱼尾鳍的血液循环"，我们放手让学生去选择小鱼观察，有的组用白色的金鱼观察，观察效果明显；有的组用红色的金鱼观察，效果不太明显；有的用鲫鱼观察，效果较明显；有的用湿润的纱布包裹小鱼的头和躯干，有的将小鱼放在玻璃上观察等方法都能达到较好的观察效果。各小组在全班交流的基础上，修改完善或重新设计自己的实验方案，使探究过程趋向合理，使学生充分体验实验探究的魅力。

评价内容：方案是否合理、可行。

（3）实验探究

严格按照探究方案做实验，仔细观察实验现象，认真翔实地记录实验结果。必要时还要设计相应的表格，这样实验结果一目了然。教师巡回指导，化解难点，及时鼓励；发现创新之处，及时表扬。

评价内容：①实验的目的性。②操作的规范性。③熟练程度、灵活程度、准确程度。④观察的条理性、敏锐性、持久性。⑤完成速度、独立性、创新性。⑥团结协作。

（4）得出结论

各小组根据自己的实验情况得出相应的实验结论。教师组织全班交流，对各小组的结论情况进行归纳总结，并进行适当的评价。

评价内容是：科学性、全面性、准确性、创新性。

（5）表达交流

各小组交流分析得出结论的理由，教师引导全班进行讨论。对一些有争论或疑难问题引导学生课后进一步探究。通过小组内部讨论和组间交流等形式深入分析主题。特别提示一：当结论与假设矛盾时，首先要反思探究过程的科学性、严密性。其次考虑重新做出假设，重新设计探究实验。正确结论有时候可通过一次探究获得，也可能需要多次探究获得。科学探究往往要经历许多次失败才能够柳暗花明。特别提示二：探究实验必须要本着实事求是的精神，不能为了迎合假设而改动实际观察的数据和结果。

评价内容：①表述的条理性、清楚性。②分析实验数据的相关性。③是否实事求是地反映实验数据。

案例 1：生物实验探究能力评价表

评价项目	评价要点	分值	自评	互评	师评
情感态度 （15分）	1. 对实验积极参与，主动提出相关问题与建议	5分			
	2. 与他人分工合作，协同完成任务	5分			
	3. 在探究中有锲而不舍、实事求是的科学精神	5分			
提出问题 （15分）	4. 确定一个可通过实验探究解决的问题	10分			
	5. 提出可检验的假设	5分			
实验设计 （30分）	6. 正确陈述自变量和因变量的关系，自主设计合理的对照实验	10分			
	7. 正确描述观察或测量变量的方法	10分			
	8. 清晰列出重要的实验步骤和实验材料	5分			
	9. 预测实验结果，制订观察记录表	5分			
实验实施 （30分）	10. 独立完成实验步骤	10分			
	11. 如实记录实验现象和重复收集实验数据	10分			
	12. 根据实验现象和数据归纳结论	10分			
交流评价 （10分）	13. 呈现方式科学、有特色	5分			
	14. 能对本次活动及时反思	5分			
15. 创新加分：		总分			

2. 观察能力的评价

观察是一种有意的知觉，也是一种"思维的知觉"。观察能力是指全面、深入、正确地观察和认识事物的能力，表现在生物学科上就是要善于观察生物体和生命现象的细微变化和本质特征。我们觉得，可以从以下两方面对学生的观察能力进行考察查：第一，观察目的是否明确及观察的方法步骤是否正确；第二，通过观察结果表现出来的观察的心理品质。观察的心理品质应包括观察的全面性、深刻性、敏锐性、精确性和持久性。全面性要求对事物整体与各部分相互关系及事物过程多因素全面观察；深刻性要求对事物的本质和隐蔽现象进行选择性观察；敏锐性是指对事物过程同时发生的多因子和稍纵即逝现象的迅速敏捷的观察；精确性就是要尽量减少观察的误差；持久性则指对持续较长时间事物过程的连续观察。这五项心理品质是对生物学观察能力的全面要求，但具体到某一项观察内容，则应突出其中一至两项品质特性。例如，对生态系统的观察主要强调观察的全面性和深刻性，对动物生活习性的观察则强调观察的持久性和敏锐性。当然，对观察心理品质只能通过其心理过程的外部表现即观察结果来考查。因此，对生物学观察能力的评价，我们可以结合具体的观察内容按前述两方面设置相应的作业题，然后加以量化。

观察类实验在中学生物实验中占很大的比重，观察种子结构；花的结构；观察生态系统的成分；观察藻类植物、苔藓植物、蕨类植物的生活习性……对学生观察的目的性、准确性、针对性、科学性等进行有效的综合考核是实验考核的重要内容，对观察类实验的考核方法可以采取按学生必须掌握的观察要点记分，最后得出该实验的总分进行考核的评价方法。例如，可以把植物的花分为花柄、花托、花萼、花瓣、雌蕊（柱头、花柱、子房）、雄蕊（花药、花丝）六个部分，学生每准确认出一部分记10分，得总分60分为优秀，50分为优良，30～40分为合格，30分以下为该实验考核不合格，必须重新进行实验操作训练后再进行考核。

在进行学生观察实验的考核时，还可以结合考核学生识别观察生物结构的同时，进一步考查学生是否有独特的观察发现和观察视角，如果学生有独特的观察发现和观察视角可以在原考核分数的基础上加观察发现分，并给予大力宣传和嘉奖，充分调动学生不断进行观察创新的积极性和学习热情。

3. 动手操作能力评价

学生的动手能力是中学生物综合能力不可或缺的基本能力，是提升生物教学质量的出发点和落脚点。学生的实验操作技能应根据学生实际操作情况进行评价。生物实验操作步骤性强，每一步对于实验效果都会有着重要影响，我们可以采取分步记分，最后加出该实验的总分对学生的实验操作进行有效的评价。如洋葱临时玻片的制作实验；光合作用制造淀粉实验，酸奶的酿制实验，人工呼吸等操作性非常强的实验，我们可以先将实验分为若干个关键的记分步骤，再根据学生完成每一步的操作情况进行分步考核记分，最后，累加每步得分。在洋葱临时玻片的制作实验时可以将实验分为：滴 → 取 → 展 → 盖 → 染 → 观察六个步骤，每个步骤记 10 分，合计 60 分，学生每能正确操作一步记 10 分，最后获得 60 分为优秀，50 分为良好，40 分为合格，30 分以下为不合格；对于 30 分以下的学生要求进行重新训练后再进行考核评价。

案例 2：用显微镜观察植物细胞

考查项目	评分点	赋分	得分
显微镜的安放	取出显微镜，并安放好显微镜	5	
显微镜的对光	对光要求视野明亮	20	
制作临时装片	用洁净的纱布擦干净载玻片和盖玻片	10	
	在载玻片中央滴一滴清水	10	
	撕取单层植物细胞	10	
	平展在载玻片水中，盖盖玻片方法正确	10	
	染色方法正确	10	
显微镜的观察	在低倍镜下观察临时装片	10	
绘出观察的细胞	观察到植物细胞	10	
实验卫生	整理好仪器，桌面干净整洁	5	
操作累计得分			
实验考查等级			

二、评价方式多元化

（一）个人自评

个人评价是指学生依据一定的评价标准，对自己的学习做出分析和判断，并对自身的学习进行自我调节的活动。评价标准主要是预先制订的学习目标和要求。从学生的发展过程来看，学生的成长过程也是一个自我反思的过程。在学习过程中，学生常常是依据自己的个性特征或以往的成绩，把"故我"作为一个重要的参照，对自己的行为进行分析和反思的同时，又将外在的评价（他人评价）和自我评价相结合，形成自我判断，获得自我评价的结果。

案例3："练习使用显微镜"实验能力自评方案

我在上七年级《生物学》上册第一个学生实验"练习使用显微镜"时，设计了这样的自评方案。

①你知道显微镜是谁发明的吗？它用来观察哪一类生物？

②你了解显微镜的构造吗？试着说说它每个构造的名称。

③你怎样从显微镜箱中取出显微镜？如何将它放置在实验台上？试着做一做。

④你是如何对光的？对光时两只眼分别该怎样？你通过目镜看到白亮的圆形视野吗？

⑤你是怎样观察标本的？在你的显微镜中看到清晰的物像吗？

⑥在你刚才的操作过程中，是否很顺利？如有问题，你是如何处理的？

学生对照以上自评方案，进行自评总结，在自评过程中，及时纠正操作中的不规范处，处理实验中的问题，从而不断提高实验能力。

（二）组内评价

每一次实验课前，对实验小组长进行必要的培训，让他们先明确实验的目的、方法、要领以及如何组织小组成员进行互评，然后由他们将实验报告单和课堂评价表分发到本小组成员手中。实验课上评价量表既起到了"评价标准"的作用，又具有"目标导向"作用。根据实验课的课堂表现，让小组内所有的组员参与对小组内学生表现的评价。如，①课前准备齐课本、文具、练习本等；②是否完成预习任务；③课中有无做小动作；④被老师点名批评或者被老师表扬次数；⑤回答问题正确次数；⑥回答答案有独到见解受到老师表扬次数；⑦每次的实验展示是否正确；⑧能否完成当堂训练任务。累计一周得分，评出这一周的最佳组员。这样做既给了学生评价别人的机会，又能够让学生在评价过程中互相学习，学会如何评价，学会如何调整自己的言行。再就是青少年强烈的自尊心和表现欲也会促使其在学习过程中更努力表现，将自己良好的一面展示给别人。

（三）组间评价

课堂上根据小组活动秩序、组员参与情况、小组学习过程、效果等方面让小组之间进行评价。在互评中，引导学生更多地挖掘其他小组的闪光点，对集体力量的凝聚成果给予肯定和赞同，为其补充或加以改正，从而让学生学会辩证地看待自己、看待每个学生、每个小组的活动结果，通过外在的舆论调整自己的思路、改进活动的方式。

组别	预习	自学	合作	展示	互动	训练	倾听	合计
第一组								
第二组								
第三组								
第四组								
第五组								
第六组								
第七组								
第八组								

评分标准

1. 课前预习情况评价，小组内有一人完不成预习任务的扣2分。

2. 自学要认真，不做小动作，不抄袭他人，按时完成任务的记满分，有违反规定的酌情扣分。

3. 小组合作交流效果好，加分。其具体操作全权由上课教师根据评价标准加分。所有小组组员全员参与积极、主动，不讲、讨论与内容无关的话，效果好，满分。

讨论期间违纪，减分。有组员参与不够积极、主动，讲、讨论内容无关的话，减1分。

4. 课堂展示评价。此项评价在各学习小组交流、讨论后进行。具体操作办法是：各小组选派代表将本学习小组交流、讨论结果按顺序依次进行展示，各小组展示完后，先由同小组选派代表（其他组员可作补充）纠正。（①姿态自然大方；②语言通顺、流畅；③板书工整、清晰）

5. 倾听情况评价。其具体操作由上课教师全权根据要求（①注意力高度集中；②组员间不得窃窃私语；③认真做好课堂笔记等）进行，对每个小组按凡违反"倾听要求"1人次扣1分。

（四）家长评价

延伸性实验活动，如"植物种子萌发探究活动"，时间长，活动过程主要由家长评价和自我评价相结合的方式。

案例4：种植绿豆苗的观察日记

5月1日

播种

今天，我拿了一个杯子，先往里面装些土，再拿几颗绿豆的种子摆放在杯子里，然后再放上一厘米厚的土，浇上一些水，把杯子放在露台的向光处。我每隔一小时观察一次，发现绿豆在一点儿一点儿变胖。傍晚时分我又浇了一次水，因为我发现绿豆种子太能"喝"了。

5月2日

绿豆长根须了

今天中午，我发现杯子里有些白色的根须，但种子的芽并未冒出来。我有点着急。

5月3日

绿豆发芽了

今天，我看见绿豆芽破土而出，吐出了浅绿色的嫩芽，差不多有一厘米高，叶子还没有展开，像个害羞的小姑娘似的。呵呵，我看了真高兴。

5月4日

绿豆长出叶子

绿豆苗的茎又长高了两厘米，叶子微微张开，中间的小芽很小。茎部朝阳光比较多的地方倾斜，有的小芽背着太阳，是因为小芽还没长成。

5月5日

绿豆苗快速长高

哇！长得可真快啊！绿豆苗像打了气似的，一下子猛长到六厘米左右，底部长着细细的白生生的根毛。窄长的叶子完全展开，没有枝干。茎上有一些小芽，而且有的茎上长了两个不是朝向一个方向的芽。

5月6日

今天，绿豆苗一下子又长高了三厘米，绿葱葱的叶子，青翠欲滴。前几天倾斜的茎恢复了过来，笔直地朝上，叶子向两边叉开。哈哈……我成功地培育出了绿豆苗！

5月7日

绿豆的子叶枯萎掉落

绿豆苗已经长到十六厘米高了，墨绿色的叶子舒展着。子叶一天天消瘦了，有些枯萎。

我的体会：植物的生长需要土壤、水、阳光、空气，种子的子叶部分会逐渐消瘦，因为在种子萌发，叶未长成的过程中，它是种子能量的源泉。我还发现植物具有向光性。而且更重要的是我已经能自己开展实验活动了，呵呵，或者有一天我也可以自己培育新植株呢! 只是有一个问题, 种子在萌发的过程中到底需要"喝"多少水? 我想我还得继续试验。

家长评价: 孩子每天都很认真地观察, 并细心地记录下植物的生长过程, 看着孩子呵护着小幼苗成长, 我们很欣慰, 孩子不但培养了观察能力、思维能力, 在活动中还体会到了生命的力量, 相信这些都对孩子的生活和学习有很大帮助。

三、评价效益最大化

实验完成之后, 要引导学生对实验全过程相关资料包括照片、视频、实验数据记录等进行归纳整理, 撰写活动报告。通过集中展评使学生有机会展示自己的探究活动成果, 与其他学生共享活动的收获, 同时锻炼表达能力, 培养学生的自信心。如在"植物种子萌发系列探究活动"中, 我们请学生将实验报告以 Powerpoint 形式展现, 以便在班内共享交流。我们在各个班级组织了"植物种子萌发系列探究活动成果展评", 并对在活动中表现突出的学生或小组进行表彰奖励, 评选"实验小能手"和"优秀小组"。同时, 我们将一些操作规范, 实验过程清晰的录像制作成教学资源, 在校园网上进行共享交流, 并且将具有创新性的实验, 推荐参加省市创新大赛。

由于评价的促进作用, 学生的实验能力得到了充分的发展。各种激励性评价使学生看到自己的点滴成功, 微小的进步, 努力的方向, 从而产生奋发向上的学习动力。实践告诉我们, 良好的实验评价措施是培养学生科学素养的重要途径。它引导学生正确认识生物实验, 培养学生科学的实验态度、实验方法; 加强实验观察和思考, 培养学生的探究精神和创新能力; 培养学生对研究性实验的设计能力; 培养学生的协作精神。

第七章　用生命润泽生命

生命是智慧、力量和一切美好情感的载体。生命是美丽的、灵动的，世界因生命而精彩。生命是最重要的，生命教育也就是最基本的教育。任何生命的成长都离不开教育的启迪与润泽，在教育的引领下，生命逐步成长、超越与完善。作为研究生命活动内容和规律的生物学来说，在教学中对学生进行生命教育具有得天独厚的优势。如何教会学生认识并悦纳自己的生命，同时尊重其他生命，进而珍惜生命并欣赏生命，对于当代的中学生物课堂来说，已成为刻不容缓的重要使命。但传统的生物教学却忽视了对学生进行生命教育，过于重视传授生物学知识和基本技能。教师的备课、上课都以学生是否掌握书本知识和能否通过各种各样的考试为目标，很少挖掘这些内容之中所包含的人文教育的内容，也很少考虑将生物学教学与学生的生活、健康结合起来，与社会实际结合起来。新课程标准中明确要求，"生物学教学不仅要让学生获得有关的知识，还要促进其生理和心理的健康发展；学生要关注生活、关注社会；理解人与自然和谐发展的意义，确立积极、健康的生活态度"等。也就是说，新的课程标准对生物学教学的人文教育提出了明确的要求。在生物教学中，进行生命教育，就是要培养学生生命的意识，找准自我生命的闪光点，提升生命存在的意义与价值。教师要引导学生树立积极的人生观，感悟到生命的有限性、唯一性，尊重与珍惜生命的价值，热爱与发展每个人独特的生命，并将自己的生命融入社会之中，使学生树立起积极、健康、正确的生命观。用生命润泽生命，让学生完完全全拥有一个充实、丰富、坚强、凝重的生命。

第一节　用课程传递生命的气息

近几年，见诸报端的校园自杀和伤人事件呈逐年上升趋势，成为中学生生命的最主要的杀手。为什么年轻的生命如此脆弱？为什么中学生视别人的生命如同草芥？从生命的角度看，这是生命意识淡薄的表现，他们轻视生命的意义和价值，轻易处置自己和他人的生命，放弃生命成了逃避挫折的应对方式或报复他人的手段，解决问题的办法等。人最重要的生命，竟然如此轻易陨落，在扼腕叹息的同时，我们应该叩问我们的职业良知：我们的教育，给予了这些生命多少支持？我们目前的教育，被"功利"所包围，"生命教育"反而成为盲点。为此，我们也付出了巨大的代价！

生命从哪里来？

人为什么活着？

我们应该怎样生活才能使生命之花开放得更加灿烂？

我们需要生命教育的启蒙与引领！

正是在这种背景下，我们认识到要重构我国生命教育的价值认知体系，让青少年懂得生命的神圣和宝贵性，培养其高尚的人文精神和道德人格，去珍爱自己的生命，也尊重别人的生命，承担起公民、家庭及社会责任，实施和运用好校本教材是一条难得的捷径。

一、生命是教育永恒的主题

对于生命教育的界定，有多种不同的提法。大致可以分为两大类：一是广义的界定，即一切与生命有关的教育都称之为生命教育。如果从这个角度讲，素质教育就是基于生命的教育，也可以称之为生命与教育；一是狭义的界定，即针对学生生命历程中的重要问题而开展的有针对性的生命教育。学者刘慧说、"生命教育是以生命的视界，来重新审视人与自然、人与人、人与自身之间的关系，并遵循生命昭示的规律所进行的教育。"有的学者认为，生命教育就是"从生物自然界的生命现象开启希望之光""从社会文化的生活体认，激励服务人生，实现自我""从精神心灵的探索，启迪珍爱生命，发扬善性"。刘铁芳从"生命情感与教育关怀"出发，提出"教育关注个体，关注人，意味着要去关注个体作为生命的存在，关注其外显的活生生的生命崭露，关注其内隐的、活泼的、流动的生命情感的化育"。

上海市青少年法制研究中心谭晓钰博士指出，生命教育就是要帮助学生认识自己的生命，并尊重他人的生命，进而珍惜人类所共同生存的环境。因此，生命教育应首先致力于人与自己的教育：不仅要引导学生认识自我，找到真我，而且要帮助他们发展潜能，实现自我；其次是要引导学生重视人与人之间的关系，关怀弱势群体；再则是要进行人与自然环境的教育，让学生尊重生命的多样性及大自然的规律，维持一个平衡的自然生态；还有要进行人与宇宙的教育，引导学生思考人生，以宏观的视野去认识人类存在的意义，关心人类面临的危机，共创人类美好的未来。根据上述生命教育的目的，可以确定生命教育的内容如下：

（一）认识生命

所谓认识生命，就是要了解生命的来源、组成、特点、规律、价值和真谛。在生命教育中，应当按照学生的年龄特征和知识水平，将生物科学、生理科学、神经科学、伦理学、心理学、社会学等各种知识，结合自身体验来认识生命。

如"鱼的受精"，雌鱼每次能产卵几十万粒，但只有极少数的能发育长大，因为绝大部分鱼卵没有粘住水草而被水流冲走了，还有一部分鱼卵被其他生物吃掉；当受精卵孵化成小鱼，往往又成为大鱼的美食，真正生存下来的少之又少。再如，被子植物的繁殖通常要经过开花、传粉、双受精的过程，然后发育成种子和果实，再通过种子来繁殖后代。在这个过程中，假如花朵的雌蕊或雄蕊受到伤害，或没有传粉，就不会形成种子。而一粒饱满的种子仅是被子植物繁殖后代的内在条件，种子要顺利地萌发，还必须要有适宜的温度、水分、空气等外部条件。又如，鸟类的繁殖，要经过选择巢区、选材筑巢、交配产卵，然后是亲鸟孵卵、育雏的过程，无论哪个环节失误后代都难成活。另如，对人类来说，男性每次排出几亿个精子，而真正能进入输卵管与卵子结合，并最终发育成胚胎的只有一个，胚胎又需要在母体子宫内发育长达10个月的时间，一个新生命才得以诞生。这些实例，让学生体会到一个新的生命来到这个世界上是多么不易！让学生感受到地球生命是独一无二的，每一个生命都是珍贵、伟大的！学生认识到生命在大自然中孕育与生存的艰难，才会体会到生命的珍贵，无论是植物、动物，还是人的生命都应该得到珍惜，唤醒学生对生命的敬畏之情，认识到生命的伟大与崇高，又认识到生命的渺小与脆弱，进而帮助学生正确认识自己，悦纳自我。

案例1：正确认识自己，悦纳自我

在讲到"基因的表达"时，我与学生有一段对话。我问："为什么我们每个人的相貌都不同？"生答："因为每个人都有自己独特的脱氧核苷酸序列。""双眼皮和单眼皮，哪一个更好看？""双眼皮。""那么控制双眼皮的基因比控制单眼皮的基因要好吗？""只要不是致病基因，就没有优劣之分。""是的，只要是正常人，相貌是没有优劣之分的。人类基因组计划表明，任意挑选两个不同民族的不同个体，其基因的序列差异不到 0.1%。但正是这极少数基因上的序列差异，才形成了地球上千差万别的芸芸众生。在这茫茫人海中，我们拥有他人没有的遗传信息和相貌特征。'前不见古人，后不见来者'，你就是你，过去没有，今后也不会有。即使将来生物工程能克隆出另一个你，那也并非完全意义上的'你'自己，只能是形像而神不像。你在世界上是绝对独一无二的。"

讲到这里，学生明白了，生命来到世界上是一个极偶然的机会，每一个学生都是一个珍贵的生命，每一个学生都是一幅生动的画卷，我们没有理由不爱惜自己。以此来弘扬学生的主体意识，树立学生的自信心，完善学生的个体性格，建立健全崇高的人格精神与完美的性格特征。

（二）敬畏生命

一个有思想的人必须像敬畏自己的生命一样敬畏所有的生命，在自己的生命中体验到其他生命。枝头上沉甸甸的果实，花丛中翩翩起舞的蝴蝶，草地上奔跑嬉戏的小动物，大树上引吭高歌的小鸟……无不让人感觉到生命的盎然生机，保护生命、促进生命，使可发展的生命实现其最高的价值是必然的、普遍的、绝对的伦理原理，生命是第一要素，没有任何事物比生命更重要。

其实，只有我们拥有对于生命的敬畏之心时，世界才会在我们面前呈现出它的无限生机，我们才会时时处处感受到生命的高贵与美丽。地上搬家的小蚂蚁，春天枝头鸣唱的鸟儿，高原雪山脚下奔跑的羚羊，大海中戏水的鲸鱼等，无不丰富了生命世界的底蕴，我们也才会时时处处在体验中获得"鸢飞鱼跃，道无不在"的生命的顿悟与喜悦。

案例2：感悟艰辛　敬畏生命

在学习动物的生殖时，我给学生播放了有关海龟生殖的短片：成年海龟将卵产在海边的沙坑里，并用沙掩埋。经过一段时间后，小海龟孵化出来，它们只有进入大海才有可能生存下来。小海龟在爬向大海的途中遇到了种种困难，有的被海鸟啄食，有的被海蟹钳食，只有少数小海龟最终投入了大海的怀抱。看到小海龟爬进大海的那一时刻，学生为之而欢呼。于是，我趁机问学生有何感想？有的说生存残酷，有的说生命来之不易，有的说要珍惜生命，有的说要敬畏生命。就这样在不知不觉中对学生进行了生命教育。

爱人，是一种美德；自爱，也是一种社会责任感。古人云："身体发肤受之父母，不敢毁伤。"因此，当一个人充满了对小草、小虫生命的关怀时，自然会对他人和自己的生命产生敬畏，热爱生命，而不会极端行事、自暴自弃。当然，教育学生对生命的敬畏，并不排斥舍生取义、舍己救人；相反，基于对生命的敬畏而毅然做出的献身，正是"社会人"对生命本质最伟大的诠释。

（三）尊重生命

在这个世界上，最可贵、最有价值的就是生命，生命是自然界最完美的产物，是自然界的奇迹，蕴含着无穷的奥妙。千姿百态的植物、形状各异的树叶、美丽的花朵，鲜艳的果实、碧绿的草坪，再加上翩翩起舞的蝴蝶、轻盈婉转的鸟鸣、活力四射的各种动物，组成了诗情画意的大自然，这是一幅多么完美的画卷啊！

例如，结合"生态系统"的学习，我让学生"领略了"细菌等微生物的巨大作用。通过展示有关的资料和视频，使学生认识到它们虽然个体微小，却有着惊人的适应能力，能在人类都无法生存的恶劣环境中顽强地生存和繁衍，并在生态系统中扮演了分解者的重要角色：将动植物尸体中的有机物分解为无机物，归还给无机环境，供生产者重新利用。如果没有这些微小生命体的分解作用，动植物尸体就会堆积如山，生态系统就会崩溃，包括人类在内的其他生命也将无法生存。可见，任何生命个体，无论形体上是大还是小，都是自然界的成员，都有其生存的权利和价值，任何生命都是珍贵的，都应该得到尊重和珍爱。

例如，学习"神经系统的调节"时，我们播放了这样一段视频：

这一幕永远让我们感动：2004年9月28日，雅典残奥会闭幕式一切准备就绪，突然，雅典奥运会组委会宣布：只保留中国残疾人艺术团的"中国八分钟"，其他文艺演出、烟火表演和全场的联欢活动都予以取消。这是为了悼念在当日上午一起重大交通事故中遇难的7名高中生，他们是在前往雅典观看残奥会比赛的途中遭遇不幸的。作为全人类共同盛会的残奥会因而取消闭幕式的文艺演出，以表达对遇难者的悼念。对此，大多数人对组委会的做法表示理解和敬佩。正像一位网友所说："与生命相比，所有的表演都须退让！"

此时此刻，也许没有比取消文艺演出更能体现所有演员伟大的人道主义精神的了，没有比取消文艺演出更能体现奥运会精神的了，没有比取消文艺演出更能体现全人类对于人类自身、对于人类生命的敬畏和尊重之情的了。这种因取消属于全人类、全世界的残奥会闭幕式文艺演出而彰显出的对生命的敬畏和尊重，是一种无法用其他任何东西替代和超越的神圣之感，是一种尊重生命的文化信仰。

"与生命相比，所有的表演都须退让！"残奥会这种尊重和关爱生命的意识，不仅是人类生存必需的意识，更体现了奥运精神的真谛，体现了人类自身的觉醒和追求公正、和平、爱心、和谐生活的愿望，是人类文明的终极意义所在。从这一点儿来看，残奥会组委会确实给我们上了一堂很好的尊重生命意识课。

当在课堂上播放完这段视频，孩子们都沉默了。也许这段视频与知识无关，与课堂无关。但此刻，"与生命相比，所有的知识都显得浅显"。对孩子心灵的震撼，比一次作业，一次考试，更有力量！

尊重生命列为生物教育的重要内容，不仅要尊重自己的生命，而且也要尊重他人的，乃至一切动物和植物的生命。充分尊重所有的生命，才能保持地球上生物的多样性，维持人与其他生物间的平衡；期望学生尊重生命，关注所有生命所依存的环境，保持其安全性和自然性，他们才会尊重自己的生命，同时也会尊重和关怀他人的生命；地球上千差万别的芸芸众生，每个人都是独一无二的，人与人之间往往存在很大差别，由此引导学生善待别人的缺点和不足，学会尊重他人、欣赏他人。

（四）热爱生命

热爱是一种稳定、深厚的情感，它只会加深、加固，而不会淡薄、消失，对生命的热爱也不应例外。我国自古以来就存在着爱生命的传统，从孔子的"仁者爱人""泛爱众"，唐代韩愈的"博爱之谓仁"，到现代教育家陶行知的"爱满天下"，就充分地体现了这一点。每一个人既要珍惜自己的生命，也要珍爱他人的生命。而且，只有热爱自己生命的人，才懂得对他人生命的热爱；也只有热爱他人生命的人，才能真正地热爱自己的生命。生命的真正价值体现在相互热爱之中：充分理解和把握自我生命的人，就一定会对他人的生命负责；同时，在爱他人的过程中，自己的生命也就获得了真正的提升。

案例3：一位同学的"生命誓言"

"感谢爸爸、感谢妈妈，感谢你们当初把我生下，给予我珍贵的生命。感谢家人、感谢社会，感谢你们教我学习、培养我成长，让我成为一个大写的人。生命是朵珍贵的花，她的绽放只有一次、唯一的一次。在这里我要向所有关心我的人说：'生命来之不易，我会好好珍惜。我会孝敬父母、关爱家人，以感谢你们对我的养育之恩。我会努力学习、报效祖国，以回报社会对我的关怀。我会珍爱生命、迎接生活的挑战，让我的生命之花开得最美、最艳、最久！'"

人类只有一个地球，地球是人类和其他生物共同的家园。自然环境是人类生存、繁衍的物质基础；保护和改善环境是人类维护自身生存和发展的前提。由于当代科学技术的迅猛发展，人类改变环境的能力空前扩大，运用不当，会对环境造成不可估量的损害，并最终威胁到人类自己。恩格斯说过："我们不要过分陶醉于我们对自然界的胜利。对于每一次这样的胜利，自然界都惩罚了我们。"在"保护珍稀生物"的教学中，我从纪实报道《西双版纳大象杀人案》引入，激发学生思考人类如何与动物和睦相处的问题；通过实验"观察水污染对水蚤的影响"体验到环境污染对生物的危害，从而使学生形成人与自然和谐共处的科学伦理观。在日常生活中不攀折花木，不践踏小草，不掏鸟窝，不欺负小动物，不食珍稀的动植物，不浪费动植物实验材料，不浪费资源，不过度消费，养成爱惜生命的习惯，全面、综合地考虑自然开发和保护的兼顾与平衡，共谱美好的生命之歌。

二、运用校本课程进行生命教育的探索

课程改革提倡学校自编校本课程，这是对国家课程的有益补充。我们认为教育是培养、塑造有生命活力的人。"育人"是教育的起点，"成人"是教育的归宿。教育需要在尊重人的自然生命生长规律的前提下，去培育和育化人的精神生命，提升人生命存在的价值与意义。当然，生命教育更多的应采用学科渗透的方法，通过充分发挥各学科课程功能来挖掘生命教育的内涵。同时，为使生命教育更具备层次性和渐进性，我们在自编校本教材中积极探索与生命教育的整合，使之与学科教学渗透相呼应。

基于此，我们开始在校本教材开发中尝试生命教育实验研究，并着手进行中学阶段校本课程生命教育教材的研究和编写工作，其中《生命交响曲》是初中生命教育的校本教材。该教材以"热爱生命，和谐发展"为主题，从人与自然、人与社会、人与他人、人与自身的角度出发，围绕生命与科学、生命与环境、生命与健康、生命与成长、生命与他人、生命与价值等内容进行编写，共分为感动生命篇、感恩父母篇、感谢自然篇、感激他人篇、感念社会篇、感悟自我篇等章节，各章节之间逻辑关系严密，遵循人的认知规律，由生命到个体，由抽象到具体，由自我推至他人、自然和社会，由内而外，由知到行，循序渐进。

初中生命教育校本教材《生命交响曲》

第一章　感动生命篇

第一节　生命诞生之奇迹

第二节　生命进化之艰辛

第三节　生命世界之美好

第四节　生命的自然规律之死亡

讨论话题：生命

第二章　感恩父母篇

第一节　生命之初，父母孕育了我

第二节　生命成长，父母一路相伴

讨论话题：温暖的家

第三章　感谢自然篇

第二节　体悟生命之道

诗人泰戈尔说过："教育的目的应该是向人类传递生命的气息。"作为承担着生命道义的中学生物学教师，我们责无旁贷地要在教学中对学生进行生命教育，从而让学生学会捍卫生命的尊严、激发生命的潜能、提升生命的品质，从而作为一个健全的人自由成长。而且，我们还应该知道，教育不仅是传授、记忆……更应该是体验、感悟……这一切，对我们教师提出了新的要求，即必须实现课堂教学的重建，进行教学模式的优化。教学模式是一定的教学理论或教学思想的反映，是一定理论指导下的教学行为规范。任何教学模式都指向和完成一定的教学目标，因此，教学模式在教学中的地位举足轻重。面对生命教育校本教材，我们大胆实践，努力探索出了以下几种教学模式，收到较为满意的效果。

一、感悟式教学模式

"感悟"，字面意思"有所感触而领悟"。在这里，"感悟式教学模式"的内涵，即由教师提供一定的情境，创造"感触的氛围"，激活学生的思维，让学生产生听的兴趣、说的欲望、探究的心情，为"有感而悟"打下基础；通过巧妙的课堂设计，让学生在阅读、思考、讨论中"组织好答案""悟到些道理"；小组汇报与交流，使学生更有"感悟"。教学追求的效果，是使学生"有所感触（感性认识），有所领悟（理性认识）"。采用"感悟式教学模式"的课堂中，不但情感的传递讲求"润物无声"，甚至知识的传授、技能的培养都追求水到渠成的效果。

感悟式教学模式的主要环节：

环节一　引生入境，激活思维

俗话说："良好的开端是成功的一半。"正因为如此，"引"要讲究艺术性，创造能使学生"感触的情境"，迅速集中学生的注意力，调动学生的积极思维。

如"爱护自然生灵 —— 人类生存的基础"的课堂教学就是以欣赏视频《人不能没有鸡的世界》开始的，随后一组已经永远从地球上消失了的非洲狮、纹兔袋鼠、中国白臀叶猴、南极狼、东袋狸、恐鸟、中国犀牛等图片被缓缓地、以连放的形式展现出来，学生看着看着，都情不自禁地发出阵阵叹息，课题《爱护自然生灵 —— 人类生存的基础》自然引出。

环节二　逐层推进，有感而悟

到这里为止，可以说"引生入境"成功，学生急于找出生物多样性面临威胁的原因。于是我通过"生物的哭诉，即多种生物惨遭破坏的图片""投放灭绝动物的墓碑""学生交流搜集资料""卡通漫画：树都砍光了，以后怎么活？过度捕捞的悲哀！假如小鱼会说话"等设计来逐层推进课堂进程，让学生一步步"悟"到由于人类的掠夺、捕杀、污染等原因，很多生物正在走向灭亡，"悟"到保护生物多样性的紧迫感和责任感……

环节三　拓展主题，迁移提升

在本节课的结尾部分，我有这样两个设计：①大胆想象：春天来到了，假如地球上只有人类，想象一下地球的样子。你能感受到春天的气息吗？②欣赏歌曲《一个真实的故事》，女大学生为了救一只丹顶鹤而牺牲了年轻而宝贵的生命，有人说国家培养一个大学生要花很多钱，用大学生的命去换一只鸟的命这很不值，你是怎么看待这个问题的？以此拓展主题，拓宽学生的视野。

最后，在优美的音乐《黄河入海流》中，配以美丽的黄河三角洲自然风光，结束课堂——让学生在感受魅力和谐的风景的时候，意识到人与生物和谐共处的重要。当学生将这些情境看懂了，想明白了，最后也就读懂了生命的主题。

案例："保护生物的多样性"教学设计

环节一　引生入境，激活思维

课前播放《人不能没有鸡的世界》歌曲，倾听小鸡无奈的控诉，体会其艰难的生存状态。事实上有更多的生物生存状态比小鸡还艰难，甚至很多生物永远地离开了这个地球。人不能没有鸡的世界，人也不能够没有其他动物，从而为了解生物多样性面临的威胁烘托了气氛。

［观赏组图］已经永远从地球上消失了的非洲狮、纹兔袋鼠、中国白臀叶猴、南极狼、东袋狸、恐鸟、中国犀牛等图片。学生在观看的同时发出阵阵叹息，感受到生物多样性面临的严重威胁。

［数字震撼］出示国家环保总局的统计资料。濒临灭绝的动植物比例：1/8 的植物，1/4 的哺乳动物，1/9 的鸟类，1/5 的爬行动物，1/4 的两栖动物，1/3 的鱼类。

学生谈感想，认识到生物的多样性受到了严重威胁。进而探讨是什么原因使生物灭绝以及我们如何来保护生物多样性？自然导入课题。

环节二　逐层推进，有感而悟

1. 合作交流：生物多样性面临的威胁

[交流共享]　学生交流课前搜集的相关资料，探究生物多样性面临的威胁及其原因。

[展示资料]　生物的哭诉——多种生物惨遭破坏的图片。学生在痛心中认识到使很多生物正在走向灭亡的原因是人类的掠夺、捕杀、污染等。

[读图分析]　17世纪以来鸟类和哺乳类灭绝的数量图——世界上生物多样性面临的严重威胁。

学生说出，哺乳动物灭绝的数量——17世纪约28种，18世纪约30种，19世纪约65种，1900到1959年约53种。

[分析思考]　从这些数据可以看出什么规律？

年代越近，哺乳动物和鸟类灭绝的数量越来越多，灭绝速度越来越快。

[投放图片]　我国生物多样性现状

濒临灭绝的华南虎、大熊猫、白鳍豚、扬子鳄、朱鹮、东北虎、银杉、水杉等。

[投放灭绝动物的墓碑]　北京南海子麋鹿苑内的"世界灭绝动物墓碑"，上面刻着近三百年灭绝动物的名字，师生怀着悲哀和遗憾的心情去缅怀这些已经远离我们而去的动物朋友，面对墓碑，触动心灵。

[谈谈感想]　在这些资料介绍之后，你有什么感想？

[出示警告语]　"物种的灭绝是一个自然过程，但目前认为人为的活动大大加速了物种灭绝的速度。物种一旦灭绝，便不可再生，生物多样性的消失将造成农业、医药卫生保健、工业方面的根本危机，造成生态环境的破坏，威胁人类自身的生存。"

——摘自《中国环境保护21世纪议程》

引导学生探究导致生物多样性面临威胁的原因。

2. 自主探究：生物多样性遭到破坏的原因

[播放卡通录像片1]　树都砍光了，以后怎么活？

[播放卡通录像片2]　过度捕捞的悲哀！

[播放卡通录像片3]　假如小鱼会说话！（污染的河流和可怜的小鱼）

[观察与思考]　结合录像，阅读教材70页6则资料，小组讨论：

①造成一些动植物物种灭绝或濒危的因素包括哪些方面？

②除上述因素外，你认为还有哪些因素会造成生物多样性的丧失？

小组交流，形成共识：生物多样性遭到破坏的原因：生存环境的破坏和改变、掠夺式利用（滥砍乱伐、乱捕乱杀、过度利用、环境污染、外来物种入侵等。

[**再现事实**]　一个发生在内蒙古乌梁素海湿地水禽自然保护区的真实故事。引导学生理解：栖息地的丧失是生物多样性面临威胁的主要原因。

[**大胆想象**]　想一想：春天来到了，假如地球上只有人类，想象一下地球的样子。你能感受到春天的气息吗？

畅谈感想：多种多样的生物是地球赐予人类的宝贵财富，它们是人类赖以生存的资源，更是生态系统的重要成员，是一座座独特的基因库，是我们在地球这颗美丽而孤独的星球上生存的伙伴，我们不能眼睁睁看着它们在地球上消失。

　3. 自主探究：保护生物多样性的措施

[**资料分析**]

资料 1：华南虎是我国虎类的特有品种。20 世纪 50 年代初期，华南虎经常出没于浙江省庆元县百山祖一带。但从 50 年代末开始，华南虎在这一带销声匿迹了。为了保护华南虎，1985 年百山祖建立了省级自然保护区。这一举措使许多濒危的珍稀动物重新返回到了百山祖。

资料 2：各种保护区图片

为了保护中华鲟，2005 年 5 月 16 日有 26 尾中华鲟从湖北老家迁移到了北京海洋馆。为挽救扬子鳄这一濒危物种，我国政府加强了对扬子鳄的法定保护和人工圈养。

资料 3：2006 年 9 月 24 日，山东省郯城县红花乡农民徐某将麻醉药拌上麦粒，到郯城马头工业园开发区等地猎捕麻雀。下午 6 时，被民警当场抓获。经清点，徐某共药死 296 只麻雀。法院认为，被告人徐某违反狩猎法规，其行为构成非法狩猎罪，处罚金人民币 3000 元。

[**思考讨论**]　通过分析上述资料，你认为我国采取了哪些保护措施？

[**归纳总结**]　建立自然保护区；将濒危物种迁出原地，移入保护中心；颁布相关的法律法规。

环节三　拓展主题，迁移提升

[**观点阐述**]　有人说："保护森林生态系统，就是完全禁止采伐树木；同样，保护海洋生态系统的最佳方案就是全面禁止捕鱼。"你认为这种说法准确吗？为什么？从而深化认识，全面理解，走出生物保护的误区。

[**角色扮演**]　背景：20 世纪末我国广西崇左县，当地农民与白头叶猴之间的真实案例。学生分角色扮演当地农民、政府负责人和野生动物保护专家，进行辩论和协商。

三方共识：既建沼气池又建生态公园。

[播放录像] 共同的家园——崇左生态公园。认同建立自然保护区是保护生物多样性最有效的措施和根本途径。

[你说我说] 欣赏歌曲《一个真实的故事》，讲述在黑龙江丹顶鹤保护区一位女大学生为了救一只丹顶鹤自己却陷进了沼泽地失去年轻而宝贵的生命的故事。有人说国家培养一个大学生要花很多钱，用大学生的命去换一只鸟的命很不值得，你是怎么看待这个问题的？

[课外调查] 你去过黄河三角洲自然保护区吗？那里有什么珍稀动植物？课下请写一篇调查报告。

[韵味结束] 播放美丽的黄河三角洲自然风光，配音《黄河入海流》结束课堂——让学生在感受魅力和谐的风景的时候，意识到人与生物和谐共处的重要。

本节课以"问题"为主线，引导学生从图文资料中捕捉信息、处理信息，培养学生分析问题、解决问题的能力。充分发挥学生的主体作用，注重学生课堂参与，留给学生思考自主活动的时间和空间。学生在课前搜集有关信息资料，课堂上小组交流合作，进行角色扮演，锻炼了学生搜集信息的能力、语言表达能力、合作探究能力、归纳总结能力和参与社会事务的意识。多媒体课件运用合理，通过与教学内容密切联系的具体实例，增强了直观性、生动性和说服力。每一张图片、每一个画面、每一段卡通录像都紧紧围绕教学目标，通过多种方式、多种渠道刺激学生的各种感观，激发了学生的学习兴趣，达到服务教学的效果。本节课最大的亮点是教师运用人性化的语言，配合恰当的歌曲和音乐，把人类和各种生物融入到一个大家庭中，拉近了人与生物的密切关系，引起学生情感上的共鸣；其次联系当地黄河口自然保护区的实际，这样更贴近学生生活，有利于培养学生热爱家乡，为家乡做贡献的情感。

二、开放式教学模式

"开放"一词，有张开、释放、解除限制等含义。我们认为开放式教学模式就是打破课堂约束，给学生提供广阔的思维时空，让学生自觉思考、探究体悟。它注重学习主体的参与广度和深度，强调教学内容的补充、拓展、开发和创新，把鲜活的生活、沸腾的社会、可爱的大自然引入教学，以此活化生命教育教材，让学生有"看得见、摸得着"的亲切感和熟悉感。由此，学生在自主探索实践中发表自己的看法，形成自己的观点，认识生命。简而言之，开放式教学能给每位学生提供更多的参与和成功的机会，让每个学生在主动建构知识、提升自我能力中形成积极的对于生命的情感、态度和价值观。

开放式教学模式的主要环节：

环节一　选择主题，激发兴趣

正所谓"教学的艺术不在于传授本领，而在于激励、唤醒、鼓励"。此时，我们创设一定的学习环境，寻找最佳的切入点，激励学生学习体验，将学生引入"开放"的天地，让学生带着渴望去探寻生命的真谛。

例如，在进行"感动生命篇"的教学时，正值十一黄金周，于是我们设计了国庆长假趣味小活动，主题是："收获生命——揭幕小麦生活全景"。其目的有二：①落实《生物课程标准》具体内容要求：体验一种常见植物的栽培过程。②培养学生的学习兴趣。激发学生的好奇心，使他们去主动探索生命的奥秘。

更为重要的是，对城市学生而言，似乎对"生命"更为陌生，学生心中也充满了无限的神秘感与好奇，我们期待在学生精心培植小麦的过程中，能亲历生命，感动生命！这个活动就像一束火焰，一下点燃了学生对生命的探究激情。

环节二　引导参与，自主探究

引导学生积极参与，体验经历学习过程，是开放式教学的核心。在"感动生命篇"中，我们为学生提供充分的学习素材，提供恰当的时间和空间，促使学生最大限度地参与到学习过程中，让学生在自主探究中，真正"动"起来，感受生命。

首先，我们以倡议书的形式发起活动。

收获生命——生物学"十一"趣味小活动

在愉快的七天里，小麦种子期待着你能给它一次生命，现在只有你能够给它这个看世界的机会，你愿意吗？

用具建议：一个小菜碟，一个迷你小花盆。

方法建议：

1. 在小菜碟表面放一层面巾纸，然后往上洒水，等面巾都湿润了就把小麦放到面巾纸上去，这是它的"婴儿床"。

2. 然后把它放在温暖的有足够氧气的通风处。时常观察并适当洒水（只要保证面巾纸湿润即可）几天后，它可能会发芽儿，然后把它放进带土的迷你小花盆里，它会有新的变化吗？

注意：①用文字或照片或图文并茂，记录下你的观察。

②可以自选种子，给自己一片创新的空间。

开学时，每个班级将从中评选十个优秀"小家长"进行全校展览。

感悟自然，快乐生活，节日愉快！

——你的生物学老师

倡议活动使学生的角色发生转变，召唤学生内心的责任感。学生一改往常的消极情绪，个个都跃跃欲试，互不相让。

其次，只提建议，不做要求。

我们只给出一些建议，并没有对用具、操作、记录等各方面提出具体要求，给了学生再思考、再创造的机会。就如同给了学生一座渔场，至于怎样才能打到鱼，靠自己想办法，最大限度地调动了学生学习的积极性，有利于学生创造力的发挥，由此，使他们可以全方位去感知生命。

环节三　深化提高　情感升华

我们全线追踪活动的整个过程，适时对学生进行指导，定期组织班内交流，特别重视对学生情感态度与价值观进行评价。在 10 月 17—28 日，举办了为期十天的全校展览，每班评选出做得最好的十名，予以表彰。学生自办《海报》——"来听焦渴的种子会对你说什么……来看幼根、嫩叶的律动体操……一起感受生命的奇迹……"向全体师生发出了生命的召唤及邀请。

每天，学生像照料自己的"孩子"一样去培养植物，如获珍宝。面对着这些植物，孩子们对生命的关注、尊重、珍爱、欣赏和成全，令人敬畏。在对生命的呵护中，学生的情感和智慧已被唤醒。生命教育离不开生命科学，感悟自然，热爱生活，一位学生写出了和我们一样的感受：我们收获的不只是生命……

［案例］"绿色植物的蒸腾作用"教学设计

环节一　选择主题，激发兴趣

在骄阳似火的夏天，你一定感受过烈日下的炽热，甚至经受过皮肤被灼伤后脱皮的痛苦。而当你进入树林中，则会备感凉爽。大树为人们撑起了遮阳的绿伞，为大自然提供了清新而湿润的空气。然而，你是否想过，大树为什么不会被阳光灼伤呢？以此激发学生的求知欲，导入了新课。

环节二　引导参与，自主探究

［资料展示］

科学家曾经做过这么一个精密测定：一株玉米从出苗到结实的一生中，总共需要消耗

204.228 千克的水，其中：作为组成成分的水 1.87 千克 ； 维持生理过程的水 0.25 千克 ；那么，还有 202.106 千克的水哪里去了？

［学生猜想］ 植物体内的水分应该是流失掉了。

［提出问题］ 植物体内的水分会从植物体的哪个器官流失呢？

［猜想与假设］ 植物可能是从叶片散失掉水分的。

［分组讨论］学生从提供的参考资料，如有分枝的植物、三角瓶、天平、细线、植物油、记号笔、清水等，进行材料的选择，设计探究实验。

［表达交流］ 1. 为什么要对三个枝条做不同处理？ 2. 各塑料袋内的现象有什么不同？说明了什么问题？

［归纳总结］ 蒸腾作用是指水分以气态从植物体内散发到体外的过程。其中叶是蒸腾作用进行的主要器官。

［大胆猜测］ 叶片上是否有水分散失的通道呢？

［探究实验］ 将一片完整菠菜叶从叶柄处掐断，放入水中。用口对准叶柄吹气（菠菜叶柄是空心的）。

［观察讨论］ 实验现象的过程中是否有气泡冒出，这说明了什么？（学生看见叶片表面有气泡冒出）由此推测，叶片上有水分散失的通道。

［探究实验］ 观察叶片的结构，亲手实践来揭开叶片上水分流失"通道"的真面目。由此找到了保卫细胞构成的气孔。

［模拟演示］ 用自制气孔开闭模型来 展示气孔开闭的原理。至此，植物蒸腾作用的神秘面纱被一一揭开。

［回归课始］ 学生观察分析数据，质疑生趣：一株小小的玉米，一生中为什么需要消耗如此大量的水？吸收的水分，约有 99% 散失到大气中。这是不是一种浪费？蒸腾作用对植物体有什么意义呢？（学生主动探究蒸腾作用的意义）

环节三　深化提高，情感升华

［资料展示］ ①据测定，在干旱的季节里，每平方米面积的树林，每天能向空中散放大约 6 千克的水；热带雨林降水较其他地区频繁，林区的降水量比无林、少林地区增多 30% 左右；②在蒸腾过程中，1g 水化为水蒸气时，在 20℃ 条件下吸收能量约 2.45kg；有人测量过，城市露天下气温高达 35℃ 时，树荫下只有 22℃；据调查，在骄阳似火的夏日，绿化地区比非绿化地区的气温低 0.8℃，森林中的气温比庭院中的气温低 1.3 ℃ ~ 3.2 ℃。这些数据能说明什么？（学生分析讨论出蒸腾作用的其他意义）

［分析讨论］ 1. 植物体以其巧妙的结构来适应自然界，从而顽强地生活下去。从中你

是否感受到了生命世界的神奇？ 2.我们应该怎样做，才能让绿色的生命陪伴我们？

三、研讨式教学模式

研讨，词义为"研究探讨"。我们认为"研讨式教学模式"的内涵，即根据教学目标，设计一些"话题"，或者在教学中生成一些有价值的"话题"，作为讨论内容。然后，引导学生围绕"话题"各抒己见。在讨论过程中，尊重学生的主体地位，鼓励学生独立思考，通过师生间、生生间的多边交流探讨，以寻求并获取生命的真知，全面提高学生的生物科学素养。

环节一 巧设问题，营造氛围

讨论是从问题开始的，没有问题就没有思考、没有创造。只有提出问题，才能让学生从自己的经验出发，去构建起具有个性特征的、丰富而生动的认知系统，形成对生命更深意义的理解与把握。

例如，在教学《转基因技术》一节时，我就热点问题"转基因技术"向学生发问："同学们，转基因技术已悄然走近我们，给我们的生活带来了很多'惊喜'。当你在超市购物时，会选择转基因食品吗？为什么？你对转基因技术持有什么样的观点？是支持还是反对，请给出你的理由。""一石激起千层浪"，学生马上进入积极的思考之中。

环节二 穿针引线，各抒己见

接下来，点拨诱导，引导学生进行讨论分析，成为本节课的中心环节。我先让学生进行小组讨论，小组成员自由发表意见，之后小组内统一观点。然后，再选出小组代表参加班级讨论。很快，班级内形成三种观点：①支持转基因技术，因为它可以在社会生活的各方面为人类带来好处，如治疗疾病、制备药品、提高粮食产量、提高果蔬品质等。②不支持转基因技术，因为它会使风马牛不相及的生物之间进行"基因重组"，产生出的"新物种"对人类和整个生物圈潜在的威胁是无法预测的。③既不支持，也不反对，因为其利弊孰大孰小，还不清楚。

环节三 总结强化，熏陶感染

紧接学生讨论至白热化状态之后，课堂讨论的最后一个环节就是总结，可称之为点睛之笔。我将学生讨论过程中的意见收集起来，并对不同的观点进行点评，从而使讨论向纵深发展，即转基因技术本身并没有对错之分，那么我们如何来科学地看待这项技术？它对社会或带来福音或引来祸患，到底谁才是幕后的"操纵者"？很快，学生的思维空间被打开，认识也逐渐产生了质的飞跃。最后，学生从转基因技术放眼所有科学技术，从中认识到科学技术是把"双刃剑",人类对待科学技术的态度应该是慎之又慎,只有这样,才是对人类负责,对所有生命负责,对整个生物圈负责。总之,一种对生命的敬畏,对社会的责任感逐渐潜入学生的心灵。

案例:"克隆技术"教学设计

环节一 巧设问题,营造氛围

[巧设问题] 展示克隆羊多莉的多幅具有代表性的生活照,让学生给予生平介绍,并强调:多莉的诞生被视为20世纪末最重要的科学成就之一,因为它打破了亘古不变的自然规律。"同学们,你知道其中的原因吗?克隆羊的诞生又会对生命科学、当今社会产生什么影响?"

环节二 穿针引线,各抒己见

[自主探究] 克隆技术的概念、克隆羊的产生过程。

[各抒己见1] 鼓励学生就克隆技术提出其他问题,如克隆羊是怎么产生的?为什么要反对对人的克隆?克隆技术的历史?世界上有没有被克隆的人?我国的克隆技术的研究现状?

[各抒己见2] 你想克隆什么?为什么?

(学生回答:克隆大熊猫,因为它濒临灭绝;克隆人的器官,供患病的人使用;克隆些比尔·盖茨,因为他太聪明了,这样可以推进社会的发展……学生根据自己收集的资料和自己的想象把科学与日常的社会生产实际联系起来,使学生意识到科学、技术、社会的密不可分;同时,他们的想象力得以拓展,学生的个性和创造性得以张扬和提升,知识也得以升华。)

[各抒己见3] 被克隆的人是他的儿子、女儿,还是他的弟弟、妹妹?多莉的"未老先衰""英年早逝"是否也会在被克隆的人身上发生?这就涉及克隆技术的正反面作用。

[各抒己见4] 如果你是一个国家决策人,你将如何对待克隆技术?(学生在讨论中增强了参与社会决策的意识,对于克隆技术的利弊,克隆和伦理道德之间的辩证关系有了正确的认识,知识得以迁移。)

环节三 总结强化,熏陶感染

[总结升华] 教师用简洁、富有激励性的语言总结对克隆技术的认识。"克隆技术是科学家耗时数载、呕心沥血的科技成果,面对即将到来的克隆时代,科学需要时间来不断完善这一技术,以便向全世界展示它迷人的前景,展示它能极大地改善人类未来生活质量

的巨大的潜能，公众则需时间来静观和思索。对于克隆技术的争论还会在各个层面延续下去，但科学不会驻足不前，我们将满怀信心地伸出两只手，一只手是'智慧'，一只手是'理智'，让克隆技术'为我所用'，造福世界。"

德国教育家第斯多惠说过："一个坏的教师奉送真理，一个好的教师则教人发现真理。"在这里，我想说，选取好的教学模式，就会有好的效果，否则会适得其反，事倍功半。当然，生命教育校本教材的教学模式绝不仅只有以上几种，相信只要你关注教育、关注生命，就一定会找到最适合的让生命成长的教学模式。

第三节　生命的狂欢

课堂是生命相遇、心灵相约的场所，是质疑问难的场所，是通过对话探寻真理的地方，更是学生学习生涯中的"一方乐土"。课堂，理应是一方流淌生命长河的精神家园，而优质的课堂应该在"道法自然"的常态中，成为师生心灵对话的磁场，生命质量提升的动力场。站在生命科学的高度，生物教师更有责任承担起生命的道义，用生命润泽生命，"让课堂焕发出生命的活力"——让每一位学生伴随着生命成长，展示自己的风采，释放自己的能量，体现自己的价值，绽放狂欢的生命。

一、悦纳自己　珍爱生命

"……每个人在不同的地方都能显示出自己的优势，有的人画画好，有的人爱劳动，有的人跑得快，有的人胆子大……虽说这都只是些微不足道的小事，但这也是不可否认的长处，每个人都是世界第一，是上帝的最完美的自己，我们没有理由不为自己骄傲。俗话说，"天生我材才必有用"，每个人都有存在的价值。我对自己有信心，因为我相信我是最棒的，我是独一无二的。做最好的自己吧。我能！"

这是我们在教学《婴儿的诞生》一节时，将悦纳自己、珍爱生命的情感融入课堂教学，学生在那天的日记中所记录的一段文字。从中，我们能感受到学生对自己生命的敬畏和热爱，对自我价值的肯定与自信。我们相信，拥有这样一份对生命如此痴情的人，他的人生一定是美好的。

当然，我们也会通过设置丰富多样的专题教学，来最大限度地满足学生的学习需要，于无形中让学生重新审视自我，思考生命。如在进行《学会拒绝，远离毒品，关注艾滋》这一专题时，我们邀请了市人民医院的传染病专家，来校作《关爱生命，预防艾滋》的专题讲座。通过这一讲座，使学生对传染病和艾滋病知识有了深刻理解，同时大量的案例也从各方面给学生心灵上带来了震撼。正如一个学生所言："我们离艾滋病并不遥远，但艾滋病并没有我们想象的得那样可怕，而真正让人感到可怕、感到畏惧的是人与人之间心灵的冷漠和孤独。以往只感觉艾滋病人太可怕了，不光是他们得了不治之症，而且很多艾滋病人还故意将此病传给他人。听了专家讲座，我感到有时我们健康人更可怕，因为我们缺少对他们的关爱，让他们感到了孤独、无助，于是他们才产生了报复社会的念头……"又如，就某些重大节日，或重大纪念日，搜集相关文字、图片和视频材料进行视频播放，如《感恩父母》专题，我们就在网上下载了校园德育教育专家——邹越教授的演讲视频《感谢我们的父母》，在强大的情感共鸣中，不需要老师说一句话，孩子们已经长大了许多，知道了什么是乌鸦反哺、羔羊跪乳……

【案例一】神奇的生命

（一）教学背景

由于这一代青少年多为独生子女，宠爱多于严教，享受多于挫折，做事没有恒心、毅力，动辄怨天尤人，半途而废，更有甚者一蹶不振，对自己和生活失去信心，漠视生命，这其实都是人格障碍的表现。本课例就是希望通过学生了解、感悟、思考自然界中的生物是如何对待生命、挑战生命、历练生命的，对学生进行人格教育——学会将痛苦、磨难和挫折当作营养，去浇灌坚韧与执着，塑造美丽人生。

（二）课前准备

1.珍爱和享受生命：生命的诞生（视频材料）。

2.伟大的生命：种子的萌发（幻灯片）。

3.拯救生命：雄鹰的再生（幻灯片）。

4.唤起心中沉睡的奥特曼：抓球比赛器材。

（三）活动过程

1.珍爱和享受生命：生命是独一无二的。

一个小生命是这样诞生的：进入母亲体内的精子有4亿多个，这几亿个精子浩浩荡荡在预定轨道中前行时，只有最强壮、游在最前面的一个精子能够与卵细胞结合。而这一个精子，既是幸运的，又是优秀的。之后，母亲经过辛苦的十月怀胎，一个鲜活的小生命降临人间，我们就是这样被带到了这个世界上。在这茫茫人海中，我们拥有他人没有的遗传信息和相貌特征。"前不见古人，后不见来者"，你就是你，过去没有，今后也不会有。即使将来生物工程能"克隆"出另一个你，那也并非完全意义上的"你"自己，只能是形像而神不像。你在世界上是绝对独一无二的。

2.伟大的生命：种子的萌发。

一粒小小的种子，要想长成参天的大树，需要做的第一步工作就是萌发。田野间，我们随处可见大片的小草发出嫩芽，可又有几人为这生命而感叹，在这看似不起眼的生命必经的阶段——萌发背后隐藏着多少耐人寻味的生命启示和生活哲理呀。种子萌发必须具备两个条件：自身条件和外界条件。在自身和外界条件都具备时，一粒种子才绽放出它生命的绿色。其间，它还会碰到各种意想不到的事情：如果虫子、小鸟吃了它，如果受到有毒物质的攻击，如果被大水冲到不该去的地方，如果遇到干旱等恶劣的环境……生命真的很伟大。

3.拯救生命：生命的主宰者是自己。

很少有人知道，老鹰是世界上寿命最长的鸟类。它一生的年龄可达70岁左右。要活那么长的寿命，它在40岁时必须做出困难却重要的决定。当老鹰活到40岁的时候，它的爪子开始老化，无法有力地抓住猎物；它的喙（就是它的嘴）变得又长又弯，几乎碰到胸膛；它的翅膀变得十分沉重，因为它的羽毛长得又浓又厚，使它飞翔得十分吃力。它只有两种选择：等死，或经过一个十分痛苦的更新过程。在这个十分痛苦的过程中，它必须很努力地飞到山顶，在悬崖上筑巢，停留在那里150十天，不得飞翔。老鹰首先用它的喙击打岩石，直到完全脱落；然后静静地等候新的喙长出来；它会用新长出的喙把指甲一根一根地拔出来，鲜血淋漓；当新的指甲长出来后，它再把羽毛一片一片地拔掉；5个月后，新的羽毛长出来了。老鹰开始飞翔，重新再过30年的岁月。在这最后的时刻，很多东西都已经尘埃落定。但还有更多的事情，仍然是由我们去把握，去争取。切记的是，你过去遭受的种种挫折和失败，那都是再生的练历。雄鹰的再生是痛苦的，再生的雄鹰是骄傲的。

4.唤起心中沉睡的奥特曼：抓球比赛，释放潜力。

全班学生参与活动。一个透明的塑料筐里，放着若干个乒乓球；参赛者向主持人自报单手握球的个数；参赛者抓握球开始。最后每个人都会发现：实际握球的数量比开始自报的要多，甚至多很多。这个结果出乎每个人的意料。

（四）学生畅谈感想

生1：我们在妈妈肚子中时，每天都会排出废物，又要吸收养料，我们是不是应该感谢自己的妈妈呢？母亲在怀孕期间，每天都要带着我们，虽然我们不重，可时间长了，很累的。现在日本，就有学校让学生在肚子上绑一个沙袋，来体会母亲的怀孕感受，理解母亲。现在想想，我们该做什么？为了我，他们倾注了无数的心血；为了我，他们耗费了自己的青春。是我，把自己的大小姐脾气建立在父母的无奈之上。我真是不懂事，母亲受了十个月的煎熬和分娩时的痛苦才生下了我，我却不理解她，老是迁怒于她。现在想想，我那时真是不懂事。我以后一定会多关心、爱护、理解我的父母，让他们开心，以优秀的成绩来回报他们！

生 2：成长的经历是需要磨炼的，不仅是人，生物也一样。由于蝗虫的外骨骼不能随其成长，所以，发育到一定程度便要蜕皮，适应其成长。蝗虫一生要蜕皮五次。由卵孵化到第一次蜕皮，是一龄，以后每蜕皮一次，增加一龄。三龄以后，翅芽显著。五龄以后，变成能飞的成虫。这就是蝗虫的一生。生长有痛苦，也有欢乐。当蜕皮时的那种痛苦过后，也有蜕皮后的重生。我十分佩服蝗虫经历那么多痛苦最后获得美丽的重生。一切事物荣耀的背后，总有汗水和辛酸，若不能经受蜕皮的痛苦，也无法成为一个成功的"蝗虫"。我们要做生活的强者。

生 3：是谁给了种子力量，让一颗种子破土而出，长成一株植物，开花，结果。是土地？是大自然？还是太阳？都不是，是适宜的环境，是种子自己！一颗小小的种子蕴藏如此巨大的力量，它挣破种皮的保护，向上钻，钻出地面去寻找风婆婆的爱抚、太阳公公的微笑，去倾听小鸟的歌唱。

生 4：我没有想到我的一只手竟然能抓住 10 个球，真的是太不可思议了，我只预计能抓 6 个，真的太兴奋了。其实，我们每个人的潜能真是太大了，只是没被我们开发出来，我们忽视了这部分潜能，因为我们缺少自信，我们小看了自己。我想说，只要我们努力，一切皆有可能。

学生发言继续……

（五）感悟思考

通过这节活动课，我发现学生瞬间长大了。他们开始去思考以前认为理所当然的一些事情，开始换位思考，知道要感恩父母，要珍爱生命，要热爱生活。人的一生，不如意之事十有八九，我们需要告诉学生用一颗平静的心去面对这一切，他们需要别人的呐喊与助威、加油与喝彩，但生活的道路需要自己来走，生活的滋味需要自己来品尝，因此在困难和挫折面前，更多的时候他们需要的是自己的帮助，那就是自信、勇气、希望和力量。不经历风雨，怎么见彩虹，没有人能随随便便成功。每个人都拥有自己辽阔而美丽的蓝天，也都拥有一双为拥抱蓝天而作做准备的翅膀，我们的教育就是去唤醒学生沉睡的良知和潜在的能力，让每个学生都看到人生命的美，珍惜爱护这种美，并用自己的行动使这种美达到应有的高度。

二、关爱自然　感悟和谐

"……在这骄阳似火、降水稀少的茫茫沙漠中，我们仙人掌的日子也不好过。现在正是中午，太阳直射着，我觉得自己都要渴死了。我的根正拼命地向下延伸，吸取能够触及到的任何一点点儿水。好在这时天突然暗了下来，乌云遮住了太阳，下了一阵酸雨，使我的身体变得千疮百孔，火辣辣地痛。我哭了，虽然我的生命力顽强，但也受不了这样的折磨呀！人类为了自己的私利而随意破坏环境是一件多么可怕的事情！我们都是生活在同一个星球上的生物，都受到了环境的养育，难道我们不应该一起合力保护这美丽的家园吗？"

这是我们对学生进行关爱自然、感悟和谐环境教育后，学生所写的一篇习作《仙人掌的自述与抱怨》，小作者从容自然用拟人的叙述，折射出人类过度活动造成环境污染的严峻现实，表达了学生对保护生态环境的情感体验和思想感悟。

在生物教学活动中，结合教学实际情况，我们组织学生成立课题小组进行考查活动，走向大自然，走向生活的真实世界，鼓励学生将所见所闻与生物课堂联系起来，提高学生分析问题、理解问题和解决问题的能力；还可在参观考查中，让学生采取诸如照片、录像、文字等方式记录下某些珍贵的、特殊的或是令人震撼的场景，以此丰富生物教学和人文教育的资料，从中去探索、去发现、去感悟，将课堂所学生物学知识与实际生活相结合，将感性的自我感受上升为理性层面的分析思考。

例如，在进行《生物圈与栖息地》一章学习时，我们组织学生参观游览了亚洲最大的人工淡水湖 —— 东营市天鹅湖公园。天鹅湖公园位于东营市东城南 15 公里，总面积约 63 平方公里，拥有 39 平方公里的水面，是亚洲最大的人工平原水库。因每年 11 月下旬至来年的 3 月份，有数千只大天鹅在这里栖息越冬而被称为"天鹅湖"。天鹅湖作为黄河三角洲生态环境保护区内的主体部分，拥有丰富的渔业资源和鸟类资源。这里鸟类品种繁多，尤以国家二级保护动物天鹅著名。这里总体特点是：地热资源特别丰富、候鸟特别多、大水面环境特别好、空气特别新鲜，不光是亚洲唯一一座最大的平原人工水库，也是东营市唯一一家国家 3A 级旅游风景区。

【案例二】东营市天鹅湖生态环境调查
学生交流汇报：

4月5日，我们课题组的同学一行多人，到了天鹅湖公园进行调查。天鹅湖原名广南水库，位于东营市东营区东部广利河南岸滨海地带，距东营市东城和西城分别为15公里和40公里。1982年10月由胜利油田投资兴建，1986年3月建成投入使用，如今，天鹅湖库区不仅成为胜利油田和东营市生产、生活的主要淡水水源，也成为东营市境内著名的旅游景点。东营天鹅湖是亚洲最大的人工湖。天鹅湖水域辽阔，景点繁多，环境优美，秀丽动人。天鹅湖作为黄河三角洲生态环境保护区内的主体部分，拥有丰富的渔业资源和鸟类资源。这里鸟类品种繁多，尤以国家二级保护动物天鹅著名。每年11月份，大批天鹅相约而至，景色美丽壮观，引得游客无数。万里黄河塑造了神奇的黄河三角洲，三角洲上有一个烟波浩渺的人工湖。每到冬天，湖面上一群群洁白的天鹅，或安详优雅地结伴嬉戏，或温情脉脉地交颈摩挲，或悠闲自得地以嘴梳理羽毛，或颈扎水中，翩翩跳起"水上芭蕾"。由此，这个人工湖得名"天鹅湖"。老师还说，东营尽管现在对外打出的一张名片是"石油之城，生态之城"，其实它的生态系统是很脆弱的，如果我们不保护环境，不用可持续发展的眼光来对待东营的发展，有一天也许天鹅湖上将不会再飞回天鹅，就像现在的小清河不再清澈一样。听到这里，我们大家心里都不免有些许沉重。是的，作为东营的主人，我们有责任和义务保护好我们的家园，留住我们的天鹅，让我们的子孙万代都能看到美丽的天鹅。

三、参与决策　服务社会

"……我们正方赞同克隆人的理由如下：第一，它可以保存优良人种。如果世界上多些像爱因斯坦这样的科学巨匠，那么，社会的发展就不言而喻了。第二，它可以挽救人的生命。如果一个人患了某种病，需要换器官，那么就可以克隆出一个器官，有效解决配型和排异反应等问题……"

"……我们反方针对正方给出的理由，进行如下发问：……克隆人的优越性是否会被坏人所利用呢？比如，世界上的好战分子如果被克隆出来，那后果将不堪设想；再有，那就是伦理道德会受到很大冲击甚至是颠覆，比如，把一个克隆人的器官取下用于医疗，这就是用活生生的人来做实验，尽管他们是克隆人，但他们与我们并无本质上的区别。或许可以复制人体局部，在克隆人还未成为现实时，那更是难上加难了……"

这是我们对学生进行参与决策、服务社会教育过程中，学生在辩论活动"关于能否克隆人"中的精彩发言。通过辩论，学生最终达成一致，即只有理性地开发和利用克隆技术，生命科学的研究前途才会更美好；同时，"科学技术是把双刃剑"的理念也深深植根于学生心中。

小组讨论是生物课堂教学常用的一种教学方式，具有针对性、现实性和生动性的特点。生物教育教学中，我们事先布置讨论的题目，鼓励学生在查找文字、图片、录像等资料，选出学生代表发言。也可以针对一个课堂提出的问题或社会问题，小组展开讨论，自由发言，不仅加深了学生对相关生物学知识的学习，还使得学生学会用生物学的观点、参与社会决策，培养责任感，从而提升自身的人文精神。

例如，两年前，社会上传出美国杜邦中国公司在山东省东营市建设钛白粉（氯化钛）生产厂的消息，此消息一经传出，市内大街小巷，群众议论纷纷，有人赞成之，亦有人反对之。为此，中国石油集团环境工程技术中心，杜邦中国集团有限公司联合在网上对杜邦在东营投资建设的钛白粉项目环境影响评价进行第一次信息公示，向公众征求意见。并且市政府还为此组织了部分人大代表和政协代表进行讨论，但因意见不一，未能做出明确的决定。由于东营市特殊的地理位置——黄河入海口，以及特殊的生态环境——有着丰富的湿地生态系统，因此，我们就选择了这个既与课本内容相关，又与现实社会相关的事件，把学生的学习与现实联系起来，以培养学生关心家乡的社会经济发展的良好意识和责任感，提高学生热爱家乡、建设家乡的情感为出发点，在课堂上组织了一次专门的讨论活动。

首先，让学生通过各种途径，搜集有关东营杜邦钛白粉厂建设的资料，以及钛白粉生产的历史与现状；其次，由学生收集社会群众对这一事件的看法和意见、建议等，并对此进行归纳整理出代表性的意见；第三，将搜集到的资料和群众意见，粘贴到教室，让学生观看，由学生根据这些材料做出自己的判别；第四，学生根据自己的观点在课堂上进行讨论，力争为政府的决策提供参考意见。由于我们组织的这次讨论，现实性和参与性很强，学生的积极性很高。在开展讨论时，学生各抒己见，畅所欲言，气氛非常活跃，当某些观点分歧较大时，学生的争论非常激烈，远超平时的课堂，连一些以往很少发言的学生这时也能大胆发表自己的意见。这次讨论所收到的教学效果是非常理想的，并且很有积极意义。

【案例三】东营杜邦钛白粉项目的大讨论

（一）讨论内容

近日，有消息传出，美国杜邦公司将要在东营投资兴建全球最大的钛白粉生产基地，杜邦工厂距全国最大的自然保护区黄河三角洲湿地仅 25 公里，市内群众议论纷纷。现将群众的各种意见综合起来，主要有：

第一，美国杜邦公司在东营投资兴建全球最大的钛白粉厂，可以为东营带来巨大的经济利益，同时提供大量的工作岗位，有利于东营的城市建设和发展。

第二，东营有着得天独厚的湿地生态系统，黄河三角洲自然保护区是东营生态之城的一张名片，钛白粉是一种有毒的化工原料，会对东营的生态环境和旅游资源造成极大破坏，因此，此项目不能进行。

第三，合理的开发利用可以获得东营市发展的经济支持在保护环境的基础上，可以进行部分开发，以此获得城市发展改造所需的资金。

对于上述三种不同的意见，请你根据所持材料和自己的理解做出判断，并成立相应的小组进行讨论。

（二）讨论方式

以小组为单位。

（三）讨论规则

1. 小组成员充分发表意见，组长负责整理组员的观点、意见和建议。
2. 各组组长代表发言，组间进行观点、意见的交流。
3. 各组员对组长发言给予补充和完善。
4. 全班在权衡利弊的基础上，形成一致意见，写出意见书。

四、感恩他人 养育操守

"……我是一条小金鱼，我住在一个透明的密闭的球状体中，也就是大家所说的生态球。我每天沐浴在阳光下，自由自在地在属于我的空间里游来游去。我的家里还有小水草，她和我很要好，我们相依为命。在密闭装置中你会生活良好？氧气、养料哪里来？如果你产生了这种疑问说明你的生物学知识很是欠缺，你该补习了啊，哈哈……还是让我来告诉你吧！小水草可能干了，应该给她一个奖杯。她每天都辛勤地利用光合作用制造养料和氧气，供给我俩日常生活所需，当然我也可以帮一点儿忙的，我呼吸作用产生的二氧化碳可是她工作的原料呢！呵呵，我们之间的关系很和谐，不是吗？你瞧，她又在向我招手呢，我去和她玩了啊……"

我是"小金鱼"，是一个鲜活的生命个体在言说生命和完成生命。这则手抄报不仅是学生对所理解的生物学知识的自由表达，还是学生客观地看待他人与自己，避免偏激、片面，宽容地对待他人的品质体现；同时，也让我们感受到了相互帮助，共建和谐班级、和谐校园的道德品质。

在生物学教学中，我们经常借助生物小报这种形式，利用其直观性、教育性和内容集中的特点，选择部分有典型性和代表性的内容采用手抄报的形式运用于"感恩他人、养育操守"的学生道德品质的培养之中。例如，我们围绕生命的孕育、敬畏生命、热爱生命、认识自我、承担责任等板块，结合教科书、收集相关文字、图片材料出版了一期题为《珍爱生命 悦纳自我》的专题小报，让学生学会感动，让学生学会思想，让学生学出意义，让学生学得快乐。用生命温暖生命，用生命激活生命，用生命滋润生命，让他们在对生命的认识中，对自己和他人的生命抱以珍惜和尊重的态度，并在受教育的过程中，培养对社会及他人的责任感，在人格上获得全面发展。

【案例四】学生小报部分文字展示

学生 1：生物课上，我知道了一个小生命是如何诞生的。当父亲的精子遇到母亲的卵细胞，就产生了一个爱情结晶。更知道了我们是母亲"十月"怀胎辛辛苦苦产下的。父亲一次产生好多精子，而只有一个能与卵细胞结合，我们每一个都是幸运的。原来从一开始，我们就已经是最棒的，是那么多中的一个获胜者。世界上不会再有第二个自己，所以我们应该努力显现自己的光彩。另外，学完胚胎的发育，我也深深体会到了做母亲的辛苦。以前总赞美曰"伟大的、无私的母爱"。其实，那一刻才真正由衷地感到她的伟大。母爱就是这么伟大、无私，默默无闻，不求回报。对妈妈说一句"我爱你"吧，不要让自己在多年以后，泪流满面地唱道："当岁月老去，我欠你一句，哦，妈妈，我爱你……"

学生 2："几万个精子中，只有一个能够与卵细胞结合。而这一个，即是幸运的，又是优秀的。起码它是那一批中最好的一个，你从一出生就是独一无二的。"生物老师的话让我很感动，我不记得原话是什么了，但大体是这个意思。我们都是独一无二的，在这个世界上，没有第二个人和我们一模一样。我们都各自用不同的方式演绎着我们自己的精彩，用满腔热血谱写青春。在你的世界里，你永远都是主角，下一秒钟，你想怎么演就怎么演。就像唱得那样："……至少我还能够勇敢地自我欣赏……"

陶行知先生说："千教万教教人求真，千学万学学做真人。"中学生自我意识强，具有强烈的表现自我的愿望，是人格个性可塑性最强的时候，也是价值观念的生成阶段。我们力求通过我们的生物教学活动，帮助学生将课本知识应用于生活和实践中。在学生的学习、体验和感悟中，通过不断积累和反思，实现学生对"生物"的再观察、再发现，从而走近和走进"生命"——所有的生命，无论是娇小的花朵，还是智慧的人类，并再审视、再思考什么是生命，如何对待生命……最终，真正领悟到狂欢的生命的真谛，为生命的狂欢而喝彩！

后 记

　　兴之所至，笔随心动。写到这里，也要与大家暂作告别了。如果您刚刚踏上讲台，面对教学一片茫然，打开它，您会找到一个教育者痴迷教育的情怀；如果您从教数年，期待更多教育智慧的启迪，阅读它，它会给您一片更美的风景。也许，掩卷而思的您，不禁会有这样的感慨：竟有这样用心的老师，竟有这样精彩的课堂。实则，这些你都似曾相识，也许正发生在您的课堂里，只要您拥有一颗爱教育的痴心，擦亮一双爱孩子的慧眼，精彩就会不约而至！您也完全可以做到。

　　生物教育者是迎着晨光、踩着晨露、一路听鸟语虫呢，两旁伴树影花香的前行者，与生命共鸣，与自然最近。我只是采撷了生物教育教学的绚烂花朵，集结成束，放在您的案头，也许，其中恰恰有您心仪的一朵，不妨夹进您的书页，芬芳您的教学。也期待您能静听内心花开的声音，奉上心花一束，与您共同铺就生物教育的漫野花开。

　　感谢杨守菊名师工作室各位老师温暖的陪伴，我们一起坚守，一路向前，一同在生物教育教学中享受幸福。